BEGINNER'S

ESPERANTO POR KOMENCANTOJ

HIPPOCRENE BEGINNER'S SERIES

The Beginner's Series consists of basic language instruction, which includes vocabulary, grammar, and common phrases and review questions; along with cultural insights, interesting historical background, the country's basic facts, and hints about everday living—driving, shopping, eating out, making phone calls, extending and accepting an invitation and much more.

Beginner's Romanian
This is a guide designed by **Eurolingua**, the company established in 1990 to meet the growing demand for Eastern European language and cultural instruction. The institute is developing books for business and leisure travelers to all Eastern European countries. This Romanian learner's guide is a one-of-a-kind for those seeking instant communication in this newly independent country.
0-7818-0208-3 • $7.95 paper

Beginner's Hungarian
For the businessperson traveling to Budapest, the traveler searching for the perfect spa, or the Hungarian-American searching to extend his or her roots, this guide by **Eurolingua** will aide anyone searching for the words to express basic needs.
0-7818-0209-1 • $7.95 paper

Beginner's Czech
The city of Prague has become a major tour destination for Americans who are now often choosing to stay. Here is a guide to the complex language spoken by the natives in an easy to learn format with a guide to phonetics. Also, important Czech history is outlined with cultural notes. This is another guide designed by Eurolingua.
0-7818-0231-8 • $9.95

Beginner's Russian
Eurolingua authors **Nonna Karr** and **Ludmila Rodionova** ease English speakers into the Cyrillic alphabet, then introduce enough language and grammar to get a traveler or businessperson anywhere in the new Russian republic. This book is a perfect stepping-stone to more complex language learning.
0-7818-0232-6 • $9.95

Beginner's Japanese
Author **Joanne Claypoole** runs a consulting business for Japanese people working in America. She has developed her Beginner's Guide for American businesspeople who work for or with Japanese companies in the U.S. or abroad.
   Her book is designed to equip the learner with a solid foundation of Japanese conversation. Also included in the text are introductions to Hiragana, Katakana, and Kanji, the three Japanese writing systems.
0-7818-0234-2 • $11.95

BEGINNER'S ESPERANTO
ESPERANTO POR KOMENCANTOJ

Joseph F. Conroy

HIPPOCRENE BOOKS
New York

DEDIĈO

Tiun ĉi verkon mi dediĉas unue al mia longtempa amiko D-ro Rodney E. Ring, kiu malfermis por mi tiun internacian rondon, kiu estas Esperantujo; due, al Janet kaj Catherine Conroy, edzino kaj filino, kiuj kuraĝigis min dum la verkado; kaj trie al Emilie Conroy kaj Thad Szabo, filino kaj bofilo, kiuj atendas tiun ĉi lernolibron, kaj baldaŭ--mi esperas--regos nian karan internacian lingvon!

Krome, multajn elkorajn dankojn mi ŝuldas al tiuj en- kaj ekster-movadaj Esperantistoj, kiuj proponis helpon, rimedojn, kaj solvojn al mi dum la kreado de la verko.

For more information, contact:
HIPPOCRENE BOOKS
171 Madison Avenue
New York, NY 10016

ISBN 0-7818-0230-X

Printed in the United States of America.

TABLE OF CONTENTS
ENHAVO

ANTAŬPAROLO

I came to Esperanto somewhat by accident. While an undergraduate at Muhlenberg College, I attended a late-afternoon meeting for something called "the International Language." This was in 1965. The professor who presided over that meeting, Dr. Rodney E. Ring, was so full of enthusiasm for Esperanto, that I too caught the spirit. From then on, each time that Dr. Ring saw me on campus, he would speak to me in Esperanto. My two choices were to improve my Esperanto so that I could get a few words in, or to sit and nod mutely in the torrent of words. Since Dr. Ring most often spoke about topics which interested me, I chose to become fluent in Esperanto.

Since that time, I have attended international conferences in and about Esperanto, appeared on public TV to speak about the language, and enjoyed belonging to an international community of fellow speakers. I have also taught Esperanto to students of all ages, and in many varied settings. I use the language often, but, in a sense, I am *not* an Esperantist. My interest in Esperanto does not revolve around the Esperanto movement, but rather around using the language as a practical tool for traveling, and as a pathway to further foreign language study.

I am a foreign language teacher; my approach to teaching Esperanto is to apply the same effective methods I would to any other foreign language.

It is not often that people interested in learning languages have the opportunity to learn Esperanto in a classroom setting. Most speakers of Esperanto have had to learn the language on their own, without the support and encouragement of a teacher and fellow students. But these people *have* mastered the language, and have enjoyed using it, so you can, too!

If you are interested in other lands, if you like to travel, or if you just want to experience the excitement of learning another language, Esperanto is for you. The International Language is spoken in over eighty-six countries around the world. There is an extensive network of Esperantists ready and eager to help you as you travel. The generosity and hospitality of Esperantists are two of the most enduring traits in this international community.

In some ways, learning Esperanto is different from learning a national language. In a short time you can achieve a communicative competence in Esperanto that requires years of study in other languages. Using this book, you will learn about the basic structure of Esperanto. You will also be able to express yourself in a variety of situations, and to write letters to Esperanto-speakers around the world. One of our goals will be to help you make contact with Esperantists in countries that interest you.

Esperanto is not a magic cure-all for the communication difficulties of the world. It is not an international language in the sense that, if you speak it loudly enough to any benighted native anywhere in the world, it will help you express your ideas. To communicate in Esperanto, you must use it with *speakers* of Esperanto! Esperanto is a separate language, as impenetrable to those who do not speak it as any other foreign language.

All human languages are highly complex systems, but, as languages go, Esperanto is relatively straightforward. It is free of most of the troublesome irregularities prevalent in other tongues. You will be able to advance in Esperanto far faster than in any national language. You will find that, as you gain proficiency in Esperanto, there are no impossibly difficult grammar traps awaiting you.

The intent of Esperanto is not to replace national tongues. Esperantists should not imagine themselves as the vanguard of a new world linguistic order. The International Language serves best as a *pontolingvo* ("bridge language") . We use it to bridge the gap between speakers of different languages.

Esperanto is a relatively new language, just over one hundred years old. It is a growing, vigorous tongue, capable of expressing fine shades of meaning, and well-adapted to the modern world. In a sense Esperanto is an "artificial" language in that it did not evolve over centuries in the haphazard way of national languages, but was rather created in a logical, controlled way. The speakers of Esperanto do not sense any artificiality in their speech, however. They use Esperanto as they would any other language, debating its fine points, marvelling at its cleverness, making jokes, and gossiping.

In 1879, Dr. Ludovic Zamenhof, working in the city of Bialystok, completed an early version of the language. His goal was to create an international auxiliary tongue to help people communicate across ethnic and linguistic barriers. Dr. Zamenhof wanted the language to be clear, logical, and easy to learn.

By July of 1887, Dr. Zamenhof was ready to present his new language to the world. Using the pseudonym "Doktoro Esperanto" (Doctor Hoping-one), he published a modest forty-page work in

Warsaw. This was the *Unua Libro* ("First Book") , written in Esperanto and Russian. Polish, French, and German translations appeared before the end of the year. This book contained a foreword, in which Dr. Zamenhof demonstrated the structure of the new language; a group of six texts in Esperanto; a short textbook, *Plena Lernolibro de Lingvo internacia*; and an Esperanto-Russian/ Polish/ French/ German vocabulary containing about 920 words. In 1889, English was added to the languages of the *Unua Libro*.

Dr. Zamenhof elaborated on this first book in succeeding years, and, in July 1905, these additions were collected in a new work, *Fundamento de Esperanto*, published by Hachette. The *Fundamento* forms the untouchable, unchanging base of Esperanto. New words may be added, old words may disappear, but the basic rules of the language remain fixed, safe from the tampering of those who would "perfect" the language.

Originally, Dr. Zamenhof named the language *Internacia Lingvo*. Pioneers in the language soon found it inconvenient to ask "Do you speak the International Language of Doctor Hoping-one?" (*"Ĉu vi scipovas la Internacian Lingvon de Doktoro Esperanto?"*) So they adopted Dr. Zamenhof's pseudonym as the name of the language: *Esperanto*.

Today, Esperanto is alive and well, despite the upheavals of the Twentieth Century. Speakers of the language enjoy a vibrant literature, both original and in translation. The great works of the world's multitude of languages are available in an Esperanto translation. Esperantists also enjoy meeting each other at national and international congresses. There are few groups as chatty and boisterous as an assemblage of Esperantists!

Today's Esperanto movement (*la Movado*) is growing without the support of any government; it is a grass-roots movement of people who want to talk directly with their fellow humans, and do not have the time to learn twelve or fourteen languages! The Movement is a widespread network of mostly independent bodies, each of which has the goal of expanding the use of Esperanto.

There are local, national, and international organizations dedicated to supporting the use of the language, and you will find out more about these groups in the text. There are also special-interest groups for tourism, chess, education, medicine, and so on.

Currently, it is estimated that there are between one and two million speakers of Esperanto, not all of whom belong to an organization. These speakers of the International Language have some interesting features in common. They are 100% literate, 100% bilingual, and very often trilingual. In general, Esperantists are noted for their international outlook and interest in other cultures.

Critics of Esperanto often claim that the International Language just cannot have the "culture" so evident in the old-fashioned national tongues. If by "culture" these critics mean the centuries of ethnocentricity, bigotry, and hatred of foreigners, then perhaps they are right.

But an international culture has arisen in the Esperanto-speaking world, a culture with no national boundaries, a culture that transcends the narrow borders of nation-states. On the whole, Esperanto speakers tend to value tolerance, and to promote peaceful discussion of the world's problems. Typically, they are enthusiastic in their visits to one another, and travel widely.

Esperantists benefit from an international tradition of friendship and a truly international culture. It is this world to which you will be welcomed as you begin to use Esperanto. If you were to study one of the old-fashioned national languages, no matter how proficient you were to become, you could never become a native-speaker. No matter how hard you tried, you would be shut out of truly belonging because you were not raised speaking the language. In Esperanto, the great majority of speakers have come to the language in adulthood (there are a few "native-speakers," children who were raised speaking Esperanto). There is a place waiting for you as an equal member of the Esperanto-speaking community.

0. ENKONDUKA LECIONO

0.1 One of the nice things about Esperanto is that the spelling system is so simple. Each letter stands for *only one sound*, each sound is represented by *only one letter*, and *there are no silent letters*. The few minor exceptions to this rule are caused by the way the sounds of a language influence each other as they come together in speech, and do not detract from the overall simplicity of the spelling.

0.2 The *sounds* represented by the following letters are theoretically uniform throughout the Esperanto-speaking world. However, since Esperantists come from such diverse native languages as Japanese, Greek, Arabic and English, it is not surprising that one encounters some minor variations, and even the trace of a native accent, as the language is spoken. We can describe the sounds of the language for you in the following paragraphs, but there is no replacement for actually getting out and *hearing* Esperanto used by competent speakers.

A bit further along in the book, we will give you an address where you can write for a list of inexpensive tape recordings of Esperantists in conversation. For now, just read through this section to give yourself an idea of how the spelling works. Plan on coming back to check your pronunciation often.

0.3 To start, let us look at the five vowel letters in Esperanto: *a, e, i, o, u*. These letters represent clear, crisp vowel sounds, much like those of Spanish:

a - like "a" in *father*: *dana*, "Danish"

e - like "e" in *get*, but a bit more closed: *ebena*, "ebony"

i - like "i" in *machine*: *ili*, "they"

o - like "o" in *hotel*: *domo*, "house"

u - like "u"-sound in *moon*: *ne fumu!*, "Don't smoke!"

Be sure to give each vowel its full value. Speakers of English tend to slur over vowels in unaccented syllables, but this is a habit to leave behind when you begin to speak Esperanto.

0.4 Some of the above vowels can combine with the letters *j* ("yoh") and *ŭ* ("woh") to form *diphthongs* (one compound vowel sound). *J* sounds like the English "y," and *ŭ*, like "w."

aj - like "y" in *my*: *kaj*, "and" (*y* in transcription: *kaj* = "ky")

aŭ - like "ow" in "how": *antaŭ*, "before" (*ow* in transcription: *antaŭ* = "AHN-tow")

ej - like "e" followed by a short "i" sound: *kejlo*, "peg";

plej, "most" (*ay* in transcription: *plej* = "play")

eŭ - like "e" followed by a short "w" sound: *eŭfemismo*, "euphemism" (*ew* in transcription: *eŭfemismo* = "ew-feh-MEE-smoh"

oj - like "oy" in *toy*: *domoj*, "houses" (*oy* in transcription: *domoj* = "DOH-moy")

oŭ - like "o" followed by a short "w" sound: *poŭpo*, "stern (of a ship)"; this is a very rare sound in Esperanto, and does not occur in this book

uj - like "u" followed by a very short "i" sound: *tiuj*, "those" (*oo-ee* in transcription: *tiuj* = "TEE-oo-ee"); this sound has no exact correspondence with any English sound, but it is similar to the "ui" in *ruinous*

0.5 Next, we can look at those consonants which have just about the same value in Esperanto as in English. The one major difference between the two languages is that an English consonant may be mumbled or swallowed; an Esperanto consonant should always be fully pronounced. These consonant signs represent sounds similar to their English counterparts:

b, d, f, g, h, k, l, m, n, p, s, t, v.

Of these letters, it should be noted that *g* always represents the g-sound in "gather," never the g-sound in "general;" *l* always represents the l-sound in "live," never the l-sound in "milk;" and *s* represents the s-sound in "save," never the s-sound in "rose."

0.6 Now we come to those letters which look just like letters used in English, but represent very different sounds:

c - like "ts" in *cats*: *paco*, "peace" (sounds like "pah-tso")

j - like "y" in *yard*: *jes*, "yes"

r - lightly trilled as in Italian or Spanish

0.7 And at last, we have the so-called *ĉapelitaj literoj*, "letters with hats." Except for *ŭ*, these consonant signs are written with a circumflex accent (^) over them. As you can see, *ŭ* uses a sign called *micron*, *breve*, or "little smile".

ĉ - like "ch" in *chat*: *ĉimpanzo*, "chimpanzee"

ĝ - like "g" in *gem*: *ĝangalo*, "jungle"

ĥ - like German "ch" in *Bach*: *ĥoro*, "choir" (This sound does not occur often, but it *is* a part of the Esperanto sound-system.)

ĵ - like "s" in *pleasure*: *ĵurasa*, "Jurassic"

ŝ - like "sh" in *shampoo*: *ŝampuo*, "shampoo"

ŭ - like "w" in *kilowatt*: *kiloŭato*, "kilowatt"

0.8 Given in order, the Esperanto alphabet (*la aboco*, "lah-ah-BOH-tsoh") runs like this: *a, b, c, ĉ, d, e, f, g, ĝ, h, ĥ, i, j, ĵ, k, l, m, n, o, p, r, s, ŝ, t, u, ŭ, v, z*. Notice that the letters *q, w, x,* and *y* are not used.

0.9 To pronounce the letters of the alphabet, say the following: *ah, bo, tso, cho, do, eh, fo, go, jo, ho, kho, ee, yo, zho, ko, lo, mo, no, oh, po, ro, so, sho, to, oo, wo, vo, zo.*

As an example of how a word would be spelled out, we can use *ĉimpanzo*: *ĉo-i-mo-po-a-no-zo-o* (pro. "cho-ee-mo-po-ah-no-zo-oh").
If you must use *q, w, x,* or *y* (in personal names and such), call them *kuo* ("koo-oh"), *duobla vo, ikso,* and *ipsilono.*

Because of the straightforward nature of Esperanto spelling, it is not often necessary to ask how a word is spelled. An Esperantist probably would ask, *Kiel oni silabas la vorton, mi petas?* ("How does one break that word into syllables, please?") On hearing each syllable, one immediately knows how the word is spelled.

0.10 Once you understand how to pronounce each letter, it is not too difficult to begin to pronounce complete words. With words, however, the question of an *accented syllable* arises. In English, this is a complex problem, one with which non-natives who use English must struggle for a long time. In Esperanto, as you may expect, the situation is much more simple. The following two rules are all you have to know.

1. A word has as many syllables as it has vowels or diphthongs. Watch as we divide the following words into syllables:

vivo - VI-VO
espero - E-SPE-RO
familio - FA-MI-LI-O
aŭdiĝas - AŬ-DI-ĜAS
trajnoj - TRAJ-NOJ
plejofte - PLEJ-OF-TE

2. Every word of more than one syllable is accented on the *next-to-the-last* syllable. In the following examples, we will write the accented syllable in capital letters.

VIvo - "VEE-voh"
eSPEro - "eh-SPEH-roh"
famiLIo - "fah-mee-LEE-oh"
aŭDIĝas - "ow-DEE-jahs"
TRAJnoj - "TRY-noy"
plejOFte - "play-OHF-teh"

0.11 Let us see some more of what this means in practice. On the left is an Esperanto word. On the right it is written again broken into syllables with the accented syllable capitalized.

    Esperanto - e-spe-RAN-to
    ŝampuo - ŝam-PU-o
    rajdante - raj-DAN-te
    familio - fa-mi-LI-o
    neŭtralismo - neŭ-tra-LI-smo
    internaciigitaj - in-ter-na-ci-i-GI-taj

0.12 In very long words, a secondary accent will occur toward the beginning, no quite so strong as the main accent. This occurs especially when words are compounded: *kantobirdo* ("songbird") : **kán**-*to-BIR-do*.

0.13 Words of only one syllable, such as *la* (the), *mi* (I), and the like, are usually unaccented. They may be accented in speech for emphasis.

0.14 Finally, for reasons of meter and euphony, Dr. Zamenhof made provisions for the dropping of two letters:

    1. The final *-o* of nouns may be dropped. This occurs mainly in poetry and songs. In this case, the word accent remains where it would have been if the *-o* had not been dropped:

    esperantisto - es-pe-ran-TI-sto
    esperantist' - es-pe-ran-TIST

    2. The *a* of the definite article *la* ("the") may be dropped in similar circumstances:...*sonĝo de l' Homaro*...
    ("SOHN-joh-dehl-hoh- MAH-roh")

We have mentioned these last two cases for completeness; do not worry about them. It is more important to get a feel for the basics of the language first!

0.14 In the rest of the book, each lesson will begin with some short conversations in Esperanto. This will give you ready-to-use phrases for your letters and conversations. The English versions of these conversations will appear at the end of each lesson, after the vocabulary list. Try not to look at the English right away. See how much you can understand just from reading the Esperanto text.

After the conversation sections of the lessons, we will list phrases to be memorized, and give you practice in working with them.

There will follow a brief discussion on points of Esperanto grammar, then we will give you exercises to improve your skills. Short readings in Esperanto, a Culture Corner, and a vocabulary section will round out the lesson. After the first few lessons, we will give you short vocabulary lists just after each conversation and reading.

Finally, be sure to explore the Appendices in the back!

0.15 The goal of this book is to present the Esperanto language as it is currently used throughout the world. Esperanto is a living, growing language with a diverse speaking population. It is therefore not a monolithic structure, with only one correct possibility to express each thought. Esperantists enthusiastically disagree with each other on a wide range of vocabulary items and usage, and this is not a flaw in the system. Rather, it may be just this constant struggle that has helped shape Esperanto into the highly expressive tool it now is.

1. LA UNUA LECIONO
Konversacioj
(pro. *"kohn-vehr-sah-TSEE-oy"*)

1.1 *Paŭlo meets Mr. Nalo:*
P: "Bonan tagon, Sinjoro!"
N: "Bonan tagon!"
P: "Mi nomiĝas Paŭlo. Kaj vi, Sinjoro?" ("noh-MEE-jahs")
N: "Mia nomo estas Frederiko Nalo." ("MEE-ah NOH-moh")
P: "Estas plezuro, Sinjoro!" ("pleh-ZOO-roh")
N: "La plezuro estas mia, Paŭlo!"

1.2 *Ana sees her friend, Paŭlo:*
A: "Saluton, Paŭlo!"
P: "Saluton, Ana! Kiel vi statas?" ("KEE-ehl")
A: "Bone, dankon. Kaj vi?"
P: "Sufiĉe bone, dankon." ("soo-FEE-cheh BOH-neh")

1.3 *It is evening. Mrs. Nalo greets her neighbor, Mrs. Tuĉo* (pro. "TOO-choh") :
N: "Bonan vesperon, Sinjorino!"
T: "Bonan vesperon! Kiel vi statas?"
N: "Mi statas tre bone, dankon. Kaj vi?"
T: "Mi ankaŭ statas bone, dankon." ("AHN-kow")

1.4 *At a bus stop, Petro asks Maria* (pro. "mah-REE- ah") *about her studies:*
P: "Maria! Saluton!"
M: "Saluton, Petro! Bonan matenon! Kiel vi?"
P: "Bone, dankon. Kaj vi?"
M: "Sufiĉe bone, dankon."
P: "Maria, ĉu vi studas Esperanton?" ("choo")
M: "Jes, kaj mi *parolas* la Internacian Lingvon." ("een-tehr-nah-TSEE-ahn")
P: "Kaj ĉu vi bone komprenas Esperanton?"
M: "Jes, Petro, mi bone komprenas Esperanton. Kaj vi, ĉu vi ankaŭ studas?"
P: "Ho, ne, Maria! Mi ne studas!"
M: "Jen la aŭtobuso, Petro. Ĝis la revido!" ("ow-toh-BOO-soh")
P: "Ĝis!" ("jees")

Lernindaj Esprimoj
(pro. *"lehr-NEEN-dy-ehs-PREE-moy"*)
Expressions worth learning

1.5 *Salutoj* (Greetings):
1. *bonan tagon* "good day"
2. *bonan vesperon* "good evening"
3. *bonan matenon* "good morning"
4. *saluton* "hi!" (informal)

1.6 *La Sano* (Inquiries about health):
1. *Kiel vi statas?* "How are you?"
2. *Kiel vi?* "How're you?" (informal)
3. *(Mi statas) (tre) bone, dankon.* "(I am) (very)well, thanks."
4. *Sufiĉe bone, dankon.* "Sufficiently well, thanks."
5. *Kaj vi?* "And you?"

1.7 *Titoloj* (Social titles):
1. *Sinjoro (S-ro)* "Mister, Mr." ("seen-YOH-roh")
2. *Sinjorino (S-ino)* "Madam, Mrs." ("seen-yoh-REE-noh")
3. *Fraŭlino (F-ino)* "Miss" ("frow-LEE-noh")

1.8 *Nomoj* (Names):
1. *Kiel vi nomiĝas?* "What is your name?" ("How are you named?")
2. *Mi nomiĝas...* "I am named..."
3. *Kio estas via nomo?* "What is your name?"
4. *Mia nomo estas...* "My name is..."
5. *Estas plezuro!* "It's a pleasure!"
6. *La plezuro estas mia.* "The pleasure is mine."

1.9 *Adiaŭoj* (Goodbyes): ("ah-dee-OW-oy")
1. *Ĝis la revido!* "See you again!" ("Until the re-seeing")
2. *Ĝis revido!* "See you!"
3. *Ĝis!* "Bye!" ("Until!")

1.10 *Iom pri la elparolo* (A little bit about pronunciation):
In the best international pronunciation, the sound of the letter *n* should remain constant. Be sure to remember this when you say *dankon*. There is a tendency among English speakers to say *dang-kon*; it should be *dan-kon*, with the *n* clearly pronounced. Dr. Zamenhof recognized that *n* might change to *ng* before *k*, and did not condemn the habit, but careful speakers of Esperanto try to avoid this.

Praktiko
(pro. "prahk-TEE-koh")

1.11 Can you respond in Esperanto?
1. Bonan tagon!
2. Kiel vi statas?
3. Kiel vi nomiĝas?
4. Ĉu vi studas Esperanton?
5. Ĉu vi nomiĝas Ludoviko Zamenhof?
6. Ĉu vi statas tre bone?
7. Ĉu vi komprenas la *anglan* lingvon?
8. Kio estas via nomo?
9. Ĉu Paŭlo nomiĝas S-ro Nalo?
10. Ĉu Maria studas Esperanton?

La Gramatiko
(pro. "grah-mah-TEE-koh")

1.12 Do you know what *nomo, plezuro, Paŭlo, Sinjorino, aŭtobuso* all have in common? They are *nouns*. And in Esperanto, *all nouns end in -o*!

1.13 Here are some more nouns:

birdo -	bird	*kato* -	cat
domo -	house	*lito* -	bed
fiŝo -	fish	*seĝo* -	chair
hundo -	dog	*tablo* -	table

1.14 Question: how do we make a noun *plural*? Answer: we add a *-j* (sounds like "y") to the *-o*: *-oj* (sounds like "oy" in "boy") :
hundoj, katoj, birdoj, fiŝoj, domoj, tabloj, seĝoj, litoj, sinjoroj, sinjorinoj, aŭtobusoj.

1.15 By the way, there is only one word for "the" in Esperanto: *la*. It never changes. Not for the plural, not for Dr. Zamenhof himself!
  la hundo > la hundoj
  la aŭtobuso > la aŭtobusoj

1.16 There is no word ordinarily used for "a/an":
  kato > "cat, a cat"

1.17 One of the remarkable things about Esperanto is the ease with which new words are made out of basic roots. For example, you have seen the words *sinjoro/sinjorino* ("Mr./Mrs."). The common root of these two words is *sinjor-*. By adding an *-o*, we create a noun. But, if we use the suffix *-in-* before the *-o*, we now have a noun referring to a *female*! Look at the following:

    birdo > birdino

    kato > katino

    esperantisto > esperantistino

In the beginning, it is sometimes helpful to take apart new words starting from the back: *francino* - "*-o*, it is a noun; *-in-*, it refers to a female; and *franc-*, it refers to the French; so: a *French woman*!"

1.18 There are two other suffixes that are also very useful with nouns: *-et-* and *-eg-*. The suffix *-et-* makes things *smaller*; it is a diminutive:

hundo -	dog	*hundeto* -	small dog
domo -	house	*dometo* -	cottage

The suffix *-eg-* has the opposite effect; it makes things *larger*:

    hundego - a huge dog

    fiŝego - a monster fish: the one that got away

    domego - a mansion

    sandviĉego - a huge sandwich!

1.19 That will do for nouns. Now let us consider the Esperanto verb. You have seen the words *studas, komprenas, parolas, estas*. What ending do they all have in common? Right, *-as*! This is the one and only all-purpose ending for present-tense verbs. The root, then, is what is left when you remove the *-as*: *kompren-, parol-, est-, stat-*. Another suffix, *-i*, may be added to these roots to give the "to-form," the *infinitive*:

    esti - to be

    lerni - to learn

    nomiĝi - to be named

    paroli - to speak

    stati - to be in a certain state or condition

    studi - to study

1.20 The suffixes *-et-* and *-eg-* can also be used with verbs. In this case, *-et-* lessens the intensity of the action, and *-eg-* increases it.

    studeti - to study halfheartedly; to study with the radio, TV, and CD player on

    studegi - to study like there is no tomorrow

    ridi - to laugh

    rideti - to smile

    ridegi - to laugh loudly

You will quickly see that the use of suffixes to derive new words will help you acquire a large vocabulary with a lot less effort than is the case with national languages.

1.21 To make a verb negative, just put *ne* in front of it:

> *Paŭlo komprenas > Paŭlo ne komprenas*
> *Ĉu vi studas? Ne, mi ne studas.*

Notice that *ne* is also used to say "no."

1.22 In this first lesson you have met two of the pronouns: *mi*, "I"; *vi*, "you." Like English, Esperanto has only one word for "you." (The special singular form *ci* is almost never used.)

1.23 Finally, there is the matter of word order in questions. In order to turn a simple statement such as *la hundo estas en la domo* ("the dog is in the house") into a question, Esperanto makes use of the question-word *ĉu*, (pro. "choo") . The rest of the sentence remains the same:

> *Ĉu la hundo estas en la domo?*
> *Ĉu vi komprenas?*
> *Ĉu vi studas Esperanton?*
> *Kiel vi statas? Ĉu bone?*

You will notice from the last example that, if another question word-- in this case *kiel* ("how") --is present, then we do not use *ĉu*. *Ĉu* may also be used with a single word: *Ĉu Paŭlo komprenas? Ĉu vi?* ("Does Paul understand? Do you?") *Kio estas en la domo? Ĉu hundo? Ĉu ĉimpanzego?* ("What is in the house? Is it a dog? Is it a monster chimpanzee?")

Ekzercaro
(pro. "ehk-zehr-TSAH-roh")
Exercises

1.24 From the following roots, make both *singular* and *plural* nouns. Try to figure out what they mean.

stud-	elefant-
ĉimpanz-	ĝangal-
ŝampu-	famili-

1.25 Add *-et-* to the above nouns. Make the new words plural. Try to assign an English meaning to these words. Do you see how clear the Esperanto form is, and how awkward it often is to get a good English version? Good. Now try the same exercise with the suffix *-eg-*!

1.26 Here are some females. Write out the noun referring to a male.

ĉimpanzino	hundino
italino	insektino

studentino   fraŭlino

1.27 From the following roots, write out both the *infinitive (-i)* and the *present-tense (-as)* verb forms:

skrib-	- write	leg-	- read
lern-	- learn	instru-	- teach
ferm-	- close	ir-	- go
ven-	- come	pren-	- take

1.28 Now try adding *-et-* and *-eg-* to the following verb roots, then put on *-as* and figure out the meaning. Example: *danc-* "dance": *dancetas, dancegas*

skrib-   leg-
ferm-   parol-

1.29 Answer "no" to the following questions.
Example: *Ĉu Ana studas? Ne, Ana ne studas.*
Ĉu Paŭlo nomiĝas S-ro Nalo?
Ĉu S-ro Nalo statas bone?
Ĉu Ana studas Volapukon?*
Ĉu vi nomiĝas Zamenhof? (Ne, mi ne...)
Ĉu vi komprenas?

* *Volapük* is the name of a former rival of Esperanto, now extinct.

1.30 *Konversacioj*: Your role in the following conversations has been left blank. Can you fill in the right sentences?
1. "......?" "*Mi statas bone, dankon.*"
2. "......?" "*Mi nomiĝas Fraŭlino Boro.*"
3. "......?" "*Jes, mi komprenas.*"
4. "......?" "*Jes, mi studas Esperanton.*"
5. "......!" "*Ĝis!*"

Legaĵoj
(pro. *"leh-GAH-zhoy"*)
Readings

1.31 Sinjoro Nalo studas Esperanton. Petro ne studas Esperanton. La kato ne studas Esperanton. La kato studas matematikon. La kato studegas!
1.32 Hundo ne estas kato. Hundo estas hundo. Paŭlo ne estas ĉimpanzo. Paŭlo estas esperantisto. Ana estas esperantistino. Ana ne estas volapukistino.
1.33 Mi skribas leteron en Esperanto. Mi legas la libron "Ĵurasa Parko." Legi estas plezuro. Studi estas plezuro. Paroli estas plezuro.

Kio ne estas plezuro? Kisi kun fiŝoj!

1.34 La katoj legas libreton "Hundoj estas Monstroj." La ĉimpanzoj legetas libron "Vi kaj la Ĝangalo." La fiŝoj naĝas bone. La birdoj ne naĝas bone.

1.35 Fraŭlineto skribas: "Mia nomo estas Katerina. Mia hundo nomiĝas Ĝoĝo. Ĝoĝo estas hundego! Mi studas Esperanton. Mia hundo ne studas. Mia hundo ne studetas. Mia hundo *dormas*."

La Kulturo
(pro. "kool-TOO-roh")
Notes about Esperanto culture

1.36 Esperantists have created a worldwide community of people connected by the same language. There is an Esperanto culture which has identifiable traits. In this section in each lesson, we will be telling you about parts of the Esperanto world, and about how to get in touch with Esperantists.

1.37 What to call yourself?

There is a tendency among Esperanto-speakers to adapt foreign names to the sound-system of the language. Thus, Shakespeare becomes *Ŝekspiro*; Tchaikovsky, *Ĉajkofskio*. The names end in an "o" because they are nouns. Try writing your family name using Esperanto sounds. Add an "o." There are also standard translations of national names: Peter > *Petro*, William > *Vilhelmo*, and so on. For women, there are two choices. One is to add *-ino*: *Petrino, Vilhelmino*. Another is to use *-a* to replace the noun-ending *-o*: *Ana, Maria, Katerina*. This last method has become very popular. Since people from over eighty different countries around the world use Esperanto, a lot of different personal names occur. Very often, people keep the native form of their names, sometimes adding a clue to the pronunciation using Esperanto spelling.

1.38 ELNA

The *Esperanto-Ligo Por Norda Ameriko*, or ELNA, is the national non-profit association of Esperantists in the United States. To this

ESPERANTO LEAGUE FOR NORTH AMERICA, INC.
Central Office • P.O. Box 1129 • El Cerrito, California 94530, U.S.A. • (510) 653-0998

organization belong Esperantists who have a common interest in using and promoting Esperanto as an answer to the world language problem. ELNA is neutral with respect to political, religious or ethnic matters, and engages in no activities in these areas.

ELNA conducts educational programs to support the learning of Esperanto. Among these is the administration of the free ten-lesson postal course, as well as intermediate and advanced courses at nominal cost. ELNA also manages the San Francisco State University Summer Esperanto Course Fund which allows many students to gain an experiential knowledge of Esperanto.

ELNA operates the largest mail-order book service in the Americas, offers a wide variety of audio tapes, and acts as the subscription agent for international Esperanto publications and organizations.

The people at the ELNA office will also help you to contact local Esperantists. We recommend that you contact the ELNA Central Office and request a list of available publications. You will be surprised at the range of offerings, and at the reasonable prices. One of the first books you should buy is an Esperanto-English, English-Esperanto dictionary. The one by J.C. Wells, *Concise Esperanto and English Dictionary*, is excellent. Another good choice is the *Praktika Bildvortaro de Esperanto*, a picture-dictionary with items labeled in Esperanto. If you wish to write, the address is:

Direktoro de la Centra Oficejo
ELNA
P.O. Box 1129
El Cerrito, CA 94530

If you are brave enough to phone, the toll-free number is (800) 828-5944. The person who answers is fluent in Esperanto, used to speaking with novices, and can also speak English. Sample conversation:

ELNA: "Saluton!"

VI: "Saluton! Ĉu estas la Centra Oficejo de ELNA?"

ELNA: "Jes..."

VI: "Bone. Mi estas nova Esperantisto. Mi ne parolas tre bone. Ĉu mi rajtas paroli angle?"

ELNA: "Certe! *How may I help you?*"

For those of you well along into the electronic revolution, the fax number (*faksonumero*) is (510) 653-1468, and the E-mail address (*e-poŝta adreso*) is *elna@netcom.com*.

La Leciona Vortolisto
(pro. *"leh-tsee-OH-nah-vohr-toh-LEE-stoh"*)
Lesson Vocabulary

An Esperanto vocabulary list is different from one in a national language in several ways. First of all, we will list *roots*, not complete words. This is because different endings may be added to a root to create further shades of meaning: *dom-: domo, dometo, domego,* etc.

Secondly, it is important to know the basic category of the root: noun, verb, adjective, function word. To help with this, we have added -*o* to noun roots, -*i* to verb roots, and -*a* to adjective roots.

Finally, we will also list endings, such as the -*as* present-tense ending for verbs, and affixes to help you keep them in mind.

angl-a -	English
angle -	in English
ankaŭ -	also
-as -	ending for present-tense verbs
aŭtobus-o -	bus
bird-o -	bird
bon-a -	good
bone -	well
certe -	of course, certainly
ĉimpanz-o -	chimpanzee
ĉu -	indicates a question
danc-i -	to dance
dank-i -	to thank
dank-o -	thanks
dom-o -	house
dorm-i -	to sleep
-eg -	suffix that *enlarges*
elefant-o -	elephant
en -	in
est-i -	to be
-et -	suffix that *makes small*
famili-o -	family
ferm-i -	to close
fiŝ-o -	fish
franc-o -	Frenchman

24

fraŭl -	unmarried person
ĝangal-o -	jungle
ĝis -	until
ho -	oh
hund -	dog
-i -	infinitive suffix: "to..."
-in -	feminine suffix
insekt-o -	insect
instru-i -	to teach, to instruct
internaci-a -	international
ir-i -	to go
ital-o -	Italian man
-j -	plural suffix
jen -	here is/are, look at...
jes -	yes
ĵuras-a -	Jurassic
kaj -	and
kat-o -	cat
kiel -	how
kio -	what
kis-i -	to kiss
kompren-i -	to understand, to comprehend
konversaci-o -	conversation
kun -	with
la -	the
leg-i -	to read
lern-i -	to learn
leter-o -	letter
libr-o -	book
lig-o -	league, connection
lingv-o -	language
lit-o -	bed
matematik-o -	mathematics (*singular* in Esperanto)
maten-o -	morning
mi -	I
mia -	my
monstr-o -	monster
ne -	no, not
nom-o -	name
nomiĝ-i -	to be named
nov-a -	new

-o -	suffix that makes nouns
park-o -	park
parol-i -	to speak
plezur-o -	pleasure
pren-i -	to take
rajt-i -	to be entitled to
rajt-o -	a right, an entitlement
re-vid-i -	to see again
rid-i -	to laugh
salut-o -	greeting
sandviĉ-o -	sandwich
seĝ-o -	chair
serv-i -	to serve
sinjor-o -	Mr., gentleman
sinjorin-o -	Mrs., lady
skrib-i -	to write
stat-o -	a state, condition
stel-o -	star
stud-i -	to study
student-o -	(university) student
sufiĉ-a -	sufficient, enough
sufiĉe -	sufficiently, enough
ŝampu-o -	shampoo
tabl-o -	table
tag-o -	day
tre -	very
ven-i -	to come
verd-a -	green
vesper-o -	evening
vi -	you

Angla-lingva traduko de la konversacioj:
1.1

> P: "Good day, Sir!"
> N: "Good day!"
> P: "I am named Paul. And you, Sir?"
> N: "My name is Frederiko Nalo."
> P: "It is a pleasure, Sir."
> N: "The pleasure is mine, Paul!"

1.2

A: "Hi, Paul!"
P: "Hi, Ana! How are you?"
A: "Well, thanks. And you?"
P: "Sufficiently well, thanks."

1.3

N: "Good evening, Madam!"
T: "Good evening! How are you?"
N: "I am very well, thanks. And you?"
T: "I, too, am well, thanks."

1.4

P: "Maria! Hi!"
M: "Hi, Paul! Good morning! How're you?"
P: "Well, thanks. And you?"
M: "Sufficiently well, thanks."
P: "Maria, are you studying Esperanto?"
M: "Yes, and I *speak* the International Language."
P: "And do you understand Esperanto well?"
M: "Yes, Peter, I understand Esperanto well. And you, are you studying [it] as well?"
P: "Oh, no, Maria! I am not studying [it]!"
M: "Here's the bus, Peter. See you again!"
P: "See you!"

2. LA DUA LECIO
Konversacio

2.1 *Waiting for the subway train, Jana ("YAH-nah") sees Marko:*

J: "Ho, Marko! Saluton!

M: "Saluton, Jana."

J: "Marko! Kiel ĉio? Ĉu vi statas malbone?" (*kiel ĉio:* "KEE-ehl CHEE-oh")

M: "Jes, certe. Mi statas tre malbone. Mi estas malsana." (*certe:* "TSEHR-teh")

J: "Kompatinda knabo!"

2.2 *Petro and Ana wonder who some people are:*

A: "Petro, kiu estas tiu?" (*kiu:* "KEE-oo")

P: "Tiu estas Sinjoro Tuĉo."

A: "Ah, dankon. Kaj kiu estas tiu sinjorino?"

P: "Kiu sinjorino?"

A: "Tiu malgranda sinjorino kun la eta knabo."

P: "Mi ne scias. Ŝi ne estas esperantistino. Ĉu vi scias, kiu estas tiu knabino?" (*scias:* "STSEE-ahs", see 2.9, note 3)

A: "Ne, Petro. Mi tute ne scias."

2.3 *Acuo Minami ("a-TSOO-oh") asks Kanae ("kah-NAH-eh") about some objects:*

A: "Pardonu min, Kanae. Kio estas tio?"

K: "Tio estas tornistro, Acuo."

A: "Ĉu vere tornistro?" (*vere:* "VEH-reh")

K: "Jes. Tio estas tornistro en la formo de Miki-Muso!"

A: "Mirinda afero! Kaj kio estas tio, mi petas?"

K: "Tio estas telefono en la formo de kato."

A: "Kaj tio, Kanae, ĉu tio estas seĝo?"

K: "Vi pravas, Acuo! Tio estas seĝo..."

A: "...en la formo de ranego!"

K: "Tute prave!" ("TOO-teh PRAH-veh")

2.4 *Elena Ĝanĉeva answers Petko Andreev's questions:*

P: "Elena, mi havas demandojn por vi pri vortoj en Esperanto."

E: "Bone, demandu."

P: "Kiel oni diras 'ranego' alimaniere?" (*alimaniere:* "ah-lee-mah-nee-EH-reh")

E: "Estas facile! Oni diras 'granda rano'." (*facile* - "fah-TSEE-leh")

P: "Dankon. Kaj kiel oni diras 'Mickey Mouse" Esperante?

E: "Oni diras 'Miki-Muso'."

P: "Dankon denove. Oh! Kiel oni diras 'tornistro' angle, mi petas?"

E: "Mi tute ne scias, Petko. Mi ne parolas la anglan lingvon. Demandu al Kunĉo. Mi scias, ke li studas la anglan."

P: "Dankon pro via helpo, Elena."

E: "Ne dankinde, Petko."

Lernindaj Esprimoj

2.5 *La Sano:*

1. *Kiel ĉio?* "How's everything?"
2. *Ĉu vi statas malbone?* "Are you doing poorly?"
3. *Mi statas malbone.* "I am not too good."
4. *Mi estas malsana.* "I am ill."

2.6 *Identigo - Personoj:* (Identification - People)

1. *Kiu estas tiu?* "Who is that?"
2. *Tiu estas....* "That is...."
3. *Kiu estas tiu sinjoro?* "Who is that man?"
4. *Tiu sinjoro estas....* "That man is...."
5. *Kiu knabo?* "Which boy?"

2.7 *Identigo - Objektoj:* (Identification - Things)

1. *Kio estas tio?* "What is that?"
2. *Ĉu tio estas...?* "Is that....?

2.8 *Demandoj Pri Vortoj:* (Asking about words)

1. *Kiel oni diras* **'mouse'** *Esperante?* "How do you say 'mouse' in Esperanto?"
2. *Kiel oni diras* **'tornistro'** *angle?* "How do you say 'tornistro' in English?"
3. *Kiel oni diras* **'katego'** *alimaniere?* "How do you say 'katego' in another way?"

2.9 *Oftaj Frazoj:* (Frequent Phrases)

1. *Jes, certe!* "Yes, of course!"
2. *Vi pravas!* "You're right!"
3. *Tute prave!* "Right on!"; "Totally correct!"
4. *Ĉu vere?* "Really?"
5. *Mirinda afero!* "Wow!"; "(What a) marvelous affair!"

6. *Mi petas* "Please." (I seek)
7. *Dankon denove!* "Thanks again!"
8. *Ne dankinde!* "Don't mention it!" (not worthy of thanks)
9. *Estas facile!* "It's easy!"
10. *Kompatinda knabo!* "Poor boy!"
11. *Pardonu min!* "Excuse me!"
12. *Mi (ne) scias.* "I (don't) know."
13. *Mi tute ne scias.* "I really don't know." (*tute ne* - "not at all")
14. *Mi scias, kiu estas la knabino.* "I know who the girl is."
15. *Mi scias, ke Paŭlo estas malsana.* "I know that Paul is ill."

Notoj:

1.   In these conversations, we have met Esperanto speakers from Japan (*Acuo*, a man, and *Kanae*, a woman) and from Bulgaria (*Elena* and *Petko*). We will bring in people from other countries to help you remember the *universal* nature of the language.

2.   Remember: there are no silent letters in Esperanto! Be sure to pronounce the *k* of *knabo* and *knabino*. Also, be sure you are pronouncing *kiel* in two syllables with the accent on the first: *ki-el* ("KEE-ehl") . The same holds true for *kio* ("KEE-oh") and *kiu* ("KEE-oo") , *tio* ("TEE-oh") and *tiu* ("TEE-oo") .

3.   The word *scias* ("know")   takes some getting used to. The combination of *s* and *c* ("ts") is like the *sts* sounds in "la*st s*ummer." At first, it might be easier to say *scias* with a preceding word: *mi scias* (mee-STSEE-ahs).

4.   Did you notice that there were two ways of saying "small" in the conversations? One was *malgranda*, a form we will explain in the *Gramatiko* section. The other was *eta*. Do you recognize it? Right! *Eta* is the suffix *-et-* made into a separate word! This happens a lot in Esperanto.

5.   Finally, notice that Esperanto does not require us to switch around the words of a sentence just because we put an introduction up front:

Kiu estas la knabo? "Who is the boy?"

Mi scias, kiu estas la knabo. "I know who the boy *is*."

Many speakers of Esperanto use a comma to set off such introductions from the rest of the sentence.

Praktiko

2.10 Can you respond to these questions?

1. Ĉu vi estas malsana?
2. Kiel ĉio?
3. Kiu estas tiu?
4. Ĉu tiu sinjorino estas S-ino Nalo?
5. Ĉu vi scias, kiu estas tiu sinjoro?
6. Ĉu vi scias, kiu estas la malgranda knabino?
7. Kio estas tio?
8. Kiel oni diras 'seĝo' angle?
9. Kiel oni diras 'frog' Esperante?
10. Ĉu vi scias, kiel oni diras 'tornistro' angle?
11. Kiel oni diras 'malgranda domo' alimaniere?
12. Kiel oni diras 'katego' alimaniere?

La Gramatiko

2.11 We have seen how *nouns* always end in *-o*. Sometimes we do not want to say just "dog" or "cottage." We want to say more: "big dog," "sick boy," "healthy frog." To do this, we use *adjectives*. And in Esperanto, all adjectives end in *-a*. So, from the viewpoint of Esperanto, we can say that "a-words" are used to tell us more about "o-words." Here are some adjectives (*adjektivoj*) we have been using:

angla - English
bona - good
eta - small
granda - big
internacia - international
malgranda - small
malsana - ill
nova - new
verda - green

2.12 In Esperanto, *where* you place an adjective is not strictly controlled. An adjective may come *before* or *after* the noun to which it refers. The usual practice is to place the adjective *before* the noun, especially when there is only one adjective:

bona hundo - good dog
internacia lingvo - international language

Sometimes the adjectives will follow the noun. There is no difference in meaning, only in personal preference, or in style:

malgranda verda rano - a small green frog
rano malgranda kaj verda - a small green frog

31

2.13 In the first lesson, we saw that nouns add *-j* for the plural: *knabo* > *knaboj*. If an adjective is used with a plural noun, it, too, will add *-j*: *-aj* (sounds like "y" in "my") .

>   *granda domo > grandaj domoj*
>   *eta kato > etaj katoj*
>   *verda tornistro > verdaj tornistroj*
>   *nova lingvo internacia > novaj lingvoj internaciaj*

2.14 There is a prefix in Esperanto that cuts in half the work of learning vocabulary: *mal-*. This prefix *reverses the meaning* of the root word, giving a meaning that is *directly opposite*:

>   *sana* - healthy > *malsana* - ill
>   *granda* - big > *malgranda* - little
>   *avara* - miserly > *malavara* - generous
>   *ofta* - frequent > *malofta* - rare

Notice that there is nothing inherently *negative* about *mal-*; it simply gives the opposite of the word in question. Esperanto can easily express the following fine shades of thought:

>   *negranda domo* - a house which is not big
>   *malgranda domo* - a small house
>   *nemalgranda domo* - a house which is not small
>   *grandega domo* - a really big house
>   *malgrandega domo* - a really small house

In the very early days of the Esperanto, Dr. Zamenhof warned Esperantists not to get carried away with all these prefixes and suffixes. His advice, still valid today, is to use just those suffixes necessary to convey the meaning, and no more. A phrase such as *tre grandega domego* is as monstrous in Esperanto as the English translation would be!

Noto: The prefix *mal-* may also be used with verbs! In the first lesson, we used *fermas* ("closes") . What do you think *malfermas* means? Right! *Acuo malfermas la libron.* ("Atsuo opens the book.")

2.15 Adjectives may use the suffixes *-et-* (lessens the *intensity*, diminishes) and *-eg-* (increases the *intensity*, augments) as well:

>   *boneta* - okay, so-so, all right
>   *bonega* - Wow! really GOOD!
>   *grandeta* - kind of big
>   *grandega* - huge!
>   *verdeta* - greenish
>   *verdega* - deep green

Notice how the smooth regularity of Esperanto requires a lot of mind-bending in English.

2.16 Sometimes, we want to talk about a "big person," or about a "person with an international outlook." In Esperanto, we could simply say *granda persono*, but there is a better way, one more in keeping with the nature of the language. We can use the suffix *-ul-*, "a person possessing the characteristics of the root word", and say *grandulo*. What kinds of people do the following words talk about?

> *internaciulo* - an internationally-minded person
>
> *bonulo* - a good person
>
> *malavarulo* - a generous person
>
> *etulo* - a small person (*malgrandulo*)

Of course, some of the people we talk about are female, so we can further add the suffix *-in-*:

> *grandulino* - a big woman
>
> *oftulino* - a female habituée
>
> *maloftulineto* - a small woman rarely seen in these parts

Do you see how this last word was created? Right! *mal* + *OFT* + *-ul-* + *-in-* + *-et-* + *-o*. This is the essence of Esperanto word building!

2.17 If we start with a verb as our basic root, we can use the suffix *-ant-* to talk about a person who is right now doing what the verb says, or who usually does it:

> *la parolanto* - the one who is speaking; the speaker
>
> *la dancanto* - the one who is dancing; the dancer
>
> *la studanto* - the one who is studying; the student
>
> *la studantino* - the woman who is studying; the woman student

Notoj:

1. This *-ant-* suffix may also be used with the adjective ending *-a*; in this case, it often equals the English *-ing* ending.

> *la dancanta kato* - the dancing cat
>
> *la dormanta hundo* - the sleeping dog
>
> *la studantaj ĉimpanzoj* - the chimps who are studying

2. There is a difference between *studento*, "a university student," and *studanto*, "one who studies;" and also between *prezidento*, "a president," and *prezidanto*, "one who presides (over a meeting, etc.)."

3. Both *-ulo* and *-anto* express the idea of "a person who..."; *-ulo* is used with adjectives, *-anto* with verbs.

2.18 If the person performs the action of the verb professionally, or is somehow rather permanently connected with it, then we should use the suffix *-ist-*:

> *parolisto* - a paid speaker

skribisto - a scribe; someone who is paid to write letters for
     other people

verkisto - a writer; someone who writes (*verki*) as a profession

Notoj:

1. *Esperantisto*: Not many Esperantists are paid to speak the
language, but the -*ist*- form must be used because the word already is
in the -*ant*- form. From *esperi*, "to hope," Dr. Zamenhof took his
pseudonym: *la esperanto*, "the one who hopes."

2. If you are female and a writer, you could call yourself a *verkistino*,
but *verkisto* would be equally correct. The -*in*- suffix would be used if
you really wanted to emphasize your gender. Look:

Mi estas verkisto. "I am a writer."

Mi estas verkistino. "I am a woman-writer."

   The distinction in emphasis is about the same in both languages.

3. The -*ist*- suffix may also occur with the adjective ending.

parolista elparolo - a speaker-like pronunciation

verkista vivo - a writer's life

2.19 You may have thought that answering the question *Ĉu Ana studas
bone?* with *Jes, Ana studas bone* was a bit repetitive, and you would
have been right. Most Esperantists would have answered with *Jes, ŝi
studas bone*, using the pronoun *ŝi*. Here are some more pronouns:

ŝi - she ("shee")

li - he ("lee")

ili - they ("EE-lee")

   And here is an equation: *vi* + *mi* = ? *Ni!* The pronoun *ni* means
"we."

2.20 The verb *esti* (to be), when it stands first in the sentence, often
means "there is" or "there are":

Estas hundo en la domo. "There's a dog in the house"

Estas ĉimpanzoj en la ĝangalo. "There are chimpanzees in t h e
jungle."

Ne estas elefanto en la aŭtobuso. "There is no elephant on t h e
bus."

2.21 Did you wonder if Esperanto had numbers? Well, it does, and the
system is very simple and logical. Here are the base numbers:

0 *nul*	4 *kvar*	8 *ok*
1 *unu*	5 *kvin*	9 *naŭ*
2 *du*	6 *ses*	10 *dek*
3 *tri*	7 *sep*	

Noto: Be sure to pronounce each number with a full vowel sound, *unu* ("OO-noo"), and be careful of the *kv* in *kvar* ("kvahr") and *kvin* ("kveen"). *Ok* sounds like the English "oak," and *naŭ* sounds like "now."

2.22 Finally, a word about prepositions. Esperanto has them, and each one has a specific meaning. Try to avoid thinking in English here. Each language has its own idea of how a preposition is to be used. Some prepositions are:

al - to, toward
> *Mi parolas al la sinjoro.*
> *Ŝi iras al Novjorko.*

de - of, from
> *la direktoro de ELNA*
> *la amikoj de la sinjoro*
> *la aŭtobuso de Novjorko*

Noto: Besides meaning "from," the preposition *de* provides the Esperanto equivalent of English *apostrophe s* (and *s apostrophe*). That is, "Maria's dogs' little houses" will be *la dometoj de la hundoj de Maria* in Esperanto (literally: "the little houses of the dogs of Maria").

el - out of, out from
> *Ŝi rigardas el la fenestro.*
> *fiŝo el la rivero*

en - in, at, on (a vehicle)
> *Paŭlo studas en la domo.*
> *La kato dancas en la aŭtobuso.*

kun - with, in the company of
> *Ana dancas kun Marko.*
> *Kanae parolas kun musoj!*
> *Elena ne kisas kun fiŝoj!*

por - for
> *Tiu fiŝo estas por la kato.*
> *Mi skribas Esperante por Karlina.*

pro - on account of, because of, owing to
> *Dankon pro la manĝaĵoj!*
> *Petko dankas pro la helpo.*

Ekzercaro

2.23 From the following roots, form adjectives using *-a*. Try to find an English meaning.

amik- (friendly)

bel- (beauty)
blu- (blue)
ekzotik- (exotic)
famili- (family)
grav- (serious)

Now try to use the adjectives you have created with the following nouns. Be sure to watch for the *-j* ending and change the adjectives accordingly!

respondo - answer
nazo - nose
sekretoj - secrets
eraroj - errors, mistakes
ĉielo - sky
spicoj - spices (pro. "SPEE-tsoy")

2.24 Below, there are two adjectives to put into each sentence. See how many ways you can insert the adjectives into the sentence, and figure out how the meaning changes.

(*granda/blua*) *La kato dormas en la seĝo.*
(*bona/eta*) *La musoj dancas kun la kato.*
(*malavara/ĉarma*) *La knabino skribas al Esperantistoj.*

2.25 Reverse the meaning of the words below by using the prefix *mal-*. Assign a meaning in English to the new word.

ĉarma - charming
stulta - stupid, dull
ofta - frequent
bela - beautiful
ami - to love
ameti - to like
ŝalti - to switch on (a light, a machine)
jesi - to agree, consent
vi pravas - you are right
mi permesas - I allow; I permit
amo - love
amiko - friend
spertulo - an expert
bonaĵo - a good thing; a good deed

2.26 Use the *mal-* in the following sentences with first one noun, and then the other, to see how the meaning changes. Then try using *mal-* with *both* nouns.

La amikoj estas avaruloj.

La jesantoj skribas al la spertulino.
La amo estas fortaĵo. (forta - strong)
2.27 *Kiu estas tiu?* Guess what we call the following people in English. Each one is a person (*-ulo*) who exemplifies the quality of the root-word.

malavarulo
bonulo
stultulo
bluharulo (haro - hair)
verdharulino
kunulo (kun - with)
2.28 What kind of *-antoj* ("those who...") do the following things? Example: *parol-i* > **parolantoj**

kisi
pensi
helpi
danci
malami

Noto: An *amanto* is "one who loves," an *ametanto* is "one who likes," and an *amanteto* is "a small person who loves." *Where* the suffix is placed in the word will affect the meaning.
2.29 Now we can practice using the pronouns. Answer the following questions using *mi, vi, li, ŝi, ili, ni* where appropriate. Try answering *jes* and then *ne.*

Ĉu vi bone komprenas?
Ĉu mi parolas klare? (klare - clearly)
Ĉu la Esperantistoj estas ĉarmaj?
Ĉu Elena kisas bonege?
Ĉu Paŭlo malsanas? (malsanas = estas malsana)
Ĉu Acuo kaj Kanae estas spertuloj pri Esperanto?
Ĉu vi estas spertulo pri amo?
Ĉu la musoj estas stultaj pri kata malbonaĵo?
Ĉu vi kaj Doktoro Zamenhof parolas Esperante?

2.30 Using the word *kiom* ("how much, how many") , we can practice the basic numbers.

Kiom estas kvar plus unu? (plus, pro. "plooss")
Kiom estas du plus ok?
Kiom estas dek minus tri? (minus, pro. "MEE-noos")
Kiom estas naŭ minus sep?

When asking how many of *something* there are, we use the

37

preposition *da* after *kiom*:

Kiom da ĉimpanzoj estas en la ĝangalo?

Try asking questions about the following. Use *Kiom da* to begin the question.

musoj en la domo
ranoj en la aŭtobuso
Esperantistoj en la mondo (*mondo* - world)
libroj en la tornistro

2.31 To practice using some of the prepositions of this lesson, try using *al, kun, por* in the blanks one after another. Note how the meaning of the sentence changes.

Mi parolas Esperante____mia amiko.
Ŝi legas la libron "Ĵurasa Parko"____Doktoro Bruno.
La musoj telefonas____la bona kato.

2.32 The preposition *de* expresses *possession*. The word order is *thing possessed DE possessor*: "la libro de Miko". Below is a list of various possessions. The owner is in parentheses. Use *de* to combine the two.

la tri hundoj (Doktoro Bruno)
la dometo (la musoj)
la bonaj manĝaĵoj (Sinjorino Smito)
la facilaj lecionoj (la lernolibro)

2.33 Finally, here are some questions beginning with prepositions. Try to answer them.

Al kiu Paŭlo parolas? (Li parolas al...)
Al kiu la hundoj telefonas?
En kio estas la libroj? (Ili estas en...)
Por kiu Ana skribas Esperante?
Pro kio vi dankas Acuon? (Mi dankas Acuon pro...)
Kun kiu Kanae dancas?
En kio estas la ĉimpanzoj?

Legaĵoj

2.34 *Jen letero al la direktoro de la ELNA Libroservo. Bonvolu legi la leteron.*

la 24an de januaro
Direktoro
Centra Oficejo de ELNA
Poŝtkesto 1129
El Cerrito, Kalifornio 94530

USONO
Estimata Direktoro:
Antaŭnelonge mi komencis studi Esperanton. Mi bone studas, kaj
mi sufiĉe bone komprenas la lingvon. Nun, mi deziras legi librojn
en Esperanto. Mi scias, ke la Libroservo de ELNA estas bonega
loko por libroj en la internacia lingvo. Do, bonvolu sendi al mi,
mi petas, libroliston kun prezoj kaj mendokondiĉoj. Korajn
dankojn al vi pro via valora helpo!
Sincere via,
Nova Esperantisto

Notoj:
1. Esperanto is very rich in *compound words*. Below are a few of the
compound words found in the letter. We have taken them apart to show
you how they were built up.
   antaŭ-ne-longe - "before-not-long" = recently
   libro-servo - "book-service"
   bon-volu - "good-want" = please be willing
   libro-listo - "book-list"
   mendo-kondiĉo - "order-conditions"
   One other compound word which you are likely to see often is *sam-
ide-an-o* ("same-idea-member") , used to mean "fellow Esperantist."
2. *Usono* is the Esperanto word for "The United States." Some
people think it comes from the initials of "United States of North
America," "oo-so-no." In any case, it is convenient, and easier than
the more formal *Unuiĝintaj Ŝtatoj de Ameriko*. Notice that *ŝtato*
("SHTAH-to") is not the same as *stato* ("STAH-to") .
2.35 *Kio interesas min?*
   Katoj interesas min. Ĉimpanzoj ankaŭ interesas min. Ranoj kaj fiŝoj
ne interesas min. Kaj vi? Kio interesas vin? Ĉu hundoj? Ĉu belaj
domoj? Ĉu malnovaj aŭtobusetoj?
2.36 *Novaĵo:*
   Jen novaĵo: Esperanto estas *vivanta* internacia lingvo! Volapuko ne
estas vivanta. Kiom da Esperantistoj nun estas en la mondo? Mi ne
scias. La Esperanto-Ligo por Nord-Ameriko ne scias. La Universala
Esperanto-Asocio ne scias. Ĉu vi?
2.37 *Grandaj, belaj, malavaraj*:
   Musoj ne estas grandaj, sed ili estas beletaj. Bonuloj estas ofte
malavaraj, sed ili ne estas stultuloj. Fiŝoj bluaj kaj verdaj naĝas en la
maro. La malbona kato ne estas en la domo, kaj la etaj musoj dancas.

2.38 *Difinoj*: (Definitions)

Tornistro estas sako por lernanto, en kiu estas libroj, paperoj, ktp. (*ktp.* = *kaj tiel plu*, "and so forth")

Lernanto estas persono, kiu lernas, kiu studas.

Bonulo estas persono, kiu estas bona.

La Kulturo

2.39 *La Verda Stelo* (The Green Star)

The symbol of the Esperanto movement is the green star, *la verda*

"Ĉi tiu portreto de Zamenhof estas tiel bela kaj tiel majstre teksita, ke mi kredas neniam antaŭe esti vidinta pli ravan bildon de la aŭtoro de Esperanto." Tiel diras unu el la multaj ĝisnunaj aĉetintoj de la silka portreto de d-ro Zamenhof.

La plej bela portreto de Zamenhof

SILKA PORTRETO DE D-RO ZAMENHOF:
Tre delikate teksita per blanka kaj nigra silkaj fadenoj. Kun aŭtografo. Borderita. Facile enkadrigebla aŭ alimaniere pendigebla. Formato: 28x42cm. Eldonis: Ĉina Esperanto-Ligo, 1980. Prezo ĉe la Libroservo de UEA: 9,00 gld. (Triona rabato por la aĉeto de tri ekzempleroj)

stelo. Many Esperantists wear lapel pins with the green star, and the symbol occurs on stationery and flags. The people at ELNA will have the green star in all sorts of formats.

2.40 *Universala Esperanto-Asocio* (*UEA*, "oo-eh-ah") : The Universal Esperanto Association is the umbrella group under which most other Esperanto groups, national and international, are organized. With headquarters in the Netherlands (Nieuwe Binnenweg 176, NL-3015 BJ Rotterdam, tel. 31-10-436-1044), UEA provides a center for the far-flung Esperantists of the world.

Universala Esperanto-Asocio
en konsultaj rilatoj kun UN kaj Unesko
Centra Oficejo: Nieuwe Binnenweg 176, 3015 BJ Rotterdam, Nederlando
Telefono + 3110 436 10 44 / 436 15 39 / Telefakso 436 1751 / Telekso 23721 uea nl

If you are interested in joining UEA, you may do so through ELNA by requesting a membership form. Membership includes the very useful *Jarlibro* (Yearbook), a listing of Esperanto speakers throughout the world who have agreed to handle requests from fellow Esperantists.

Of the many services provided by UEA, one is of importance to you right now: *Koresponda Servo Mondskala* ("The World-Wide Correspondence Service") . The Correspondence Service provides names and addresses of Esperanto pen pals throughout the world. To receive information about this service, write to:

Koresponda Servo Mondskala
c/o François Xavier GILBERT
Vert Coteau
Longeville en Barrois
F-55000 Bar-le-Duc
France

Be sure to include enough International Reply Coupons with your request; the *Koresponda Servo* is non-profit and needs help with postage costs. Your local post office sells these coupons, and the postal worker will be able to tell you how many you need.

When writing to request a pen pal, be sure to provide the following information:

your name
address
sex and age
profession
marital status
number of correspondents sought

countries of interest
subjects of interest
For more details on this service, ask the Correspondence Service for the brochure *Kiel mi povas uzi Esperanton?*

2.41 *Farti*:

As an example of how national tongues can influence an international language such as Esperanto, let us consider the expression for "How are you?": *Kiel vi statas?* Here, we have used the verb *stati*, "to be in a (certain) state." Many non-English speaking Esperantists will use the verb *farti*, "to fare": *Kiel vi fartas? Mi fartas bone, dankon.* Speakers of English seem to feel that the sounds of this verb are too close to the sounds of a certain English verb (whose Esperanto translation is *furzi*) they prefer not to use in public. Such is the flexibility of Esperanto that the language can take such linguistic provincialism into account and provide alternatives.

La Leciona Vortolisto

-ad-	- prolonged, repeated action
afer-o	- matter, affair
-aĵ-	- concrete manifestation of root
akv-o	- water
al	- to
ali-manier-e	- in another way ("ah-lee-mah-nee-EH-reh")
am-i	- to love
amik-o	- friend
angl-e	- in English ("AHN-gleh")
ankaŭ	- also
-ant-	- one who...
antaŭ-ne-long-e	- not long ago; recently
asoci-o	- association
avar-a	- greedy, miserly
bel-a	- beautiful
blu-a	- blue
bon-vol-u	- please be willing
cert-e	- certainly, of course ("TSEHR-teh")
ĉarm-a	- charming
ĉiel-o	- sky ("chee-EH-loh")
ĉio	- everything
danc-i	- to dance

dank-ind-e	- worthy of thanks
de	- of, from
demand-i	- to ask
demand-o	- question
de-nov-e	- again
desegn-i	- to draw
dezir-i	- to desire
dir-i	- to say
direktor-o	- director
do	- therefore, thus
ekzotik-a	- exotic
el	- out of, out from
el-parol-o	- pronunciation
en	- in
erar-o	- error
Esperant-e	- in Esperanto
estim-at-a	- esteemed
et-a	- small
facil-e	- easily ("fah-TSEE-leh")
famili-o	- family ("fah-mee-LEE-oh")
ferm-i	- to close
flug-i	- to fly ("FLOO-ghee")
form-o	- form, shape
fort-a	- strong
grand-a	- big, large, great
grav-a	- serious, important
har-o	- a hair
hav-i	- to have
help-o	- to help
ili	- they
interes-i	- to interest
io	- something ("EE-oh")
-ist-	- person occupied with
januar-o	- January ("jah-noo-AH-roh")
kaf-o	- coffee
kant-i	- to sing
kiom	- how much, how many
kiom da	- how much of, how many of
kis-i	- to kiss
kiu	- who
klar-e	- clearly ("KLAH-reh")

43

knab-o	- boy
knab-in-o	- girl
komenc-i	- to begin ("koh-MEHN-tsee")
kompat-ind-a	- worthy of compassion
kóndiĉ-o	- condition
kor-a	- heartfelt
kor-o	- heart
ktp (kaj tiel plu)	- and so on
lerno-libr-o	- textbook
li	- he
list-o	- list
lok-o	- place, location
mal-avar-a	- generous
mal-bon-e	- unwell, poorly
mal-ferm-i	- to open
mal-grand-a	- small
mal-san-a	- ill
manĝ-i	- to eat
mar-o	- sea
mend-i	- to order (something)
mir-ind-e	- worthy of marvelling at; amazingly
mol-a	- soft
mond-o	- world
naz-o	- nose
ni	- we
nov-aĵ-o	- (a piece of) news
nun	- now
oft-a	- frequent
oni	- one; people; they
oni diras	- one says...
paper-o	- paper
pardonu min	- excuse me
parol-i	- to speak
pens-i	- to think
permes-i	- to permit
pet-i (mi petas)	- to seek (please)
por	- for
poŝt-kest-o	- post office box
prav-e	- correctly
prav-i	- to be right
prezent-i	- to present

prez-o	- price
pri	- about, concerning
pro	- due to, because of
respond-i	- to respond, to answer
respond-o	- response, answer
sam-ide-an-o	- fellow Esperantist
san-a	- healthy
sci-i	- to know
sek-a	- dry
sekret-o	- secret
send-i	- to send
sincer-e	- sincerely
skrib-i	- to write
sod-akv-o	- soda, pop
spert-a	- experienced
spert-i	- to experience
spert-o	- an experience
spic-o	- spice
stult-a	- dull, stupid
ŝalt-i	- to turn on (a light, etc.)
ŝi	- she
telefon-i	- to telephone, to call
telefon-o	- a telephone
te-o	- tea
tio	- that thing
tiu	- that person; that one
tornistr-o	- knapsack, bookbag
trink-i	- to drink
tut-e	- completely, entirely
-ul-	- person possessing the quality of the root word; one who is...
universal-a	- universal, world-wide
valor-a	- valuable
ver-e	- truly, indeed
verk-i	- to write (as an author), to compose
viv-a	- alive
viv-ant-a	- living
viv-i	- to live
viv-o	- life
vort-o	- wor

Angla-lingva traduko de la konversacioj:
2.1
> J: "Hey, Mark! Hi!"
> M: "Hi, Yana."
> J: "Mark! How's everything? Are you ill?"
> M: "Yes, of course. I am doing very poorly. I am ill."
> J: "Poor boy!"

2.2
> A: "Peter, who is that?"
> P: "That is Mister Tucho."
> A: "Ah, thanks. And who is that lady?"
> P: "Which lady?"
> A: "That small lady with the little boy."
> P: "I don't know. She isn't an Esperantist. Do you know who that girl is?"
> A: "No, Peter. I don't know at all."

2.3
> A: "Pardon me, Kanae. What is that?"
> K: "That is a knapsack, Atsuo."
> A: "Is it really a knapsack?"
> K: "Yes. That is a knapsack in the shape of Mickey Mouse!"
> A: "Marvelous! And what is that, please?"
> K: "That is a telephone in the shape of a cat."
> A: "And that, Kanae, is that a chair?"
> K: "You are right, Atsuo! That is a chair..."
> A: "...in the shape of a big frog!"
> K: "Completely correct!"

2.4
> P: "Elena, I have some questions for you about some words in Esperanto."
> E: "Very well, ask [me]."
> P: "How does one say 'ranego' in another way?"
> E: "That's easy! One says 'granda rano'."
> P: "Thanks. And how does one say 'Mickey Mouse' in Esperanto?"
> E: "One says 'Miki-Muso'."
> P: "Thanks once again. Oh! How does one say 'tornistro' in English, please?"
> E: "I don't know at all, Petko. I don't speak the English language. Ask Kuncho. I know that he is studying English."

P: "Thanks for your help, Elena."
E: "[I'm] not worthy of thanks."

3. LA TRIA LECIONO
Konversacioj

3.1 *Marko havas demandojn por Ludoviko.*

M: "Ludoviko, kion signifas 'aĉeti' en la angla lingvo?" (*signifas*: "seeg-NEE-fahs")

L: "Angle, 'aĉeti' signifas 'to buy'."

M: "Dankon. Kaj kion signifas 'magazeno' angle?"

L: "En la angla, 'magazeno' signifas 'department store'.

Demandaro:

1. Kion signifas 'demando' en la angla lingvo?
2. Kion signifas 'to buy" en Esperanto?
3. Kion signifas 'malgranda magazeno' en la angla?
4. Ĉu Marko komprenas Ludovikon?
5. Ĉu Marko komprenas la respondojn de Ludoviko?

3.2 *Joŝiko* ("yoh-SHEE-ko") *kaj Kazuko, du fraŭlinoj, rigardas fotojn.*

J: "Rigardu, Kazuko! Kiun vi vidas?"(*kiun*: "KEE-oon")

K: "Ĉu estas vi? Ĉu mi vere vidas vin?"

J: "Jes, vi pravas! Ĝi estas foto de mi en Novjorko."

K: "Kaj kiun mi vidas kun vi? Ĉu li estas usonano?" (*usonano*: "oo-soh-NAH-noh")

J: "Jes, denove vi pravas. Li nomiĝas Bilo Smito, kaj li estas novjorkano. Mi konas lin kaj la tutan familion."

K: "Ĉu vi havas fotojn de aliaj usonanoj?"

J: "Jes, mi havas fotojn, kaj leterojn, kaj ankaŭ telefononumerojn!"

K: "Bonŝanculino!" ("bohn-shahn-tsoo-LEE-loh")

Noto: Esperanto has two verbs meaning "to know." *Scii* is "to know a fact;" *koni* is "to know a person, to be acquainted with." Look at these sentences:

Mi scias vian nomon, sed mi ne konas vin.

Ĉu vi scias, kiu estas tiu?

Jes, tiu estas Janina.

Ĉu vi konas ŝin?

Ne. Mi scias, ke ŝi estas Esperantistino, sed mi tute ne konas ŝin.

Demandaro:

1. Kiu estas Joŝiko?
2. Kion Joŝiko kaj Kazuko rigardas?
3. Kiun Kazuko vidas kun Joŝiko en Novjorko? Ĉu usonanon?

3.3 *Janina* ("yah-NEE-nah") *telefonas al Piotro.*

J: "Saluton! Estas Janina."

P: "Ho! Saluton, Janina! Kiel ĉio?"

J: "Ĉio estas en ordo, dankon. Kion vi faras, Piotro?"

P: "Mi studas, Janina."

J: "Kaj kion vi studas?"

P: "Mi studas la anglan lingvon. Kaj vi, kion vi faras?"

J: "Evidente, mi parolas al vi per telefono!"

Demandaro:

1. Al kiu Janina telefonas?
2. Kion Piotro faras?
3. Ĉu Piotro studas la matematikon?
4. Kaj Janina, kion ŝi faras?

3.4 *Jako kaj Kalia estas ĉe la fenestro.* ("YAH-koh", "kah-LEE-ah")

J: "Ho, rigardu, Kalia! Kion vi vidas?"

K: "Mi vidas verdan aŭton."

J: "Jes, kaj kiun vi vidas en la aŭto?"

K: "Mi vidas la fraton de Miko."

J: "Kaj kiu estas kun la frato de Miko?"

K: "Ĉu mi vere vidas Elizabeton?"

J: "Jes, vi pravas! Kaj kion ili faras?"

K: "Ho! Ili kisas!"

Demandaro:

1. Kion Kalia vidas?
2. Kiukolora estas la aŭto?
3. Kiu estas en la aŭto?
4. Kiu estas kun la frato de Miko?
5. Kion ili faras?

Lernindaj esprimoj

3.5 *Kion?* "What?"

1. *Kion signifas...?* "What does...mean?"
2. *Kion vi faras?* "What are you doing?"
3. *Kion vi... (studas, legas)?* "What are you (studying, reading)?"
4. *Kion vi havas?* "What do you have?"

3.6 *Kiun?* "Whom?"

1. *Kiun vi vidas?* "Whom do you see?"
2. *Kiun vi konas?* "Whom do you know?"

3.7 *Min? Lin?* "Me? Him?"
1. *Ĉu vi vidas min?* "Do you see me?"
2. *Ĉu vi konas lin?* "Do you know him?"

Praktiko

3.8 Using the verbs you have learned so far, answer the following questions.
Ekzemple: Kion Piotro faras? *Li telefonas.*
1. Kion vi faras?
2. Kion Maria faras? (ŝi...)
3. Kion Marko kaj Ludoviko faras?
4. Kion Johano faras?
5. Kion mi faras? (vi...)

3.9 Now try to answer these questions using the words suggested in parentheses. *Ekzemple: Kion vi studas?* (*matematiko*) > *Mi studas matematikon.*

Notice that you will add a final "n" to the word in parentheses. We will explain this later.
1. Kion vi legas? (ĵurnalo)
2. Kion vi surhavas? (pulovero kaj ĝinzo)
3. Kion vi skribas? (letero)
4. Kion vi aĉetas? (ŝtrumpetoj)
5. Kion vi havas? (tolŝuoj kaj pantalono)

Noto: La verbo *surhavi* signifas "to wear, to have on" en la angla lingvo.

3.10 Still building on the above sentences, try to answer the following using this pattern:

Ĉu vi havas leteron? *Ne, mi ne havas leteron, sed mi havas libron.*

We have given you suggestions. Do not forget to use the final "n"!
1. Ĉu vi havas hundon? (kato)
2. Ĉu vi havas aŭton? (biciklo, "bee-TSEE- kloh")
3. Ĉu Maria havas robon? (jupo, "YOO-poh," skirt)

3.11 Now we will try answering questions beginning with *kiun*, "whom." Remember that the o-word will have the final "n."
Ekzemple: Kiun li vidas? *Li vidas Esperantiston.*
1. Kiun ŝi konas? (profesoro)
2. Kiun vi vidas? (instruisto)
3. Kiun ŝi kisas? (lernantoj)

4. Kiun ili amas? (Elizabeto)

5. Kiun vi vidas? (Joŝiko)

3.12 By now, you must have guessed the difference between *mi* and *min* (there's that final "n" again!). Try to figure out these two sentences:

Mi vidas lin.

Li vidas min.

So *mi* can mean "I" and *min* means "me." *Li* can mean "he" and *lin* means "him."

Answer the following questions using the word suggested. Do not forget final "n"!

1. Kiun vi vidas? (li)

2. Kiun vi konas? (ŝi)

3. Kiun Maria vidas? (mi)

Gramatiko

3.13 Have you been wondering about this *final "n"* we have been using all along in the conversations and *praktiko*? Put most simply, it is the sign of the *direct object* in Esperanto. If a noun has the "n" ending, this is a sure sign that it is *not* the subject. Compare the following, and try to distinguish the "kisser" from the "kissee":

1. *Johano kisas Elizabeton.*

2. *Elizabeto kisas Johanon.*

3. *Johanon kisas Elizabeto.*

4. *Elizabeton Johano kisas.*

That was easy, right? In sentences 1 and 4, *Johano* did the kissing, and *Elizabeto* was on the receiving end. We know this because in each case, *Johano* did not have the final "n" and *Elizabeto* did. In sentences 2 and 3, on the other hand, *Elizabeto* did the kissing, and *Johano* was the cheerful recipient. Did the word-order make a difference in determining the kisser and the kissee? No. Unlike English, Esperanto is not tied to a rigid word-order of subject-verb-object. Final "n" always makes things clear!

In Esperanto, we say that the forms ending in "n" are in the *akuzativa kazo* (accusative case), and in Esperanto is this *always* indicated by "n". Look at the following list:

nominativa kazo	akuzativa kazo
vesto	*veston*
hundo	*hundon*
katoj	*katojn* ("KAH-toyn")
musetoj (mus-o+ -et-+ -o)	*musetojn*

From this, you can see that "n" is added to both
-*o* (singular) and -*oj* (plural): *libron* ("LEE-brohn") , *librojn* ("LEE-broyn") .

When we want to know what the subject is, we ask *kio?*, and when we want to know what the object is, we ask *kion?* Notice that the "n" tells us the question is about the object, not the subject. Read the following questions and decide whether we are asking about the subject or object:

1. *Kio estas en la tornistro?*
2. *Kion vi havas en la tornistro?*
3. *Kio estas videbla de la fenestro?* (*videbla*, "visible")
4. *Kion vi vidas de la fenestro?*

For questions 1 and 3, the answer will end in -*o* or -*oj* ("libro, ĵurnalo, fotoj, ktp.") . For questions 2 and 4, the answer will end in -*on* or -*ojn* ("libron, ĵurnalon, fotojn, ktp.") . The same holds true for *kiu?* (who) and *kiun?* (whom). Look at these questions:

1. *Kiu studas matematikon? Piotro.*
2. *Kiun vi konas en Tokio? Kazukon.*

3.14 This same "n" is also used with *pronouns*. Here are some more kissers and kissees. Who is doing what?

Mi kisas ilin.
Ili kisas min.
Ŝin li kisas, ne vin!

Look at the following table to be sure you know what *direct object pronouns* look like in Esperanto.

nominativa kazo	akuzativa kazo
mi "I"	*min* "me"
vi "you"	*vin* "you"
li "he"	*lin* "him"
ŝi "she"	*ŝin* "her"
ili "they"	*ilin* "them"

Once again, the word-order in the sentence will not necessarily help you pick out the subject and the object: *vi vidas min, min vi vidas,* and *vi min vidas* all mean the same thing, "You see me." Changing the word-order helps emphasize different parts of the sentence, but does not affect the subject-object relationship.

3.15 If an adjective (ending in -a or -aj) is used with a noun that has the final "n", then the adjective will end with the "n" as well. In other words, whatever form a noun has (singular, plural, subject, object), the adjective will have the same form.

1. *Granda libro estas en la tornistro.*
2. *Mi havas grandan libron en la tornistro.*
3. *Multaj musoj dancas kun la bonaj katoj.*
4. *La malbonaj katoj manĝas multajn dancantajn musojn.*
5. *Dancantajn musojn la katoj malbonaj manĝas multajn.*

Did you notice that sentences 4 and 5 say the same thing? The presence (or absence) of final "n" makes the meaning clear. By the way, -an is pronounced "ahn"; -ajn is pronounced like *ine* in the English word "fine": *belan* ("BEH-lahn"), *belajn* ("BEH-line").

3.16 Verbs may also occur as adjectives. The simplest form is made by adding the adjective ending -a to the verb root:

skrib- > *skriba* - written: *skriba respondo*, "a written response"
parol- > *parola* - spoken: *parola lingvo*, "a spoken language"
kant- > *kanta* - sung: *kanta prezentado*, "a sung presentation"

3.17 We will come back to the "n"-forms a little later. Right now, there are two more pronouns to mention.

Sometimes, we are not sure who is doing what, or we wish to make a general statement about something. In English, we can use "you", "they", or, more formally, "one". In Esperanto, we use *oni* ("OH-nee").

For example, when we say, *"oni parolas Esperanton en la magazeno,"* we mean that some people in the department store speak Esperanto, but we are not pointing out specific individuals. This pronoun *oni* is almost always used as subject only; it does not seem to occur in the "n"-form.

When Elizabeto asked the saleslady *"Kiom kostas la verda bluzo?"*, the woman replied *"Ĝi kostas dek naŭ dolarojn."* We use the pronoun *ĝi* (it) to refer to things; the "n"-form is *ĝin*.

Noto: We translate *ne gravas* as "it is not important." Notice that there is no *ĝi* involved. English always supplies a dummy subject in expression such as "it is raining, it is important," and so on. Esperanto, unlike English, does not require a dummy subject in such cases: *pluvas, gravas.*

For expressions like *gravas*, the actual subject (according to grammarians) is the following clause: *Gravas, ke vi lernu Esperanton.*

To test this, use *kio?* to find the subject: *Kio gravas? Ke vi lernu Esperanton.* With *pluvas*, try answering *kio pluvas?* Unless you are a meteorologist, no obvious subject will come to mind. In such cases, we can never use *ĝi*.

3.18 As we have seen, in Esperanto nouns, adjectives and pronouns may have one of two forms: the "n"-form, which we will call the *accusative* from now on; and the non-"n"-form, which we shall call the *nominative*. There is no magic in these terms; we are using them because you will run across these words constantly throughout the Esperanto literature.

Now, you may be wondering what form of nouns, adjectives and pronouns we use after prepositions. For the present, let us quote Dr. Zamenhof's Rule Eight (of sixteen): "All prepositions govern the *nominative.*" That is, we may use the *nominative* form after every preposition. Here are some examples:

1. *Piotro ne konas Kazukon.*
2. *Piotro telefonas al Kazuko.*
3. *Maria amas belajn birdojn.*
4. *Maria kantas kun la belaj birdoj.*
5. *Vidu! Mi aĉetas grizan ĝinzon por vi kaj Johano.*
6. *Kiun vi serĉas? La instruiston.* (*serĉi* - to look for)
7. *Al kiu vi parolas? Al la malgranda lernanto.*

3.19 If, instead of a person, we want to talk about a "big thing" or a "green thing," then we can use the suffix -*aĵ*-, "a concrete manifestation of the quality expressed by the root." So we would say:

    grandaĵo - a big thing; something big

    verdaĵo - a green thing; something green

    verdetaĵo - a greenish thing; something greenish

    novaĵo - a new thing; something new; a piece of news

    malbonaĵo - a wicked thing; something wicked

Noto: This suffix may also be used with verb roots to talk about a concrete example of that verb. From *skribi* (to write), *legi* (to read), *studi* (to study), *manĝi* (to eat), and *trinki* (to drink) we have:

    skribaĵo - something written; a piece of writing

    legaĵo - something read; a reading selection

    studaĵo - something studied; lesson of the day

    manĝaĵo - something eaten; food

    trinkaĵo - something drunk; a beverage

And the suffix may also be used as a noun: *aĵo*, "a thing, something concrete."

Sometimes this process of word-building by using suffixes helps us to communicate when we do not know the exact word. In this case, the word we create represents what the object makes us think of, rather than the object itself. For example, if we wish something to drink, there is *akvo* ("water") , *sodakvo* ("soda") , *teo* ("tea") , *kafo* ("coffee") , and so on. There is also the word *trinkaĵo* ("something to drink") . When *Sinjoro Tuĉo* offers us a glass of something for which we do not know the word in Esperanto, but which we enjoy immensely, we can thank him by saying, "*Dankon! La trinkaĵo estas tre bona!*"

3.20 Here are two more suffixes that are often used to make nouns out of verbs: *-ej-* and *-il-*.

The *-ejo* ("EH-yoh") ending is added to the verb root to make a noun that indicates the *place* where the action of the verb usually occurs: *lern-i* (to learn) > *lernejo* (a school, a "learning-place"); *naĝ-i* (to swim) > *naĝejo* (a swimming pool, a "swimming-place") . Here are some more roots and derived nouns with *-ejo*:

baki (to bake) > *bakejo* (bakery)
labori (to work) > *laborejo* (workplace)
loĝi (to dwell) > *loĝejo* (lodgings)
manĝi (to eat) > *manĝejo* (place where one eats)
vendi (to sell) > *vendejo* (store)

The *-ilo* ("EE-loh") ending is added to the verb root to make a noun that indicates the *instrument* used to perform the action of the verb: *skrib-i* (to write) > *skribilo* (a writing instrument: pen, pencil, etc.); *ŝlos-i* (to lock) > *ŝlosilo* (pro. "shloh-SEE-loh", a key); *bala-i* (to sweep) > *balailo* (pro. "bah-lah-EE-loh", a broom). Here are some more roots and derived nouns with *-ilo*:

flugi (to fly) > *flugilo* (wing)
haki (to chop) > *hakilo* (axe)
inviti (to invite) > *invitilo* (an invitation)
kovri (to cover) > *kovrilo* (lid, cover)
tranĉi (to cut) > *tranĉilo* (knife)

3.21 The *-ej-* suffix may be used with nouns and adjectives as well, again with the meaning of "place (for)":

ĉimpanzo > ĉimpanzejo (a place for chimpanzees)
golfo > golfejo (a golf course)
hundo > hundejo (a kennel)
planto > plantejo (a place for plants)
mallibera > malliberejo (a prison)

necesa > necesejo (a restroom, "necessary- place", pro. "neh-
   tseh- SEH-joh")

sankta > sanktejo (a holy place, sanctuary)

Noto: The word *mallibera* allows us to consider an important point
about spelling in Esperanto: with one or two exceptions, *double
consonants do not occur in a root.* In almost every case, a *double
consonant* indicates the juncture point of a compound word. We know
then that this adjective is made up of *mal-* and *libera* ("free") . Be
careful to pronounce such double consonants as longer versions of the
single sound.

3.22 Both *-ejo* and *-ilo* yield nouns that may be too general for what
you want to say. In this case, there are more specific nouns you can
use:

   vendejo: magazeno, butiko, budo (booth)

   manĝilo: forko, kulero (spoon), manĝbastonetoj (chop sticks)

And of course, *ejo* and *ilo* can be nouns in their own right:

   Kia bela ejo! "What a beautiful place!"

   Mi ne havas la taŭgajn ilojn. "I don't have suitable tools."

3.23 The suffix *-an-* is used with a roots with the meaning "member
(of)":

   kurso (course) > *kursano* (course member)

   klubo (club) > *klubano* (club member)

   Novjorko (New York) > *novjorkano* (New Yorker)

   Parizo (Paris) > *parizano* (Parisian)

   polico (police) > *policano* (police officer)

   Usono (United States) > *usonano* (American)

   vilaĝo (village) > *vilaĝano* (villager)

If we want to specify a female member, we use *-an- + -in-:*
klubanino, novjorkanino, usonanino. There is the noun *membro*, which
means both "limb" and "member", but you can also just use *ano*.

3.24 Now it is time to learn a few more numbers. In Esperanto, once
you have learned the numbers one through ten, you can then combine
them to get the rest:

10	*dek*	15	*dek kvin*
11	*dek unu*	16	*dek ses*
12	*dek du*	17	*dek sep*
13	*dek tri*	18	*dek ok*
14	*dek kvar*	19	*dek naŭ*

Earlier, you learned about the "accusative n" (*bonan tagon, belajn
musojn, min, ilin*). The cardinal numbers (you have just learned 1

through 19) are *invariable*. That is, they do not add "n" for the accusative, nor "j" for the plural:

La tri ruĝaj kravatoj plaĉas al Marko.

Marko ŝatas la tri ruĝajn kravatojn.

Noto: The word *unu* (one) sometimes appears as a kind of pronoun with the "j" ending, especially with a following *aliaj*: *unuj* (pro."OO-nooee") . The meaning is "some (people)..., others...":

Unuj dancas, aliaj parolas. "Some people are dancing, others are talking."

3.25 In the matter of punctuation, Dr. Zamenhof did not set out any strict guidelines when he created the language. He advised people to use the punctuation familiar to them from their native language. Gradually some standards have emerged based upon the best international usage, such as setting off the *ke* part of a sentence by a preceding comma. For the most part, perfectly proper punctuation just is not very important when a language is struggling to be accepted.

Ekzercaro

3.26 *Kio estas tio?* You find the following "stuff" on your desk. It represents a concrete manifestation of the root-word. What is it?

skribaĵo

desegnaĵo (desegni - to draw)

molaĵo (mola - soft)

malmolaĵo

malsekaĵo (seka - dry)

bluetaĵo

bluegaĵo

Finally, you look up, and what do you see? A strange, glowing *estaĵo!*

2.28 *Kio estas la aĵo?* We will use the word *io*, "something" (pro. "EE-oh") , to explain the kind of thing we have in mind. You will create the noun, using the *aĵo* suffix.

Io por trinki estas...?

Io por studi estas...?

Io por lerni estas...?

Io malbela estas...?

Io malnova estas...?

Io, kiu malhelpas, estas...?

By the way, you now have the perfect answer when someone asks you to say something in Esperanto: *io!*

3.28 To put your understanding of the accusative "n" into practice, answer the following questions using one of the two suggested forms, *robo* or *robon*, for example.

1. Maria serĉas... (la hundo, la hundon)
2. Petko havas tri... (katoj, katojn)
3. La...estas vere bela. (robo, robon)
4. Ĉu vi konas...? (Maria, Marian)
5. Markon la...ne konas. (sinjorino, sinjorinon)
6. Hundon la...malamas. (katoj, katojn)

3.29 Perhaps that seemed too easy. No try it with four possibilities. Put the suggested word into the sentence, making sure you choose the right form for *nominative* or *accusative*, *singular* or *plural*. That is, if you are asked to put *robo* into the sentence, you will have to choose from *robo, roboj, robon*, or *robojn*.

1. *robo*: Estas kvar....en la vendejo.
2. *lernejo*: Petko studas en nova....
3. *skribilo*: La ĉimpanzoj manĝas la malnovajn...!
4. *klubano*: Malmultaj....parolas Esperanton.
5. *usonanino*: Ĉu vi konas la ĉarman...?

3.30 Fill in the blank in each of the following sentences using the adjective *ekzotika*. This will help you practice the agreement of adjectives with the noun to which they refer.

1. Kanae aĉetas...manĝaĵojn.
2. Multaj...spicoj nun estas en la vendejoj.
3. Vidu! Tiu estas...sportaŭto! (*sport* + *aŭto*)
4. Janina havas...katon.
5. Mi ŝatas legi pri...landoj.

3.31 Using *mi* or *min* fill in the blank in each of the following sentences. Remember that *min* is the direct object form. *Mi* is used as the subject, or after prepositions.

1. La musoj ofte kisas...!
2. Ŝin...ne konas.
3. Parolu al...pri la voyaĝo.
4. ...dankas vin pro via helpo.
5. Rigardu...!

3.32 Each of the following sentences has been written in a word order that demonstrates the flexibility of Esperanto. Rearrange each sentence so that it has a subject-verb-object word order.

Ekzemple: Petkon Maria vidas > *Maria vidas Petkon.*

1. La malgrandan nigran hundon la lernantoj aĉetas.

2. Vin mi ne konas, sed lin mi konas.
3. Ĉemizon la granda ĉimpanzo ne deziras ruĝan.
4. La malavara instruistino al la klasanoj la internacian lingvon bone prezentas.
5. Ne konas Acuo la klasaninon, sed li ŝin ametas.

3.33 There are two blanks in each of the following sentences. Add the suggested adjectives, one in each blank. Watch for the need to add -*j*, -*n*, or both!

1. La...buso atendas la...lernantojn. (*malnova/malgranda*)
2. Maria aĉetas...jupon en la...vendejo. (*ruĝa/nova*)
3. Marko preparas...supon kun...fiŝoj. (*bonega/multa*)
4. La etaj musoj malamas la...katon...! (*malbona/malbela*)

3.34 Do you like to speak in sweeping generalizations? Here is your chance! Using *oni*, make some general remarks based on the following suggestions.

Ekzemple: studi Esperanton en Novjorko >Oni studas Esperanton en Novjorko.

1. danci la tangon en Argentino ("ahr-ghehn-TEE-noh", with a hard "g")
2. ŝati la fokstroton en diskokluboj (*diskoklubo* - discotheque)
3. bezoni facilan internacian lingvon (*bezoni* - to need)
4. diri, ke Maria amas Petkon (*diri* - to say, tell)

3.35 Answer the following questions replacing the italicized words by *li/lin, ŝi/ŝin, ĝi/ĝin* or *ili/ilin*:

1. Ĉu *Johano* aĉetas *la bluajn ĝinzojn*?
2. Ĉu *Maria kaj Janina* konas *Petkon*?
3. Ĉu *Elizabeto* ŝatas *la flavan kravaton*?
4. Ĉu *Marko* aĉetas *la bananojn* por *Maria*?

3.36 Using the following roots, add -*ejo* and assign an English meaning to the noun. Notice once again how the smooth regularity of Esperanto requires quite a vocabulary exercise in English!

1. ĉeval-o - horse
2. pork-o - pig
3. ofic-o - post, function, office ("oh-FEE-tsoh")
4. kurac-i - to give medical treatment ("koo-RAH-tsee")
5. kuir-i - to cook
6. lud-i - to play
7. manĝ-i - to eat
8. varm-a - warm
9. senakv-a - waterless (*sen*, without, + *akv-o*)

Notoj:

1. Some *ejo*-words have acquired a specific meaning. *Kuirejo*, for example, does not mean just "a place for cooking," but "kitchen." Likewise, *lernejo*, is not just "a place for learning," but "school," and *kuracejo* is a "doctor's office."

2. The word *ofico* shows how exact Esperanto can be. When we mean the position (or office) someone has, we use *ofico*. When we mean the *place* where this position is routinely fulfilled, we use *oficejo*.

3.37 Using the following roots, add *-ilo* and assign an English meaning to the noun.

1. fos-i - to dig
2. komb-i - to comb
3. sving-i - to swing ("SVEEN-gee")
4. ŝalt-i - to turn on (a light, etc.)
5. ŝtop-i - to stop up, to plug
6. malŝtop-i - to unplug
7. lini-o - a line ("lee-NEE-oh")

Noto: These *ilo*-words often name general items rather than specific instruments. A *fosilo* is a "digging tool": a shovel, spade, pick, etc. There are more exact words for each specific tool which you can learn later. On the other hand, some *ilo*-words have acquired specific meanings. A *ŝaltilo* is an electrical switch, and a *liniilo* ("lee-nee-EE-loh") is a ruler.

3.38 Remember that the suffix *-an-* refers to a member of whatever the root word means. Look at the following roots and create a word for a member of that root. Then create a word for women who are members.

Ekzemple: klub-o > *klubano, klubanino*

1. Moskv-o (Moscow)
2. Pekin-o (Beijing)
3. lernej-o
4. famili-o
5. urb-o (pro. "OOR-boh", city)
6. land-o (country)
7. aliland-a (foreign, from *ali-a*, other, + *land-o*)
8. Irlando

3.39 In section 2.30, we learned how to talk about addition and subtraction (*plus, minus*), now we can take a look at division: *Kiom estas dek ok dividite per naŭ?* As you can see, we use the expression *dividite per* ("dee-vee-DEE-teh-pehr") exactly the way English uses "divided by." Below, you will see some *answers*. Create a division problem with *kiom* and *dividite per.*

Ekzemple: Ok. *Kiom estas dek ses dividite per du?*

1. Kvar. 4. Kvin.
2. Ses.   5. Tri.
3. Sep.   6. Du.

Legaĵoj

3.40 Maria kaj Marko estas en granda magazeno. Ili ŝatas rigardi la multajn vestojn. Marko vidas afiŝon *Vestoj por Sinjoroj* kaj deziras rigardi pantalonojn, ĉemizojn, kaj tiel plu. Sed Maria serĉas vestojn por la oficejo.

Maria estas direktorino en granda oficejo. Por la oficejo, Maria preferas robon, aŭ jupon kun bluzo. Estas taŭge por urba oficejo. Sed por libera tempo, ŝi certe preferas ĝinzon kun pulovero.

Marko estas verkisto. Li ne laboras en oficejo en la urbo, sed en la domo. Por la verkejo, Marko surmetas malnovan ĝinzon kaj malnovegan T-ĉemizon. Kiukolora estas la T-ĉemizo? Maria ne scias! Kaj Marko ne memoras. Ĝi estas tre, tre malnova

Vortolisteto:

afiŝ-o   - sign, poster ("ah-FEE-shoh")
memor-i   - to remember

Demandaro:

1. Kiu estas en la magazeno?
2. Kio estas en la magazeno?
3. Kion Maria kaj Marko ŝatas fari? (*fari* - to do)
4. Kion Marko deziras fari?
5. Kion Maria serĉas?
6. Ĉu Maria estas verkisto?
7. Ĉu Maria laboras en vendejo?
8. Kion Maria preferas surmeti por la oficejo?
9. Ĉu Marko laboras en la urbo?
10. Kion Marko surmetas por labori?

3.41 *Kio estas...ejo?*

Kio estas *manĝejo*? Manĝejo estas loko por manĝado. Ekzemploj de manĝejo estas *restoracio, kafejo, manĝobaro*, kaj tiel plu.

Kio estas *vendejo*? Vendejo estas loko por vendado. Ekzemploj de vendejoj estas *ŝuvendejo, librovendejo, vestovendejo*. Ankaŭ ekzistas *budo, butiko,* kaj *magazeno*.

Budo estas malgranda vendejo, ofte sur la strato aŭ avenuo. *Butiko*

estas vendejo por specifaj vendaĵoj, ekzemple *viandbutiko,*
bombonbutiko, kaj *butiko por ludiloj.* *Magazeno* estas grandega
vendejo, kiu havas multajn vendaĵojn.

Bazaro estas vendejo, ofte surstrata. Fine, *apoteko* kaj *bakejo* estas
ankaŭ vendejoj.

Vortolisteto:

lok-o	- a place
restoraci-o	- restaurant ("reh-stoh-rah-TSEE-oh")
manĝo-bar-o	- snackbar
bud-o	- booth, stall
butik-o	- boutique, specialty shop
viand-o	- meat
bombon-o	- candy
bazar-o	- market (often out of doors)
apotek-o	- pharmacy
strat-o	- street
sur-strat-a	- out on the street

Kunmetaĵoj: (Compounds)

ŝuvendejo	- ŝu-o (shoe) + vend-i (to sell) + -ej- (place) + o (noun)
viandbutikisto	- viand-o (meat) + butik-o (shop) + -ist- (professional) + o (noun)

Demandaro:

1. Kiel oni diras "cafe" Esperante?
2. Kion signifas "restoracio" angle?
3. Kiel oni diras "snackbar" Esperante?
4. Ĉu "ŝuvendejo" signifas "dress store"?
5. Kiel oni diras "stand, booth" Esperante?
6. Kion signifas "department store" Esperante?
7. *Viando* signifas "meat". Kion signifas "viandbutiko"?
8. Kiel oni diras "candy" Esperante?
9. Ĉu "ludilo", *lud-i* (play) + *-ilo* (instrument), signifas "toy" angle?
10. Kiel oni diras "market", "pharmacy", kaj "bakery" Esperante?

3.42 Sinjoro Ŝalbo kaj Sinjoro Muno estas du volapukistoj. Ili sidas ĉe
la marbordo kaj parolas. La edzino de Sinjoro Ŝalbo naĝas en la maro.
Subite, Sinjoro Muno krias:

"Vidu! Ŝarko prenas vian edzinon!"

Sinjoro Ŝalbo rigardas penseme la teruran vidaĵon. Poste, li
respondas:

"Vi tute malpravas, amiko! Tiu ne estas ŝarko, ĝi estas barakudo!"

Vortolisteto:

ĉe	- at
edz-in-o	- wife (Kiel oni diras "husband"?)
kri-i	- to cry out, call out
mar-bord-o	- seaside (*mar-o*, sea, + *bord-o*, shore)
pens-em-e	- thoughtfully (from *pens-i*, to think)
post-e	- afterwards
pren-i	- to take
sid-i	- to be seated
subit-e	- suddenly
terur-a	- horrible
vid-aĵ-o	- sight (*vid-i* + *-aĵo*)

Demandaro:

1. Ĉu la du sinjoroj sidas en la maro?
2. Ĉu la du sinjoroj estas esperantistoj?
3. Kion faras Sinjorino Ŝalbo?
4. Laŭ la opinio de Sinjoro Muno, kiu fiŝo prenas la sinjorinon?
   (*laŭ* - according to)
5. Kiu fiŝo vere prenas ŝin?

3.43 Pluraj urbanoj sidas ĉe la teraso de kafejo. Ili vidas aŭtobuson, kiu rapide pasas. Malantaŭ la aŭtobuso estas viro, kiu kuras. Evidente, li deziras trafi la buson. Sed, ankaŭ evidente, li ne kuras sufiĉe rapide.

Kafeja sidanto krias al la viro: "Ho, forgesu tion! Estas klare, ke vi ne kapablas trafi la buson!"

La kompatinda kuranto rigardas la kafejanon kaj diras, "Estas necese! Mi estas la kondukisto!"

Difinoj:

1. *Urbano* estas persono, kiu loĝas en urbo.
2. *Kuranto*, estas persono, kiu kuras.
3. *Terasa sidanto*, estas persono, kiu sidas ĉe teraso.
4. *Kafejano* estas persono, kiu sidas en kafejo.
5. *Kondukisto* estas persono, kiu kondukas aŭton, aŭtobuson, taksion, ktp.

Vortolisteto:

forges-i	- to forget
kapabl-i	- to be capable
konduk-ist-o	- driver
kur-i	- to run
mal-antaŭ	- behind (Kiel oni diras "in front of"?)
plur-a	- several

teras-o	- terrace
traf-i	- to catch, to hit the mark
vir-o	- a man

3.44 NIFO flugas al la tero, kaj venas al la strato en Ĉikago. Oni malfermas la pordon, kaj verda virineto aperas. La eta verdulino rigardas penseme ĉirkaŭ la NIFO.

Policano venas kaj krias al la aliplanedano, "Ho, eta verdulino! Kion vi serĉas?"

La verda virineto rigardas la policanon kaj respondas, "Etajn verdulojn, evidente!

Difinoj:

1. *NIFO* estas *N*e-*I*dentigita *F*luganta *O*bjekto
2. La *tero* estas nia blua planedo.
3. Estas naŭ *planedoj* ĉirkaŭ la suno.
4. *Verdulineto* = eta verda virino; malgranda verda virino
5. *Aliplanedano* estas persono, kiu loĝas en alia planedo, Marso, ekzemple.

Vortolisteto:

ĉirkaŭ	- around
NIFO	- flying saucer; UFO
vir-o	- man (*virino* - woman)
planed-o	- planet
pord-o	- door
ter-o	- earth

Kunmetaĵoj:

virineto - vir-o + -in- + -et- + o = malgranda sinjorino
verdulino - verd-a + -ul- + -in- + o = verda sinjorino
aliplanedano - ali-a + planed-o + -an- + o = loĝanto de alia
         planedo
verdulojn - verd-a + -ul- + o + j + n

La Kulturo

3.44 Among Esperantists, it is considered inappropriate to use a language other than Esperanto at meetings, social gatherings, and in international correspondence. Esperanto speakers learn to resist seeking out speakers of their native language at such functions. In fact, there is a special verb, *krokodili*, used to describe those Esperantists who have mastered only enough Esperanto to find out if you speak their language. *Ne krokodilu!* is an exhortation commonly seen in Esperanto circles. There is also a button depicting a crocodile with a red bar through it that conveys the same message. *Krokidili* means, then, something like "to use one's native language in an Esperanto-speaking environment."

3.45 The *Universala Esperanto-Asocio* (UEA) publishes a monthly magazine, *Esperanto*, entirely in Esperanto. In the magazine there are articles about the international Esperanto movement, book reviews, items of general interest, and the ever-present pen pal column.

Kontakto is another UEA publication, a monthly magazine for younger members of the international Esperanto community. *Kontakto* may be of interest to you because it features articles, stories, and jokes written in simple Esperanto for beginners.

For information about subscribing to either (or both) of these magazines, contact ELNA (see the address in Appendix A).

3.46 Besides the magazines published by UEA, Esperanto speakers also enjoy a twice-monthly newspaper, *Heroldo de Esperanto* (The Esperanto Herald). This independent publication was founded by Teo Jung in 1920. It is currently edited in Italy. The *Heroldo*, not being linked to UEA, often publishes a greater variety of ideas about Esperanto and the movement, and is frequently the host to widely varying opinions on many topics of current interest. In preparing this book, we received an interesting letter from the current editor, Ada Fighiera-Sikorska, permitting us to use the excerpts which you will read later in a *Legâjoj* section.

ELNA also has information about subscriptions to *Heroldo*.

3.47 In the Loire valley in France, there is a famous Esperanto center, *Kastelo Gresillon* (Château Grésillon, in French), which offers all the pleasures of a resort (tennis, swimming, fishing), plus the added excitement of an Esperanto-speaking clientele and management. If you happen to be in France, and have worked through this book, be sure to plan on visiting the *kastelo*. The address is:

Kastelo "Grésillon"
F-49150 Bauge, France
(tel. 33-40-767-795, or 33-41-891-034)

In La Chaux-de-Fonds, Switzerland, there is also a large Esperanto center with a guest house, "Edmond Privat." For information about staying here, write to:

Kultura Centro Esperantista
B.P. 779
CH-2301 La Chaux-de-Fonds
Switzerland
(tel. 41-039-267-407)

Leciona Vortolisto

Noto: Beginning with this lesson, the vocabulary found in the *Legâjo* section will not be included in the Lesson Vocabulary.

aĉet-i	- to buy
ali-a	- other ("ah-LEE-ah")
arĝent-a	- silver
atend-i	- to wait for
aŭ	- or (*aŭ...aŭ*, either...or)
bak-i	- to bake; to cook in an oven
bezon-i	- to need
blank-a	- white ("BLAHN-kah")
blond-a	- blond
bluz-o	- blouse
bon-ŝanc-a	- fortunate (*bon-a* + *ŝanc-o*, luck)

brun-a	- brown
ĉapel-o	- hat
ĉe	- at
ĉemiz-o	- shirt
ĉeval-o	- horse
de	- of
disko-klub-o	- discotheque
divid-it-e per	- divided by
dolar-o	- dollar
ekzotik-a	- exotic
-ej-	- place for (whatever the root word means)
ej-o	- a place
esper-i	- to hope
far-i	- to do; to make
fenestr-o	- window
flav-a	- yellow
fokstrot-o	- the foxtrot (dance)
fos-i	- to dig
frat-o	- brother
golf-o	- golf (the game); gulf (geographical)
grav-i	- to be important
griz-a	- gray
ĝinz-o	- (blue)jeans
hak-i	- to chop
-il-	- instrument for (whatever the root word means)
il-o	- an instrument; a tool
instru-ist-o	- teacher; instructor
invit-i	- to invite
jak-o	- jacket
jup-o	- skirt
kalson-et-o	- underpants
kaj	- and
kaj…kaj	- both…and
ke	- that (introductory word)
kiu-kolor-a	- (of) what color?
klub-o	- club (organization)
kolor-a	- colorful
komb-i	- to comb
kon-i	- to know (a person); to be familiar with (compare *scii*)
kost-i	- to cost

kovr-i	- to cover
kravat-o	- necktie
kuir-i	- to cook
kurac-i	- to give medical treatment
kurs-o	- course
kvalit-o	- quality ("kvah-LEE-toh")
labor-i	- to work
land-o	- a country
lernej-o	- school (learn-place)
liber-a	- free
lini-o	- a line ("lee-NEE-oh")
loĝ-i	- to dwell; to live (in a place) lud-i - to play
lud-il-o	- a toy
lud-o	- a game
magazen-o	- department store
mantel-o	- coat
membr-o	- member; limb
mi-n	- me (direct object form, not preceded by preposition)
mult-a	- much, many
mult-e	- a lot; much
mus-et-o	- mousie; teeny little mouse
naĝ-i	- to swim
neces-i	- to be necessary
nek	- neither
nek...nek	- neither...nor
nigr-a	- black
not-i	- to note; to point out
ofic-o	- post, function, office
or-a	- golden
oranĝ-a	- orange (fruit and color)
palt-o	- overcoat
panj-o	- mom, mommy ("PAHN-yoh")
pantalon-o	- pants (note: *singular* in Esperanto)
patr-in-o	- mother
piĵam-o	- pyjamas
plaĉ-i	- to please; to be pleasing
plant-o	- a plant
pluv-i > pluvas	- to rain > it's raining
polic-o	- police (force)
pork-o	- pig

povas esti	- it may be; that may be so
pulover-o	- pullover
purpur-a	- purple
rob-o	- dress
roz-kolor-a	- pink (rose-colored)
ruĝ-a	- red
sankt-a	- holy
sci-i	- to know (a fact; compare *koni*)
sed	- but
signif-i	- to mean; to signify
sport-o	- a sport
standard-o	- (national) flag
sub-ĉemiz-o	- undershirt
sur-hav-i	- to wear (to have on)
sur-met-i	- to put on (clothing)
sving-i	- to swing ("SVEEN-gee")
ŝat-i	- to like; to appreciate
ŝtop-i	- to stop up, to plug
ŝtrump-et-o	- sock ("shtroom-PEH-toh")
ŝu-o	- shoe
tamen	- however; nevertheless
tang-o	- the tango ("TAHN-goh")
taŭg-a	- fitting, suitable, appropriate
tol-ŝu-o	- sneaker, tennis shoe
tranĉ-i	- to cut, slice
urb-o	- city
uson-an-o	- American (person)
Uson-o	- United States
varm-a	- warm
varm-eg-a	- hot
vend-i	- to sell
vend-ist-in-o	- saleslady (sell-professional- female-noun)
verd-a	- green
vest-o	- clothing
vid-i	- to see
vid-ebl-a	- visible (see-able-adjective)
vilaĝ-o	- village
vojaĝ-i	- to travel
vojaĝ-o	- a trip
volapuk-aĵ-o	- nonsense (Volapük-thing)

Angla-lingva traduko de la konversacioj:

3.1 Mark has some questions for Ludoviko.

M: "Ludoviko, what does 'aĉeti' mean in the English language?"

L: "In English, 'aĉeti' means 'to buy'."

M: "Thanks. And what does 'magazeno' mean in English?"

L: "In English, 'magazeno' means 'department store'."

3.2 Yoshiko and Kazuko, two young ladies, are looking at photos.

J: "Look, Kazuko! Whom do you see?"

K: "Is that you? Do I really see you?"

J: "Yes, you are right! It is a photo of me in New York."

K: "And whom do I see with you? Is he an American?"

J: "Yes, once again you are right. He is named Bill Smith, and he is a New Yorker. I know him and the whole family."

K: "Do you have photos of other Americans?"

J: "Yes, I have photos, and letter, and also phone numbers!"

K: "Lucky girl!"

3.3 Yanina calls Piotro.

J: "Hi! It's Yanina!"

P: "Oh! Hi, Yanina! How's everything?"

J: "Everything's in order, thanks. What are you doing, Piotro?"

P: "I am studying, Yanina."

J: "And what are you studying?"

P: "I am studying the English language. And you, what are you doing?"

J: "Obviously, I am talking to you on the telephone!"

3.4 Yako and Kalia are at the window.

J: "Oh, look, Kalia! What do you see?"

K: "I see a green car."

J: "Yes, and whom do you see in the car?"

K: "I see the brother of Miko."

J: "And who is with the brother of Miko?"

K: "Do I really see Elizabeth?"

J: "Yes, you are right! And what are they doing?"

K: "Oh! They are kissing!"

4. LA KVARA LECIONO
Konversacioj

4.1 *Johano Kambo kaj la patrino, Sinjorino Kambo, estas en magazeno.*

J: "Rigardu, Panjo! Estas bela ĝinzo! Mi deziras la ĝinzon." (*ĝinzo*: "JEEN-zoh")

P: "Ne, ne aĉetu la ĝinzon. Aĉetu la pantalonon grizan. Ĝi estas taŭga por la lernejo."

J: "Vidu la ruĝan ĉemizon! Ĝi multe plaĉas al mi!"

P: "Ĉu vere? Ne gravas. Aĉetu du blankajn ĉemizojn. Ili ankaŭ estas taŭgaj por la lernejo."

J: "Kaj ĉu mi aĉetu ankaŭ nigran kravaton? Ĝi estas tre taŭga."

P: "Se vi deziras. Estas vi, kiu aĉetas."

J: "En la lernejo, la lernantoj surhavas ĝinzojn kaj kolorajn ĉemizojn, sed ili ne surhavas kravatojn!"

P: "Povas esti. Tamen vi ne estas lernanto. Vi estas instruisto!"

Noto: "To wear" can be translated by *surhavi*, a compound of *sur* (pro. "soor", on) and *havi* (to have). "To put on" is *surmeti* (*sur* + *meti*, to put). Some Esperantists may use *porti* (to carry) in the sense of "to wear."

Demandaro:

1. Kiu estas Sinjorino Kambo? Ĉu la amikino de Johano?
2. Kiu estas Johano? Ĉu lernanto?
3. Kiun pantalonon Johano deziras?
4. Kiun ĉemizon li deziras?
5. Kiujn ĉemizojn li aĉetas? (If *kiu* = "which one" with a singular noun, then we must use *kiuj*, pro. "KEE-oo-ee" with a plural noun: "which ones")

4.2 *Elizabeto kaj Maria estas ankaŭ en magazeno. Ili parolas al vendistino.*

E: "Pardonu min, sinjorino. Kiom kostas la bluzo, mi petas?"

V: "Kiu bluzo, fraŭlino?"

E: "La verda, sinjorino."

V: "Ĝi kostas dek naŭ dolarojn."

M: "Bonvolu montri al ni la verdan, la flavan, kaj la rozkoloran bluzojn, mi petas."

V: "Jen la bluzoj, fraŭlinoj. Mi notu, ke ili estas de bonega kvalito."

E: "Kiu bluzo plaĉas al vi, Maria?"

M: "Mi ŝatas la rozkoloran bluzon. Ĝin mi aĉetas. Kaj vi? Kion vi pensas?"

E: "Al mi multe plaĉas la verda bluzo, kaj ankaŭ la flava. Mi ne scias, kiun bluzon mi deziras."

Demandaro:

1. Ĉu Elizabeto kaj Maria estas en lernejo?
2. Al kiu ili parolas?
3. Kion Elizabeto deziras scii? (*Ŝi deziras scii, kiom kostas...*)
4. Kiu bluzo plaĉas al Maria? Kaj kiu al Elizabeto?

4.3 *Miko kaj Paŭla vizitas grandan bazaron. Paŭla parolas al fruktovendisto.*

P: "Bonan matenon, sinjoro!"

V: "Bonan matenon, fraŭlino. Kion vi deziras?"

M: "Ĉu vi havas bananojn?"

V: "Jes, sed ne flavajn. La bananoj estas verdaj."

P: "Ne gravas. Donu al ni unu kilogramon da bananoj, mi petas."

V: "Jen la bananoj, fraŭlino. Kaj nun, ĉu vi deziras ion alian?"

P: "Jes, dankon. Ĉu vi havas pomojn?"

V: "Ha, jes, certe!

M: "Kiajn pomojn vi havas?"

V: "Mi havas pomojn ruĝajn, flavajn, kaj verdajn. Kiajn vi deziras?"

P: "Bonvolu doni al ni tri ruĝajn kaj kvar flavajn, mi petas."

V: "Tri ruĝajn...kaj kvar flavajn pomojn. Jen viaj pomoj, gesinjoroj. Io alia?"

P: "Ne, dankon. Tio estas ĉio."

M: "Kiom ni ŝuldas al vi, sinjoro?"

V: "Kilogramon da bananoj...unu dolaron dek kvin. Tri kaj kvar estas sep, do sep pomojn...du dolarojn dek sep. Nu, unu dolaro dek kvin kaj du dolaroj dek sep estas...tri dolaroj tridek du. Bonvolu pagi al mi tri dolarojn tridek du, mi petas."

M: "Jen kvin dolaroj."

V: "Ĉu vi ne havas monerojn?"

P: "Atendu, mi petas. Mi serĉas...ha, jes! Jen, mi havas tridek du cendojn.

V: "Multan dankon, fraŭlino. Mi donas al vi, sinjoro, du dolarojn. Dankon, kaj ĝis revido!"

P: "Ĝis revido, sinjoro!

Notoj:

1. Bananoj kaj pomoj estas *fruktoj*. Oranĝo estas alia frukto. Ĉu plaĉas al vi la fruktoj?

72

2. *Kilogramo* estas metrika mezuro. Ĝi egalas 2,2 *funtojn* usonajn. Do, kion signifas *funto*? Vidu, ke en Esperanto, oni uzas *komon* (,), kaj ne *punkton* (.) por skribi *decimalon*: *2,2*.
3. Vi certe komprenas *kiaj*, ĉu ne? Rigardu la tri demandojn:
  a. Kio estas tio? Tio estas banano.
  b. Kiu banano estas tiu? Tiu estas la banano de Maria.
  c. Kia banano estas tiu? Tiu estas bela, flava banano.
  Angle: *Kio* asks what "o" that "o" is (*ki* + *o*); it wants us to "name that noun"! *Kiu* ask which "o" that "o" is; it wants us to be more specific. *Kia* asks what kind of an "a" that "o" is; it wants us to supply some adjectives for the noun.
4. In *Esperantolando* there is as yet no universally recognized currency, so in this book we will use American *dolaroj* and *cendoj*. A bill is *bileto*; a coin is *monero*.

Vortolisteto:

bazar-o	- street market
io(n) alia(n)	- anything else
kia(j)(n)	- what kind of
ge-sinjor-o-j	- Sir and Madam
ĉio	- everything
ŝuld-i	- to owe
pag-i	- to pay ("PAH-ghee")
mon-er-o(j)(n)	- coins, change

Demandaro:
  1. Kion Miko kaj Paŭla vizitas?
  2. Al kiu Paŭla parolas?
  3. Kion Miko deziras?
  4. Kiaj estas la bananoj?
  5. Kiom da bananoj ili aĉetas?
  6. Kiajn pomojn la vendisto havas?
  7. Kiom da pomoj ili aĉetas?
  8. Kiom kostas la bananoj?
  9. Kiom kostas la pomoj?
  10. Kiom ili ŝuldas al la vendisto?

4.4 *Rikardo deziras informojn pri Marĝorio, studentino de Aŭstralio, do li parolas kun ŝia brita amikino, Diano.*
  R: "Saluton, Diano! Kiel ĉio?"
  D: "Ah, Riko! Saluton! Ĉio statas bone, dankon. Kaj vi?"
  R: "Sufiĉe bone, dankon. Parenteze, Diano, vi konas Marĝorion, ĉu ne?"

D: "Jes, certe. Kio pri ŝi?"

R: "Mi tute ne konas ŝin. Kiel ŝi parolas Esperanton?"

D: "Kiel Zamenhof mem! Tre bone kaj tre flue."

R: "Mi scias, ke Marĝorio naĝas."

D: "Jes, fakte ŝi estas membro de nia teamo."
("teh-AH-mo")

R: "Kiel ŝi naĝas?"

D: "Ho! Vere rapide, eĉ fiŝe!"

R: "Kaj ĉu ŝi havas koramikon?"

D: "Tion mi vere ne scias. Demandu al ŝi vi mem. Jen Marĝorio, kiu venas! He, Marĝi!"

Vortolisteto:

de	- from
brit-a	- British
parentez-e	- by the way
flu-e	- fluently
fakt-e	- as a matter of fact; in fact
team-o	- team
rapid-e	- rapidly
eĉ	- even
fiŝ-e	- like a fish
kor-amik-o	- boyfriend
vi mem	- yourself; on your own

Kunmetaĵo:

koramiko: *koro*, heart + *amiko*, friend

Demandaro:

1. De kiu lando estas Marĝorio?
2. Ĉu Diano ankaŭ estas de tiu lando?
3. Kiel la aŭstralianino parolas Esperanton?
4. Kiel vi parolas la lingvon? (Hezite, bonete?)
5. Ĉu Marĝorio estas teamano? ("teh-ah-MAH-noh")
6. Kiel Marĝorio naĝas?
7. Ĉu Marĝorio havas am-amikon?

Lernindaj Esprimoj

4.5 *Aĉetu! Surmetu!* "Buy! Wear!"

1. *Aĉetu la aŭton!* "Buy the car!"
2. *Surmetu la bluan bluzon!* "Wear the blue blouse!"
3. *Montru al mi la ĝinzon!* "Show me the jeans!"

74

4. *Ne aĉetu la kravaton!* "Don't buy the tie!"
5. *Bonvolu montri al mi la bluzon.* "Please show me the blouse."
6. *Bonvolu doni al mi la fotojn.* "Please give me the photos."

4.6 *Kion mi faru?* "What should I do?"
    1. *Kion mi aĉetu?* "What should I buy?"
    2. *Kion li montru al ŝi?* "What should he show her?"
    3. *Kiun mi rigardu?* "Whom should I look at?"
    4. *Kiun li invitu?* "Whom should he invite?

4.7 *Kiom kostas...?* "How much does...cost?"
    1. *Kiom kostas la bluzo?* "How much does the blouse cost?"
    2. *Kiom kostas la ĉemizoj?* "How much do the shirts cost?"
    3. *Ili kostas dek-ok dolarojn.* "They cost eighteen dollars."

4.8 *Vendistoj:*
    1. *fruktovendisto* - fruit seller
    2. *librovendisto* - book seller

4.9 *La Vestoj*

bluzo	- blouse
ĉemizo	- shirt
T-ĉemizo	- tee shirt (pro. "to-cheh-MEE-zoh")
ĉapelo	- hat
ĝinzo	- jeans
jako	- jacket ("YAH-koh")
jupo	- skirt ("YOO-poh")
kalsoneto	- underpants
kravato	- tie
mantelo	- coat
palto	- overcoat
pantalono	- pants
piĵamo	- pyjamas
pulovero	- pullover
robo	- dress
ŝtrumpeto	- sock
subĉemizo	- undershirt
ŝuo	- shoe ("SHOO-oh")
tolŝuo	- sneaker

4.10 *La koloroj*

arĝenta - silver		*nigra* - black	
blanka - white		*ora* - golden	
blonda - blond		*oranĝa* - orange	
blua - blue		*purpura* - purple	

bruna - brown	*rozkolora* - pink
flava - yellow	*ruĝa* - red
griza - gray	*verda* - green

Notoj:

1. We have given the words for colors in their *adjective* form (ending in *-a*). As nouns, they would end in *-o*: *bluo, verdo*. We say *"La robo estas blua,"* but *"La bluo de la robo estas bela."*

2. The adverbs *pale* (pro. "PAH-leh", pale) and *hele* (pro. "HEH-leh", light/clear) are used with the above adjectives to describe light colors: *pale bluaj ŝtrumpetoj* (pale blue socks), *hele verda kravato* (light green tie). *Malhele* (dark) is used for deep colors: *malhele ruĝa robo* (a dark red dress).

3. By using *-kolora* (colored), we can describe many other colors: *kremo* (cream) > *kremkolora*; *kafo* (coffee) > *kafkolora*, and so on.

4.11 *Petoj:* (Requests)

1. *Donu al mi (unu) kilogramon da...* "Give me a (one) kilogram of..."
2. *Donu al mi tri kilogramojn da...* "Give me three kilograms of..."
3. *Ĉu vi deziras ion alian?* "Do you want anything else?"
4. *Ĉu tio estas ĉio?* "Is that everything?"
5. *Kiom mi ŝuldas al vi?* "How much do I owe you?"

Noto: The tag *ĉu ne* may be added to a question when the speaker is rather sure of the answer and is really seeking confirmation: *Vi estas esperantisto, ĉu ne?* (You're an Esperantist, aren't you?) *La vendisto havas bananojn, ĉu ne?* (The seller has bananas, doesn't he?) You will see that the English tag-question is much more complicated than the simple Esperanto *ĉu ne!*

4.12 *Kia(j)(n):* (What kind[s] of...)

1. *Kia libro estas sur la tablo?* "What kind of book is on the table?"
2. *Kian libron vi legas?* "What kind of book are you reading?"
3. *Kiaj fruktoj estas ĉe la fruktovendisto?* "What kinds of fruits are at the fruit seller's?"
4. *Kiajn fruktojn vi aĉetas?* "What kinds of fruits are you buying?"

4.13 *Kiel?* (How?)

1. *Kiel vi parolas Esperanton? Sufiĉe bone.* "How do you speak Esperanto?" "Well enough."
2. *Kiel vi parolas la anglan? Flue.* ("FLOO-eh") "How do you speak English?" "Fluently."
3. *Kiel Makso naĝas? Bone.* ("BOH-neh") "How does Max

swim?" "Well."
4. *Kiel Maria vojaĝas? Aŭtobuse.* ("ow-toh-BOO-seh") "How is Maria traveling?" "By bus."
5. *Kiel ili parolas? Esperante.* "How do they speak?" "In Esperanto."

4.14 *Taŭga afero!* "A fitting affair!"
1. *Estas taŭge.* "It's fitting, appropriate."
2. *La bluzo estas taŭga por lernejo.* "The blouse is fitting/appropriate/suitable for school."
3. *Povas esti.* "That may be."

4.15 *Ŝati kaj plaĉi* "To like and to please"
1. *Mi ŝatas la verdan bluzon.* "I like the green blouse."
2. *La verda bluzo plaĉas al mi.* "I like the green blouse." (The green blouse pleases [to] me.)
3. *Plaĉas al mi la verda bluzo.* "I like the green blouse." (It pleases [to] me, the green blouse.)
4. *Kiu bluzo plaĉas al vi?* "Which blouse pleases you?" (Do you like?)
5. *Kiun bluzon vi ŝatas?* "Which blouse do you like?"
6. *Kiun bluzon vi preferas?* "Which blouse do you prefer?"

Praktiko

4.16 What is the difference between these two questions:
Kion ŝi faras?
Kion ŝi faru?

In the first question, we are asking what she is doing. In the second, we are asking what she *should* do, that is, we are asking for advice. Notice the difference in the answers:
Ŝi kantas kun la kato. "She is singing with the cat."
Ŝi kantu kun la kato. "Let her sing with the cat."

Again, in the first answer, we have found out that she is currently singing with the cat. In the second answer, someone has suggested that she sing with the cat.

Try to give advice for each of the following situations. A suggested word is given. Remember the final "n"!
1. Kion ili legu? (ĵurnalo)
2. Kion li skribu? (letero)
3. Kion ŝi aĉetu? (bluzoj)

4. Kion ili vizitu? (ĝangalo)

4.17 Using *ŝati* and *plaĉi* with other nouns: from the vocabulary you have learned, insert a variety of nouns in each of the following structures:
1. *...multe plaĉas al mi!*
2. *Mi tre ŝatas...!*

4.18 *Vi estas en kafejo kun du amikoj. Respondu al la kelnero!*
K: "Bonan vesperon, sinjoro!" Vi:
K: "Vi estas kiom da personoj?" Vi:
K: "Ĉu tiu tablo plaĉas al vi?" Vi:
K: "Ĉu vi deziras menuojn?" ("meh-NOO-oyn") Vi:
Nun, rigardu la menuon. Decidu kion vi deziras, kaj diru tion al la kelnero! (deh-TSEE-doo)

KAFEJO VERDA STELO - Menuo
Trinkaĵoj kaj prezoj:
kafo 1$	biero 2$ ("bee-EH-roh")
teo 1$	vino 3$
sodakvo 1$	limonado 1$

Manĝaĵoj kaj prezoj:
sandviĉoj 3$
legoma supo 2$
salato (simpla) 1$
salato (miksita) 2$
omletoj 3$
Desertoj:
kuko 2$
torto 2$
glaciaĵo 1$ (glah-tsee-AH-zhoh")

K: "Do, kion mi donu al vi?"
Amiko: "Bonvolu doni al mi sandviĉon kaj legoman supon."
K: "Kaj por vi, sinjoro?"
Notoj:
1. *Kuko* signifas "cake" angle, *torto* estas "pie," kaj *glaciaĵo* estas "ice cream."
2. Atentu! *Deserto* ("deh-SEHR-toh") signifas "dessert," sed *dezerto* ("deh-ZEHR-toh") signifas "desert"!
Fine, vi havas la rolon de la kelnero. La klientoj demandas pri la prezoj. Respondu al ili! Ekzemple: "Kiom kostas kvar kafoj?" "Ili kostas kvar dolarojn."

78

1. Kiom kostas unu kafo kaj du teoj?
2. Kiom kostas tri sandviĉoj kaj unu sodakvo?
3. Kiom kostas unu legoma supo kaj unu limonado?
4. Kiom kostas du miksitaj salatoj?
5. Kiom kostas unu tranĉo da kuko kaj du ĉokoladaj glaciaĵoj?
6. Ĉu *taso* da kafo kostas du dolarojn?
7. Ĉu du *glasoj* da limonado kostas tri dolarojn?

Noto: Oni prenas *tason* da kafo, aŭ da teo, aŭ da varma ĉokolado. Oni prenas *glason* da akvo, aŭ da sodakvo, aŭ da limonado. Oni servas *tranĉon* da kuko, aŭ da torto, aŭ da fromaĝo.

La Gramatiko

4.19 We saw in section 3.18 the rule set out by Dr. Zamenhof himself, "all prepositions govern the nominative case." The rest of this rule states that "a preposition may be replaced by the *accusative*." What does this mean in real life? Take a look at the following examples.

Ĉu vi vojaĝas al Parizo?
Ĉu vi vojaĝas Parizon?

In the first question, we used the preposition *al*, and the nominative form, *Parizo*, after it. In the second question, we omitted *al*, and replaced it with the accusative form, *Parizon*. Now, look at these examples:

Kiel longe vi atendas? Dum dek minutoj. Dek minutojn.
Kiel longe ŝi studas Esperanton? Dum tri tagoj. Tri tagojn.

For both questions, the first answer uses the preposition *dum* (during, for) and the nominative form of the noun (*minutoj, tagoj*). The second answer omits *dum* and replaces it by the accusative form of the noun (*minutojn, tagojn*). This is very common in Esperanto.

Another way to look at this is to remember "duration of time may be expressed by the accusative case." Here is another example:

Li jam parolas du horojn al Petra per telefono.

Here, *du horojn* means "for the duration of two hours," and so uses the accusative. If you choose to say instead, *dum du horoj*, this is also correct.

4.20 The accusative may also be used to express "extent of space." Look at the following question and its answer:

Kiel malproksime estas la urbo? Ok kilometrojn.
"How far [away] is the city?" "Eight kilometers."

The expression *ok kilometrojn* is in the accusative to express the idea of "distant to an extent of eight kilometers."

4.21 In a similar vein, we use the accusative for *prices* and *measures* (weights, etc.):

Kiom da terpomoj vi deziras? Unu kilogramon.

Kiom mi ŝuldas? Naŭ dolarojn.

Kiom la kravato kostas? Dek du dolarojn.

4.22 You must also have noticed by now that the accusative is used in greetings:

Saluton!

Bonan matenon! Bonan vojaĝon!

Bonan tagon! Bonan apetiton!

Bonan vesperon! Feliĉan naskiĝtagon! (Happy Birthday!)

4.23 Finally (for this lesson), the accusative may be used to replace the preposition *al* (to) when this would occur with another preposition. Consider the English sentence "The boy walks in the room." This is ambiguous. Is the boy walking *into* the room, or is he pacing about *in* the room? In English, the ambiguity may be resolved by using *into* in the first sense, and *about* in the second. In Esperanto, the first meaning contains the idea of *al: La knabo paŝas (al) en la ĉambro.*

But this is felt to be awkward, and we simply replace *al* by adding the accusative ending to the noun after *en*: *La knabo paŝas en la ĉambron.* We can distinguish the two meanings of the English sentence like this in Esperanto:

La knabo paŝas en la ĉambro. "The boy walks about in the room."

La knabo paŝas en la ĉambron. "The boy walks into the room."

Here are some more examples. In the first of each set, the action is happening *in* a certain place. In the second sentence, the action is going *toward* a certain place.

La hundo rampas sub la tablo. "The dog is crawling (in a place) under the table."

La hundo rampas sub la tablon. "The dog is crawling along (*to* a place) underneath the table."

La ĉimpanzo saltas sur la lito. "The chimpanzee is jumping up and down *on* the bed."

La ĉimpanzo saltas sur la liton. "The chimpanzee is jumping *onto* the bed."

La musoj kuras ekster la domo. "The mice are running (in a place) outside the house."

La musoj kuras ekster la domon. "The mice are running (*toward* a place) outside the house."

One further point: we may *never* use the accusative after *al*! *Al* already contains the idea of *toward*, so the accusative would be redundant. It is also not used after *ĝis* (up to, until) or *el* (from), since these prepositions already express *movement*.

4.24 In the previous lessons we saw that

1) all nouns end in *-o*;

2) all adjectives end in *-a*;

3) all verbs end in *-i* (infinitive), *-u* (imperative), or *-as* (present tense).

You may also have noticed, right from the first lesson, the presence of words such as *bone, sufiĉe, tute, prave, Esperante, angle, alimaniere*. Obviously, these words have something in common: they are all *adverbs* (*adverboj*). Except for a few *primary adverbs*, which we shall discuss in section 5.15, in Esperanto, all adverbs add *-e* ("eh") to the root of the word. This is roughly equivalent to *-ly* in English:

bon-a - good	*bone* - well
prav-a - correct	*prave* - correctly
sufiĉ-a - sufficient	*sufiĉe* - sufficiently
tut-a - whole, entire	*tute* - wholely
am-o - love	*ame* - lovingly

The adverb tells us something about *how* an action is performed. In other words, if *-a* words (adjectives) tell us something about *-o* words (nouns), then *-e* words tell us something about *-i, -u, -as* words (verbs):

Petro kuras rapide. Peter runs rapidly (fast).

Ili rakontas malprave. They are telling the story incorrectly.

From this viewpoint, adverbs are words that answer the question *kiel* (how?):

Kiel la hundo kisas? Malseke! How does the dog kiss?

Wetly!

Sometimes, the English translation of an Esperanto adverb will be an entire phrase:

alimaniere - in another way

Esperante - in Esperanto

angle - in the English language

4.25 Adverbs also tell us more about *adjectives*. When you wish to add information about an *-a* word, use an *-e* word:

prava respondo, correct response > *tute prava respondo*, completely correct response

bela robo, beautiful dress > *taŭge bela robo*, suitably beautiful
  dress
And adverbs may also enrich the meaning of other adverbs:
  Ŝi respondas tute prave. She answers completely correctly.
  Mi statas sufiĉe bone. I am quite well.
4.26 That will do for adverbs, at least for right now. Let us return to
the Esperanto numbers. You have seen how the basic numbers 1
through 9 are written after *dek* (ten) to create the numbers 11 through
19 (*dek unu, dek du, dek tri, ktp.*). Now take a look at how we express
"twenty," "thirty," and the rest:

20 *dudek*	60 *sesdek*
30 *tridek*	70 *sepdek*
40 *kvardek*	80 *okdek*
50 *kvindek*	90 *naŭdek*

As you see, we simply write the numbers 2 through 9 attached to the
word for 10. We are saying, in effect, "two tens," "three tens," and
so on. Since these are words of more than one syllable, the next-to-last
syllable is accented: *kvindek* ("KVEEN-dehk") , *okdek* ("OHK-dehk").
  For the numbers between the tens, we simply use the numbers from
1 to 9:

21 *dudek unu*	56 *kvindek ses*
22 *dudek du*	67 *sesdek sep*
33 *tridek tri*	78 *sepdek ok*
34 *tridek kvar*	89 *okdek naŭ*
45 *kvardek kvin*	91 *naŭdek unu*

Notice that the words for 1 through 9 are written separately.
There are three more number words that complete the list:
  0 *nul*
  100 *cent* ("tsehnt")
  1 000 *mil* ("meel")
The following examples show various combinations:
  105 *cent kvin*
  150 *cent kvindek*
  210 *ducent dek*
  328 *tricent dudek ok*
  466 *kvarcent sesdek ses*
  599 *kvincent naŭdek naŭ*
  601 *sescent unu* ("SEHS-tsehnt-OO-noo")
  712 *sepcent dek du*
  820 *okcent dudek*

999 *naŭcent naŭdek naŭ*
1 111 *mil cent dek unu*
2 450 *du mil kvarcent kvindek*
35 421 tridek kvin mil kvarcent dudek unu

Notoj:

1. The numbers *cent* and *mil* already mean *"one* hundred," *"one* thousand;" we do not use *unu* with them.

2. With *mil*, we write the multipliers of "thousand" as separate words, that is, we write *kvindek* and *kvincent*, but *kvin mil*.

3. For even larger numbers, we use the nouns *miliono* ("mee-lee-OH-noh", million), and *miliardo* ("mee-lee-AHR-doh", billion). Since these are nouns, they use *unu*, and have plural forms:

1 500 000 *unu miliono kvincent mil*
4 000 350 *kvar milionoj tricent kvindek*
10 000 000 *dek milionoj*
1 001 001 100 *unu miliardo unu miliono mil cent*
10 000 000 000 *dek miliardoj*

4.27 Now, to return to the Esperanto verb! You will remember that the present tense of *every* verb ends in *-as: parolas, serĉas, aĉetas, instruas, scias, ktp.* The infinitive (the "to" form) ends in *-i: paroli* (to speak), *serĉi* (to look for), *aĉeti* (to buy), *instrui* (to teach, instruct), *scii* (pro. "STSEE-ee", to know).

Many Esperanto verbs can have *direct objects* as in English: *Mi studas Esperanton.* (I study Esperanto.) But these are not always the same verbs. For example, *serĉi* takes a direct object in Esperanto (*Ili serĉas Acuon.*), but an indirect one in English (They are looking *for* Atsuo.) The same is true of *rigardi* (to look *at*) and *atendi* (to wait *for*): *Ŝi rigardas la robojn. Li atendas la buson.* This does not represent any irregularity; it is a difference in the way each language classifies its verbs.

4.28 When verbs occur as nouns, the simplest form adds *-o* to the verb root. To make the verbal action more obvious, we also have the suffix *-ad-*. The following examples will help make the distinction clear.

skribo - the concept of writing
skribado - the act of writing
elparolo - pronunciation
elparolado - the act of pronouncing
flugo - flight (the concept)
flugado - flying (the activity)

4.29 Nouns may also occur as adjectives by using the *-a* suffix.

hundo > hunda - canine

kato > kata - feline

domo > doma - domestic

tago > taga - during the day

hunda elparolo - that pronunciation typical of canines

taga manĝaĵo - food taken during the day, as opposed to night-food (whatever *that* is!)

4.30 In the conversations, you may have noticed some new verbs ending in *-u*. Now you know three forms for each verb: *aĉeti, aĉetas, aĉetu*. This last form has several uses. First of all, it is used as a command form, the *imperative*:

Kisu min! "Kiss me!"

Aĉetu la hundeton! "Buy the doggy!"

When no subject (noun or pronoun) is present, we assume the person addressed is "you." But supposed we want to say "let *her* buy the doggy"? In this case, we use the subject pronoun and the verb in the "u-form": *Ŝi aĉetu la hundeton!* Here are a few more examples:

Ili legu la ĵurnalon! "Let them read the newspaper!"

Mi vidu la leteron! "Let me see the letter!"

Ni parolu Esperanton! "Let's speak Esperanto!"

As you see, we simply change the verb ending from *-as* to *-u* and construct the sentence as usual. For a negative command, just put *ne* in front of the verb:

Ne atendu min! "Don't wait for me!"

Ni ne parolu al li! "Let's not speak to him!"

Ili ne telefonu al mi! "Don't let them call me!"

*Ne diru volapukaĵon!** "Don't say such nonsense!"

* Another remnant of the Esperanto-Volapük rivalry is the use of *volapukaĵo* (Volapük-thing) as an expression for something nonsensical.

4.31 There are several ways to make a command more polite. We can use the expression *mi petas* (I seek, plead) at the end of the sentence: *Montru al mi la robon, mi petas.* We can also use the command form of *bonvoli* (to have the good will to...) followed by the infinitive:

Bonvolu montri al mi la robon.

Bonvolu respondi al la demandojn.

Bonvolu fari la ekzercojn.

This structure may also be followed by *mi petas*: *Bonvolu respondi en Esperanto, mi petas.*

4.32 Another use for the "u-form" is to ask for advice. When we say *"kion ŝi faru?"*, we are not asking if she is doing something, but rather whether she *should* do it. Suppose you were speaking to someone from ELNA on the phone and were not sure whether you should speak in Esperanto. What could you ask? Right!

Ĉu mi parolu en Esperanto?

Once again, you are asking for advice, not stating what you are doing. In a sense, you are asking for an order, so that is why we use the "u-form".

4.33 Finally, we will take up the difference in *structure* with *ŝati* and *plaĉi*. Look at the following sentences, both of which say about the same thing.

Maria ŝatas la ruĝan bluzon. "Maria likes the red blouse."
La ruĝa bluzo plaĉas al Maria. "The red blouse is pleasing to Maria."

In the first sentence, *Maria* is the subject of *ŝatas*. If *Maria* is the subject, then *ruĝa bluzo* is not. These two words are, in fact, the *direct object*. That is why we add final "n" to them.

In the second sentence, *ruĝa bluzo* is the subject of *plaĉas*, so we do not use the final "n".

In the following exercise, try to change from a sentence using *ŝati* to one using *plaĉi* and vice-versa.

Ekzemple: Piotro ŝatas la ĝinzon.

La ĝinzo plaĉas al Piotro.

1. Elizabeto ŝatas la bluan bluzon.
2. Ludoviko ŝatas la filmon "Ĵurasa Parko."
3. Ili ŝatas katojn kaj ranojn.
4. Hundoj plaĉas al mi.
5. Ĉimpanzoj plaĉas al la patrino de Johano.
6. Verdaj ŝuoj ne plaĉas al Joŝiko.

Ekzercaro

4.34 The root *spert-* has the meaning of "experience." So the noun *sperto* means "an experience," and the adjective *sperta* means "expert, experienced." Using the following suffixes, create further derivations from *spert-* and try to assign them a meaning in English.

-ulo, -ulino, -aĵo, -ado, -anta

4.35 Why not try something different? Here's the answer, what was the question?

1. Jes, mi studas Esperanton.

2. Tio estas tornistro.
3. Ne, mi ne konas ŝin.
4. Jes, ĝi multe plaĉas al mi.
5. Ne, mi ne ŝatas ilin.
6. Tiu estas Marko.
7. La ĉemizoj estas nigraj kaj ruĝaj.
8. La standardo de la Esperanto-Movado estas verda, kaj sur ĝi estas blanka rondo kun verda stelo.
9. Oni diras "magazeno" Esperante.
10. "Rondo" signifas "circle" angle.

4.36 Use an accusative expression of time, space, or value to answer the following questions (*dek minutojn, tri kilometrojn, okdek dolarojn*). Here are some futher words:

sekundo - a second (of time)

horo - an hour

mejlo - an American mile ("MAY-loh")

cendo - an American cent ("TSEHN-doh")

1. Kiel longe vi jam atendas la buson?
2. Kiel malproksime estas la vilaĝo?
3. Kiom kostas la blua robo?
4. Kiom vi pagas por la ĵurnalo?
5. Kiom da distanco vi marŝas ĉiun tagon?
6. Kiom da horoj vi laboras ĉiun tagon?

4.37 Create a greeting based on the following sentences. For example, from *la nokto estas bona*, you would create *bonan nokton*, using the accusative.

1. La mateno estas bona.
2. La tago estas bona.
3. Mi salutas vin.
4. La vespero estas bona.
5. La festotago estas ĝoja. (*festotago* - holiday)

4.38 Complete each of the following sentences first with the nominative (-o) form of the suggested word, then with the accusative (-on) form. Think about the difference in meaning between the two sentences.

1. La tri katoj kuras en... (la ĉambro)
2. La helikoptero flugas super... (la malgranda urbo)
3. En... marŝas la rata armeo. (la etaj vilaĝoj)
4. Ili naĝas sub... (la roka arko)

Noto: Rok-o signifas "rock," kaj *ark-o*, "arch."

4.39 Put each of the following sentences into the basic subject-verb-object word-order.

1. Tri birdojn manĝas ĉiun matenon la kato malbona.
2. En la ĉambron kvardek virojn sendas la kuracisto malsanajn.
3. Min vi certe ne amas.
4. Donas al la knaboj bonajn manĝaĵojn la du knabinoj ĉarmaj.

The next set of sentences is completely jumbled. Can you straighten them out so that they make sense?

5. al mi en ofte eksplikas la ŝi lecionojn la lernejo.
6. libroj da ĉiun vi la knaboj al legas tagon kiom
7. Esperanton per deziras ĉu lernolibro studi ili

4.40 Create an adverb (-e) from the suggested root in order to answer the *kiel* question.

1. Kiel vi komprenas Esperanton? (bon-)
2. Kiel la knabo legas? (fervor-) *(fervor-a/e*, avid, avidly)
3. Kiel ŝi dancas? (elefant-)
4. Kiel la viro skribas? (malbel-)
5. Kiel la kato ludas pianon? (maloft-) *(ludi pianon* - to play the piano)

4.41 To ask what color something is, we use the compound question word *kiukolora(j)*, as in: *Kiukolora estas la robo?* Or: *Kiukoloraj estas la ŝuoj?* Try answering the following questions about colors. Use *ĝi* or *ili* to replace the noun.

1. Kiukolora estas la pomo? *(pomo* - apple)
2. Kiukoloraj estas bananoj?
3. Kiuklora estas la hundo?
4. Kiukolora estas la standardo de Usono? *(standardo* - flag)
5. Kiu kolora estas la stelo de Esperanto? *(vidu 2.39)*
6. Kiukoloraj estas la trinkaĵoj?

4.42 Are you good at deciding what is suitable and what is not? Rewrite each of the following sentences using either *estas taŭge, ke*, or *ne estas taŭge, ke*.

Ekzemple: Maria multe studas > *Estas taŭge, ke Maria multe studas.*

1. La lernantoj lernas Esperanton.
2. La instruisto dormas en la klasejo.
3. Johano kaj Marko bone faras la ekzercaron.
4. La klubanoj malpermesas sandviĉojn en la klubejo.

4.43 From the following infinitives (i-forms), create command forms (u-forms) for "you." Remember, in this case, we do not use the subject pronoun *vi*. Now make the commands more polite using *bonvolu...-i*. When you have finshed, read the list and act out the orders you have given!

Ekzemple: danci kun mi > *Dancu kun mi!*

Bonvolu danci kun mi!
1. paroli klare
2. rigardi la fotojn
3. helpi al la sinjoroj
4. respondi al la demando
5. legi la ĵurnalon
6. skribi vian nomon

4.44 Now try creating some command forms for Jozefo, Marko, Maria, Janina. Remember, in this case, you will use the subject pronouns *li, ŝi, ili*. When you have done this, try rewriting them using *bonvolu*.

Ekzemple: respondi (Maria) > *Ŝi respondu!*
       Ŝi bonvolu respondi!
1. studi la gramatikon (Marko kaj Janina)
2. viziti la ĉimpanzejon (Jozefo)
3. danci kun mia kato (Janina)
4. ne paroli angle (Marko kaj Maria)

4.45 Now, how about some things you would like to suggest we do together? Remember, in this case, we use *ni* before the "u-form"!
Ekzemple: kanti > *Ni kantu!*
1. manĝi kun la hundoj
2. kisi kun la fiŝoj
3. paroli Esperante
4. telefoni al Miki-Muso

4.46 You will remember that the "u-form" can also be used to ask for advice. Here are some sentences asking what people are doing, make them into requests for advice by changing the final *-as* to *-u*:
1. Kion Marko kaj Maria studas?
2. Kion Petko preparas por ni?
3. Kion mi serĉas en la hundejo?
4. Kion Janina diras al la lernisto?

4.47 The "u-form" can also occur after expressions such as *gravas, ke* (it is important that...). This seems to be because there is a carryover from the idea of advising someone. When we say something is important (or not important), we often seem to be giving advice. Below are some sentences which tell us what some people are doing. Decide whether or not what they are doing is important and rewrite the sentence using *(ne) gravas, ke*. Remember to change the final *-as* of the verb to *-u*!
1. Elizabeto parolas Esperante al la kato.
2. La fiŝoj havas sufiĉan akvon.

3. Oni lernas Esperanton en lernejoj.
4. La leciono estas interesa.
5. La lernantoj surhavas ĝinzojn en la lernejo!

4.48 Use *mi scias* or *ni esperas* with the connector *ke* as suggested, and the following sentences.

Ekzemple: Maria malsanas. (mi scias) > *Mi scias, ke Maria malsanas.*

1. Marko ne malsanas. (ni esperas, ke)
2. Ili estas malavaraj. (mi scias, ke)
3. La lernantoj komprenas. (ni esperas, ke)
4. Ŝi bone kantas. (mi scias, ke)

4.49 Besides being used as verbs by themselves, *ŝati* (to like, appreciate) and *deziri* (to desire, want) can be followed by other verbs which help to complete their meaning: *Mi ŝatas paroli Esperanton. Ili deziras viziti la urbon.* Notice that in this case, the follow-up verb with be in the "i-form" (infinitive). Create two sentences from the following, first using *ŝatas*, then *deziras*.

Ekzemple: Miko aĉetas vestojn.
    Miko ŝatas aĉeti vestojn.
    Miko deziras aĉeti vestojn.

Notice how the *-as* of *aĉetas* changes to *-i*!

1. Elizabeto legas la ĵurnalon.
2. Acuo vojaĝas en multaj landoj.
3. Elena kaj Petko telefonas amikojn.
4. Mi vizitas Esperanto-klubojn.

Legaĵoj

4.50 *Serĉas korespond-amikojn:* En la internacia ĵurnalo *Heroldo de Esperanto* ofte aperas anoncetoj de parolantoj de Esperanto, kiuj deziras korespondi kun esperantistoj en aliaj landoj. Bonvolu legi la anoncojn ĉi-sube, kaj decidi, kun kiu vi deziras korespondi.

1. Mi estas dudek-sesjarulo, kiu loĝas en la ĉefurbo de Pollando, Varsovio. Mi ankoraŭ estas fraŭlo, sed havas koramikinon. Ni laboras kune en magazeno, mi kiel stokisto, ŝi kiel vendistino. Mi volas korespondi kun Esperantistoj en la tuta mondo. Interesas min sportoj, aŭtoj, kaj filmoj.

BEGINNER'S ESPERANTO

Anoncetoj

TARIFO: Ĉiu vorto kostas 0,85 guldenojn (unu internacian respondkuponon). Pri la enhavo de la anoncetoj ne respondecas la redakcio. Ripeta aperigo de la sama anonceto ne rajtigas je rabato (kiun ĝuas la grandaj anoncoj).

Disko/kasedo *Tra l' mondo* de Olivier Tzaut kaj nova disko/kasedo *Karnavaleto* aĉeteblaj ĉe Olivier Tzaut, Arêtes 7, CH-2300 La Chaux-de-Fonds, Svislando. Oni mendu skribante sur la ĉekkuponon la deziritan objekton. Prezo (sendokostoj inkluzivitaj): disko: 24 sv.fr.; kasedo: 20 sv.fr. Vendas ankaŭ UEA.

Tutmonde, pri ĉiuj temoj, kun virinoj volas korespondi 44-jara: s-ro M. Ban, Casella Postale 3704, I-34011 Aurisina (TS), Italio.

39-jara itala oficisto, ankoraŭ fraŭlo, deziras korespondi kun samideaninoj. Skribu al s-ro Girolamo Lucchetta, I-31050 Monastier (TV), Italio.

Studi matene, ferii posttagmeze, jen la kursformulo de la Internacia Feria Altlernejo de Kultura Centro Esperantista, CH-2301 La Chaux-de-Fonds (Svislando). Petu informilon!

Lernanto deziras korespondi: s-ro Javed Hussain Baloch, M.C.B., Katchery Rd., Sargodha, Pakistano.

Malfermu ŝparkonton! Jam pli ol 110 000 guldenojn deponis membroj de UEA en fiksdatajn ŝparkontojn ĉe la Centra Oficejo. Ili gajnas renton de 6% jare kaj samtempe helpas la Asocion. Petu pliajn informojn de la C.O.

17-jara irana lernanto volas korespondi: s-ro Bagher Mahmoodi, kooche-e Aloochoo, pelak-e 22, Khyaban-e Bajak, Qom, Irano.

Ni bezonegas abundan ekspozicimaterialon. Helpe sendu librojn, gazetojn, leterojn kaj ĉiajn esperantajojn. Anticipan dankon! Esperanto-Centro, Caixa Postal 57, BR-74000 Goiânia (GO), Brazilo.

Ĉe-metode instruadu ankaŭ vi, private aŭ lerneje, laŭ: *Esperanto laŭ la patrina metodo*, 320 paĝoj, GM 50,00! 50-instruhora kabareto lernigas esperante kaj germane ĉiujn demandojn kaj respondojn de la ĉiutaga konversacio! August Weide, Nordalbingerweg 65, D-2000 Hamburg 61, poŝtĝirkonto Hamburg 150 58-209.

Vortolisteto:

ĉef-urb-o	- capital (chief-city)
Pol-land-o	- Poland
Varsovi-o	- Warsaw
fraŭl-o	- unmarried man
kun-e	- together (*kun*, with)
stok-ist-o	- stockroom clerk
tut-a	- whole, all
mond-o	- world

2. Deziras korespondi kun samideanoj en Usono kaj Kanado kvardekjara fraŭlino. Mi loĝas en Japanio. Mia gepatra urbo estas Kjoto, sed mi nun laboras en Tokio. Mi estas dentista helpanto, kaj havas grandan intereson en buŝa sano. Mi deziras interŝanĝi informojn pri buŝa higieno, novaj dentistartaj instrumentoj, kaj protezaj dentaroj.

Vortolisteto:

sam-ide-an-o	- fellow Esperantist
gepatr-a	- native (parental)
buŝ-a	- oral
san-o	- health
inter-ŝanĝ-i	- to exchange
higien-o	- hygiene ("hee-ghee-EH-noh")

90

dent-ist-art-a — pertaining to dentistry
protez-a — prosthetic, artificial
dent-ar-o — dentures

3. Juna okdektrijarulino en Kanado deziras korespondi kun aliaj "olduloj" pri diversaj temoj: politikaj, ekonomiaj, filozofiaj. Multe plaĉas al mi moderna rok-muziko kaj rapidegaj sportaŭtoj.

Vortolisteto:

jun-a — young
old-ul-o — *maljunulo; maljuna persono*
divers-a — diverse, varied
tem-o — themes, topics

4. Ĉu vin interesas musoj? Se jes, skribu al mi! Mi estas tridek-okjara mus-amanto, kiu kolektas musojn de diversaj specoj: long- kaj mallongharaj, flavaj, dansantaj, ktp. Mi deziras interŝanĝi informojn, fotojn, receptojn, eĉ vivantjn specimenojn. Ni musu kune.

Vortolisteto:

mus-o — mouse
se — if
spec-o — kind, sort, type ("SPEH-tso")
long-har-a — having long hair
recepto — recipe
eĉ — even (*eĉ mi* = even me!)

5. Ho, inoj! Min vi atendas por varmigi viajn fridajn vesperojn. Mi estas vira dudeksepjara sportulo, kaj mi serĉas aventuristinojn por esplori amarton! Ne skribu! Telefonu al mi, kaj lasu vian telefononumeron kun la respondilo.

Vortolisteto:

in-o — female (this term is less than polite, stressing as it does the *in* part of *sinjorino, fraŭlino, virino,* etc.)
varm-ig-i — to warm up
frida — *malvarmega*
vir-o — man
am-art-o — love-arts
las-i — to leave (something behind)
respond-il-o — aparato, kiu respondas al telefono kiam oni ne estas hejme

Demandaro pri la kvar anoncoj:

1. Al kiu anonco vi deziras respondi?
2. Al kiu vi ne deziras respondi?
3. Ĉu vi deziras korespondi kun la dudek-sesjara Polo? Kio

pri li interesas vin?

4. Ĉu interesas vin la buŝa higieno? Ĉu vi deziras korespondi pri
   ĝi? Pri kio do vi deziras korespondi?
5. Kiajn surprizajn interesojn la kanada oldulino havas?
6. Ĉu vin interesas la kolektado de musoj?
7. Pri kiaj musoj la anoncanto skribas?
8. Kion la mus-amanto deziras interŝanĝi?
9. Kion signifas "ni musu kune"?
10. Laŭ via opinio, ĉu la kvina anocanto estas sensciulo? (*sen-sci-ul-o* - an ignoramus)

4.51 *Blondharulino kaj la tri Ursoj* - Unua Parto

En densa arbaro estas la domo de la tri ursoj: Patro Urso, Patrino
Urso, kaj Bebo Urso. Patrino Urso preparas bonan supon, sed la supo
estas tro varmega. Patro Urso sugestas, ke la ursa familio promenu en
la arbaro, kaj poste revenu por manĝi la supon.

Kunmetaĵo:

blondharulino - blond-a + har-o + -ul- + -in- + -*o*

Vortolisteto:

arb-ar-o	- forest
promen-i	- to take a walk
re-ven-i	- to come back, return
tro	- too (*tro granda*, "too big")
varm-a	- warm (*varmega*, "hot")

4.52 *Blondharulino kaj la tri Ursoj* - Dua Parto

Dum la tri promenantaj ursoj estas en la arbaro, Blondharulino venas
al la ursa domo. Ŝi estas dekjara knabino, kiu malobeas la gepatrojn kaj
esploras la arbaron. La knabino nomiĝas "Blondharulino" ĉar ŝi havas
tre blondajn harojn.

Blondharulino nun staras antaŭ la pordo de la ursa domo. Ŝi frapas ĉe
la pordo: tum! tum! tum! Ne estas respondo. La knabino frapas
denove. Ankoraŭ ne estas respondo. Do, ŝi malfermas la pordon kaj
eniras la domon.

Vortolisteto:

ankoraŭ	- still
antaŭ	- in front of
en-ir-i	- to enter (*en*, "in" + *iri*, "to go")
esplor-i	- to explore
frap-i	- to knock
har-o	- strand of hair
obe-i	- to obey (pro. "oh-BEH-ee"; *kion signifas* "malobei"?)

star-i — to be standing

4.53 *Blondharulino kaj la tri Ursoj* - Tria Parto

En la salono, estas tri seĝoj--tri *brak*seĝoj, tre komfortaj: unu granda, alia mezgranda, kaj la tria, malgranda. La blonda knabino deziras sidiĝi. Blondharulino sidiĝas en la granda brakseĝo: uf! Ĝi estas malkomforta kaj tro malmola. Sekve, ŝi sidiĝas en la mezgranda: ĝi estas tro mola. Fine, la knabino sidiĝas en la malgranda brakseĝo. Ah! Ĝi estas vere komforta! Sed ĝi estas seĝo nur por bebo. Do, krak! La seĝo rompiĝas! Ho ve!

Vortolisteto:

brak-o	- arm (*brakseĝo*, "armchair")
fin-e	- finally, at last
mez-grand-a	- medium-sized
mol-a	- soft (*Kion signifas* "malmola"?)
nur	- only
romp-iĝ-i	- to be broken (*ĝi rompiĝas*, "it is broken; it breaks")
salon-o	- living room
sekv-e	- and then, following this
sid-iĝ-i	- to sit down

4.54 *Rapidaj kurŝuoj!*

Iun tagon, urbano venas al montara vilaĝo. Li deziras pafĉasi urson. La urbano dungas gvidiston, kaj ili marŝas en la montojn. La gvidisto, denaska montarano, ridas pri la tute novan ekvipaĵon de la urbano: tendo, dorsosako, pafilo, eĉ kurŝuoj!

Tiun vesperon, la du ĉasantoj ektrovas grandan, sovaĝan urson. La urbano, tute timigita, pafas senzorge. La kuglo frapis arbon kaj kolerigas la urson. Nun, la grandega besto komencas kuri al la ĉasantoj.

"Nur kuru!" krias la gvidisto. "Savu vin!"

Sed la urbano haltas, sidiĝas, demetas la botojn, kaj metas la novajn kurŝuojn.

"Ĉu vi estas do frenezulo?" demandas la gvidisto, kiu jam komencas kuri de la alproksimiĝanta urso. "Vi ne povas kuri pli rapide ol tiu urso!"

"Tion mi ne devas fari," repondas la urbano. "Mi devas nur kuri pli rapide *ol vi!*"

Vortolisteto:

kur-ŝu-o	- running shoe
mont-ar-a	- mountain (adjective)

paf-ĉas-i	- to hunt by shooting
dung-i	- to hire
gvid-ist-o	- guide
marŝ-i	- to walk
de-nask-a	- from birth
mont-ar-an-o	- mountaineer
rid-i	- to laugh
ekvip-aĵ-o	- equipment
tend-o	- tent
dorso-sak-o	- backpack
paf-il-o	- gun
eĉ	- even
ĉas-ant-o	- hunter
ek-trov-i	- to find suddenly
sovaĝ-a	- wild, ferocious
tim-ig-it-a	- scared
paf-i	- to shoot (a gun)
sen-zorg-e	- carelessly
kugl-o	- bullet
frap-i	- to hit, strike
arb-o	- tree
koler-ig-i	- to anger
sav-i	- to save
de-met-i	- to take off (clothing)
bot-o	- boot
al-proksim-iĝ-ant-a	- drawing near
pli rapid-e ol	- faster then
dev-i	- to have to

La Kulturo

4.55 Throughout North America, and throughout the world, local Esperanto clubs form the backbone of the Esperanto movement. In some areas the clubs are large, with many activities. In others, there are a few members who band together to keep up their use of Esperanto. ELNA keeps track of these local activities, and can give you the address of a club near you. You might also trying looking up "Esperanto" in your local telephone directory.

4.56 One of the really big events in the Esperanto community is the *Universala Kongreso de Esperanto*, an international get-together of

Esperantists from around the world. The *Universala Esperanto-Asocio* organizes these yearly conventions, working closely with a local committee on-site.

At the *Kongreso*, the social norms of the Esperanto community are reinforced, meetings are held, and conversations abound. For almost all participants there comes a moment when, glancing around the crowded meeting hall filled with people from many nations, they realize that only *one* language is being used, effortlessly and efficiently. It is then that the ideal of Esperanto becomes clear.

More practically, there are speeches at the *Kongreso*, discussions in committee, demonstrations by the various special-interest groups, university-level lectures on such topics as sub-atomic physics and animal husbandry, and theatrical presentations. It is as if, into the short week of the *Kongreso*, Esperanto society must fit its entire expression for the year.

4.57 Within North America, ELNA organizes an annual convention, usually in mid-July, at varying locations. This convention is scheduled to occur before the *Universala Kongreso*, and often ELNA members organize a group flight to the UEA *Kongreso*.

One of ELNA's proudest achievements has been the organization of intensive summer courses in Esperanto at San Francisco State University. This three-week session with classes at four levels from beginner to advanced attracts students of all ages from various regions of the United States and other countries. Classes are held in June or July and are reasonably priced. For information, contact ELNA.

Driemaandelijks tijdschrift — Afgiftekantoor: Antwerpen X **1/93**
Jarkolekto 23 — Trimonata

INTERNACIA PEDAGOGIA REVUO

Organo de Internacia Ligo de Esperantistaj Instruistoj ILEI

Redaktisto: KOVÁCS Márta

Vic-redaktisto: Stefan MacGILL

4.58 Among the special-interest groups of the *Universala Esperanto-Asocio* is one made up of teachers of Esperanto, *Internacia Ligo de Esperantistaj Instruistoj*. In the United States, this organization is represented by the American Association of Teachers of Esperanto, which publishes a quarterly bulletin. For information, contact:

Eduka Sekretario
Amerika Asocio de Instruistoj de Esperanto
765 Miller Avenue
Martinez, CA 94553

4.59 As in all languages, abbreviations--called *mallongigoj*--occur in Esperanto. Some of the most common you have already seen:

UEA - Universala Esperanto-Asocio ("oo-eh-ah")
ELNA - Esperanto-Ligo por Nordameriko ("EHL-nah")
ktp - kaj tiel plu ("koh-toh-poh") , and so forth
S-ro - sinjoro
S-rino - sinjorino
F-ino - fraŭlino

La Leciona Vortolisto

aĉet-i	- to buy
ali-a	- other
anonc-i	- to announce
anonc-et-o	- a (small) advertisement
aper-i	- to appear
ark-o	- arch
arme-o	- army
bazar-o	- open-air market
brit-a	- British
cend-o	- a cent
ĉambr-o	- a room
ĉi-sub-e	- here under (following underneath)
distanc-o	- distance
eĉ	- even (*eĉ Maria* - even Maria)
fakt-e	- in fact
fromaĝ-o	- cheese
frukt-o	- fruit
funt-o	- a U.S. pound
glaci-aĵ-o	- ice cream
glas-o	- glass
hel-a	- light, clear
hor-o	- hour
kelner-o	- waiter (in a restaurant)
kiel longe	- how long
kiel	- how
malproksime	- how far
kor-amik-o	- boyfriend ("heart-friend")
kost-i	- to cost
kuk-o	- cake
kvalit-o	- quality
legom-o	- vegetable
lit-o	- bed
lud-i	- to play
magazen-o	- department store
mem -	-self (*Zamenhof mem* - Zamenhof himself)
membr-o	- member (*ano*); limb
miks-it-a	- mixed
mon-er-o	- coin

montr-i	- to show
not-i	- to note, remark
pag-i	- to pay
pal-a	- pale, light (of colors)
pa-nj-o	- mom
parentez-e	- by the way ("parenthetically")
Pariz-o	- Paris
paŝ-i	- to step, take a step
pens-i	- to think
plaĉ-i	- to please
pom-o	- apple
prez-o	- price
procent-o	- percent
ramp-i	- to crawl
rat-o	- rat
rigard-i	- to look at
rok-o	- a rock
rond-o	- circle
salt-i	- to jump
sandviĉ-o	- sandwich
spert-i	- to experience
standard-o	- (national) flag
stel-o	- star
sur-hav-i	- to have on, to wear
ŝat-i	- to like, appreciate
ŝuld-i	- to owe
tamen	- however
tas-o	- cup
taŭg-a	- suitable, fitting
taŭgas	- it's fitting (that...)
team-o	- team
tort-o	- pie
tranĉ-o	- a slice
urb-o	- city
vesper-o	- evening
vojaĝ-i	- to travel

Angla-lingva traduko de la konversacioj:

4.1 Yohano Kambo and his mother, Mrs. Kambo, are in a department store.

    J: "Look, Mom! These are nice jeans! I want the jeans."

    P: "No, don't buy the jeans. Buy the gray pants. They're suitable for school."

J: "Look at the red shirt! It really pleases me!"

P: "Really? It doesn't matter. Buy two white shirts. They are suitable for school, too."

J: "And should I buy a black tie, too? It is very suitable."

P: "If you want. It's you who are buying."

J: "At school, the pupils wear jeans and colorful shirts, but they don't wear ties!"

P: "That may be. However, you are not a pupil You are a teacher!"

4.2 Elizabeth and Maria are also in a department store. They are talking to a saleslady.

E: "Pardon, me, Madam. How much does the blouse cost, please?"

V: "Which blouse, Miss?"

E: "The green [one], Madam."

V: "It costs nineteen dollars."

M: "Please show us the green, yellow, and pink blouses."

V: "Here are the blouses, young ladies. Let me note that they are of very good quality."

E: "Which blouse pleases you, Maria?"

M: "I like the pink blouse. I am buying it. And you, what do you think?"

E: "The green blouse pleases me a lot, and also the yellow [one]. I don't know which blouse I want."

4.3 Miko and Paula are visiting an open-air market. Paula is speaking to the fruit seller.

P: "Good morning, Sir!"

V: "Good morning, Miss. What do you want?"

M: "Do you have bananas?"

V: "Yes, but not yellow (ones). The bananas are green."

P: "That does not matter. Give us a kilo of bananas, please."

V: "Here are the bananas, Miss. And now, do you want anything else?"

P: "Yes, thanks. Do you have apples?"

V: "Ha, of course!"

M: "What kinds of apples do you have?"

V: "I have red, yellow, and green apples. What kind do you want?"

P: "Please give us three red apples, and four yellow (ones)

V: "Three red...and four yellow apples. Here are your apples, Sir and Madam. Anything else?"

P: "No, thank you. That is everything."

M: "How much do we owe you, Sir?"

V: "A kilo of bananas...one dollar fifteen. Three and four are seven, so seven apples...two dollars seventeen. So, one dollar
fifteen and two dollars seventeen is...three dollars thirty-two.   Please pay me three dollars thirty-two."

M: "Here's five dollars."

V: "Don't you have change?"

P: "Wait, please. I am looking...ha, yes! Here, I have thirty-two cents."

V: "Thanks a lot, Miss. I give you, Sir, two dollars. Thanks, and see you again!"

P: "See you again, Sir!"

4.4 Richard wants information about Marjorie, a student from Australia, so he is talking with her British friend, Diana.

R: "Hi, Diana! How's everything?"

D: "Ah, Rick! Hi! Everything is fine, thanks. And you?"

R: "Well enough, thanks. By the way, Diana, you know Marjorie, right?"

D: "Yes, of course. What about her?"

R: "I don't know her at all. How does she speak Esperanto?"

D: "Like Zamenhof himself! Very well and very fluently."

R: "I know that Marjorie swims."

D: "Yes, in fact she is a member of our team."

R: "How does she swim?"

D: "Oh! Really quickly, even like a fish!"

R: "Does she have a boyfriend?"

D: "That I really don't know. Ask her yourself. That's Marjorie who is coming. Hey, Margie!"

5. LA KVINA LECIONO
Konversacioj

5.1 *Malgranda Betina havas multajn demandojn!*

B: Marko, kio estas tio?

M: Tio estas rozo.

B: Kio estas rozo?

M: Rozo estas floro.

B: Ĉu pomo estas floro?

M: Ne, Betina. Pomo ne estas floro. Pomo estas frukto.

B: Karotoj kaj pizoj ne estas fruktoj, ĉu?

M: Vi pravas. Ili estas ambaŭ legomoj.

B: Bone. Nu, kio estas hundo kaj kato?

M: Hundo kaj kato estas mebloj!

B: Ha! Vi ŝercas, Marko! Seĝo estas meblo, tablo estas meblo, lito esta meblo, sed hundo kaj kato ne estas mebloj!

M: Evidente, vi estas tro inteligenta por mi! Hundo kaj kato estas bestoj. Nu, floroj estas en ĝardeno, kaj sovaĝaj bestoj estas en...?

B: Facile! Ili estas en bestoĝardeno!

M: Bonege!

Vortolisteto:

floro	- flower
frukto	- fruit
legomo	- vegetable
karoto	- carrot
pizoj	- peas
meblo	- furniture
ŝerci	- to joke ("SHEHR-tsee")

Noto: serĉi ("SEHR-chee") = to look for

besto	- animal
sovaĝa	- wild

Demandaro:

1. Kio estas tulipo?
2. Kio estas spinaco? Ĉu floro? ("spee-NAH-tsoh")
3. Ĉu hundo kaj kato estas bestoj?
4. Kio estas meblo?
5. Kion signifas *bestoĝardeno* angle?

BEGINNER'S ESPERANTO

5.2 *Suzano kaj Huseno rigardas familiajn fotojn.*

S: "Ho, rigardu, Huseno! Ĉu tiu knabo estas vi?"
H: "Jes, mi estas kun mia frato kaj miaj du fratinoj."
S: "Kaj jen foto de mi kun mia patro. Ĉu vi havas foton de via patro?"
H: "Jes, jen mia patro. Li staras kun mia patrino. Miaj gepatroj estas en la ĝardeno."
S: "Mi vidas vian fraton sur tiu foto. Kiu estas tiu kun li?"
H: "Tiu estas lia edzino, Jasmina. Kaj kun ili estas ŝiaj fratinoj kaj gepatroj. Ĉu vi havas foton de via fratino?"
S: "Jes, rigardu. Ŝi sidas en flughaveno kun mi."
H: "Kio estas en la alia skatolo? Ĉu aliaj fotoj?"
S: "Jes. En la skatolo miaj gepatroj havas multajn fotojn. Iliaj fotoj estas malnovaj. Mi konas nur malmultajn familianojn."

Vortolisteto:

tiu	- that (one)
frat-o	- brother (Do, kion signifas *fratino*?)
patr-o	- father (Do, *patrino*?)
star-i	- to be standing
ge-patr-o-j	- parents
edz-in-o	- wife (Do, kiu estas la *edzo*?)
flug-haven-o	- airport ("flight-harbor")
skatol-o	- box
ili-a(j)	- their ("ee-LEE-ah")
famili-an-o	- *membro de la familio*

Demandaro:

1. Kion Suzano kaj Huseno rigardas?
2. Kiom da fratoj Huseno havas? (-n!)
3. Ĉu la patro kaj patrino de Huseno staras ĉe la marbordo?
4. Kiu estas Jasmina?
5. Kiu sidas kun Suzano en flughaveno?
6. Kio estas en la malnova skatolo?
7. Ĉu Suzano konas la familianojn sur la malnovaj fotoj?

5.3 *Elena kaj Sofia parolas pri la familio.*

E: "Kiomjara vi estas nun, Sofia?"
S: "Mi estas dudek-okjara. Kaj vi?"
E: "Ho ve! Mi estas jam tridek-kvinjarulino!"
S: "Ne maltrankviliĝu pri tio! Vi estas ankoraŭ juna! Kiomjara estas via frato, Makso?"
E: "Li estas kvardekjara. Ĉu viaj gepatroj estas okdekjaraj?"
S: "Certe ne! Mia patrino estas nur sesdek-naŭjara, kaj mia patro

estas sepdek-trijara."

E: "Kaj ili estas ambaŭ en bona sano, ĉu ne?"

S: "Jes, feliĉe, ili estas en tre bona sano."

Vortolisteto:

kiom-jar-a	- how old ("how-much-year")
jar-o	- year ("YAH-roh")
ho ve	- alas! oh dear!
mal-trankvil-iĝ-i	- to become upset
jun-a	- young ("YOO-nah")
ambaŭ	- both
ĉu ne?	- not so?

Kunmetaĵoj:

tridek-kvinjarulino: (3x10)+5 + jar-o + -ul- + -in- + -o

maltrankviliĝi: *mal* + *trankvilo*, "calm, tranquil" + *iĝ*, "become" + *i*

Demandaro:

1. Pri kio la du fraŭlinoj parolas?
2. Kiomjara estas Sofia?
3. Ĉu Elena estas maljunulino?
4. Kiu estas Makso, kaj kiomjara li estas?
5. Kiomjaraj estas la gepatroj de Sofia?
6. Ĉu ŝiaj gepatroj malsanas?

5.4 *Ĉe-Daŭo estas malfrua por rendevuo kun la ĉarma Mikelina en kafejo. Ŝi ne estas tute kontenta.*

Ĉ: "Bonan vesperon, Mikelina! Pardonu min, mi petas, ke mi estas malfrua!"

M: "Ho! Jen vi finfine!"

Ĉ: "Karulino, kiel longe vi atendas min?"

M: "Sufiĉe longe, malfruulo! Jam dum tridek minutoj mi atendas vin!"

Ĉ: "Ho ve! Mi vere bedaŭras tion, ĉarmulino. Ĉu vi deziras kafon?"

M: "Mi jam atendas mian kafon, dankon."

Ĉ: "Ekde kiam?"

M: "Jam dek minutojn! La kelneroj de la kafejo estas ankaŭ malrapidaj!"

Vortolisteto:

mal-fru-a	- late ("mahl-FROO-ah")
rendevu-o	- date, appointment ("rehn-deh-VOO-oh")
ĉarm-a	- charming
vesper-o	- evening
fin-fin-e	- at long last ("feen-FEE-neh")

103

karul-in-o	- sweetheart
kiel longe	- how long
bedaŭr-i	- to regret
jam	- already
dum	- during, while
ekde kiam	- since when?
kelner-o	- waiter

Kunmetaĵoj:

finfine - *fin-o*, end + *fin-o*, end + *e*

karulino - *kara*, dear + *-ul-* + *-o*

malfruulo - *mal-* + *fru-a* + *-ul-* + *-o* ("mahl-froo-OO-loh")

ĉarmulino - *ĉarm-a* + *-ul-* + *-in-* + *-o*

Demandaro:

1. Ĉu Ĉe-Dauo estas frua por la rendevuo kun Mikelina?
2. Ĉu Mikelina atendas Ĉe-Daŭon en laborejo?
3. Kiel longe ŝi atendas Ĉe-Daŭon?
4. Ekde kiam Mikelina atendas kafon?
5. Kiaj kelneroj estas en la kafejo?

Lernindaj Esprimoj

5.5 *Kio estas rozo?* (What is a rose?)

1. *Kio estas rozo? Rozo estas* **floro.**
2. *Kio estas hundo? Hundo estas* **besto.**
3. *Kio estas seĝo? Seĝo estas* **meblo.**
4. *Kio estas pomo? Pomo estas* **frukto.**
5. *Kio estas karoto? Karoto estas* **legomo.**
6. *Kio estas pantalono? Pantalono estas* **vesto.**
7. *Kio estas verdo? Verdo estas* **koloro.**

5.6 *Kiu > Kiuj* (Which one/ones?)

1. *Kiu estas tiu sinjoro?* Who is that man?
   Kiuj estas tiuj sinjoroj? Who are those men?
2. *Tiu estas mia frato.* That is my brother.
   Tiuj estas miaj fratoj. Those are my brothers.

5.7 *Kiomjara:* (How old...)

1. *Kiomjara vi estas?* How old are you?
2. *Kiomjara estas via patro?* How old is your father?
3. *Li estas sesdekjara.* He is sixty.
4. *Li estas sesdekjarulo.* He's a sixty year old man.

5.8 *Kiel longe?* (For how long...?)

1. *Kiel longe vi studas Esperanton?* For how long have you been studying Esperanto?
2. *Kiel longe vi vojaĝas?* For how long have you been traveling?

Noto: In English, we say "have you been..."; the Esperanto form uses the simple *-as* form because the studying or traveling is *still going on*.

5.9 *Ekde kiam?* (Since when?)

1. *Ekde kiam vi studas Esperanton? Dum mallonga tempo.* Since when have you been studying Esperanto? For a short time.
2. *Ekde kiam Kanae loĝas en Usono? Ekde septembro.* Since when has Kanae been living in the U.S.? Since September.

Noto: Ekde looks back to a *beginning point* in time; *dum* marks a *duration* of time. Look at these examples.

Ekde septembro - since (a point of time beginning in) September
Dum septembro - during September

5.10 *Fruktoj kaj beroj:* (Fruits and berries)

abrikoto - apricot	*oranĝo* - orange
ananaso - pineapple	*persiko* - peach
ĉerizo - cherry	*piro* - pear
citrono - lemon	*pomo* - apple
frago - strawberry	*pruno* - plum
grapfrukto - grapefruit	*vinbero* - grape

Noto: The word for "grape", *vinbero*, is a compound word: *vin-o*, wine + *ber-o*, berry.

5.11 *Legomoj:* (Vegetables)

brasiko - cabbage	*kukurbo* - squash
brokolo - broccoli	*laktuko* - lettuce
cepo - onion	*maizo* - corn
fabo - bean	*melongeno* - eggplant
fazeolo - green bean	*pizoj* - peas
florbrasiko - cauliflower	*ternukso* - peanut
karoto - carrot	*terpomo* - potato
kukumo - cucumber	*tomato* - tomato

Notoj:

1. Did you recognize the compound words? Right! They are *florbrasiko (flor-o,* flower + *brasiko), ternukso (ter-o,* earth + *nukso,* nut), and *terpomo (ter-o* + *pom-o).*

2. Be careful to pronounce the following correctly:

cepo - "TSEH-po"
fazeolo - "fah-zeh-OH-loh"
maizo - "mah-EE-zoh"

melongeno - "meh-lohn-GHEH-no"
ternukso - "tehr-NOOK-soh"
tomato - "toh-MAH-toh"

5.12 *La familio* (The family)
avo / avino - grandfather, grandmother
edzo / edzino - husband, wife
filo / filino - son, daughter
frato / fratino - brother, sister
kuzo / kuzino - male cousin, female cousin
nepo / nepino - grandson, granddaughter
nevo / nevino - nephew, niece
onklo / onklino - uncle, aunt ("OHN-kloh", "ohn-KLEE-noh")
patro / patrino - father, mother

Noto: As you see, the use of the *-in-* suffix reduces the number of vocabulary words needed to talk about the family. There are Esperanto-speakers who resent the male-based structure of the language. Some have proposed a new suffix, *-ab-*, as the masculine equivalent of *-in-*. Under this system, *patro* would mean "parent," *patrabo*, "father," and *patrino*, "mother." The proposal has not met with much success in *Esperantolando*.

Praktiko

5.13 *Kiu estas tiu familiano?* See if you can name the family member based upon the following information.
1. La frato de mia patro estas mia....
2. Mia onklino estas la...de mia patrino.
3. Mia patro estas la...de mia avo.
4. La filo de mia onklo estas la...de mia patrino.
5. La edzino de la patro de mia patrino estas mia....
6. La filinoj de la fratino de mia patro estas miaj....

La Gramatiko

5.14 Esperanto uses several little words to hook sentence parts together, we can call them "connectors" and not worry for the moment about their exact classification. Here are some of the most important:
kaj - and: *Acuo kaj Kanae danças kaj kantas.*
aŭ - or: *Acuo dancas aŭ kantas.*

nek - neither: *Kanae ne dancas, nek Acuo.*

When these three words occur doubled, the meanings are "both...and," "either...or," "neither...nor":

Miko kaj dancas kaj kantas. Miko both dances and sings.

Aŭ Maria aŭ Petko scias. Either Maria or Petko knows.

Mi konas nek ŝin nek lin. I know neither her nor him.

Some further connectors are:

ke - that: *Mi scias, ke vi multe studas.*

sed - but: *Miko legas, sed Maria skribas.*

The little word *ke* represents the "that" in English that is often omitted: "He says (that) he is coming." In Esperanto, we must *always* use this connector if no other connector is present. Notice that *ke* is usually set off by a preceding comma.

5.15 As we mentioned above, Esperanto also has a small group of *primary adverbs*. When creating the language, Dr. Zamenhof thought it necessary to provide some adverbs with an invariable ending, *-aŭ*. This ending cannot be removed and replaced by other endings. If we wish to alter these words, we must *add* other endings to the *-aŭ*. Here is a list of these words:

adiaŭ - farewell!	*hieraŭ* - yesterday
almenaŭ - at least	*hodiaŭ* - today
ankaŭ - also, too	*kvazaŭ* - as if
ankoraŭ - still, yet	*morgaŭ* - tomorrow
apenaŭ - scarcely, hardly	*preskaŭ* - almost
baldaŭ - soon	

To demonstrate how these words differ from other Esperanto roots, consider that to form a verb from *registro* (registration), we remove the *-o* and replace it with *-i*: *registri* (to register). With *adiaŭ*, however, we *add* the ending to the whole word: *adiaŭi* (to bid farewell). Here are some more examples:

hodiaŭaj novaĵoj - today's news

hieraŭa koramiko - yesterday's boyfriend

baldaŭa rendevuo - an up-coming date

Noto: Be sure to accent the right syllable in *adiaŭ*: "ah-DEE-ow".

5.16 *Prepositions* form the other category of words to which we add endings without changing the final letter. In the following examples, we will create adverbs from prepositions:

antaŭ - in front of > *antaŭe* - forward

ekster - outside of > *ekstere* - externally

sub - under > *sube* - below

5.17 When we think of translation, we often say we are translating from one language *into* another. As you may suspect, Esperanto expresses this idea of *into* by attaching the accusative "n" to the adverb:

Paŭlo tradukas mian libron Esperanten. "Paul is translating my book into Esperanto."

Elena tradukas el Esperanto anglen, francen, kaj hispanen. "Elena translates out of Esperanto into English, French, and Spanish."

From this usage, it is only a short step to understanding how many adverbs can be used with the accusative "n". If we take *hejm-o* (home) and *antaŭ* (in front of) as examples, we can create the adverbs *hejme* (at home) and *antaŭe* (forward).

Mi deziras iri hejmen. I want to go home (that is, *to* a place which is at home).

La kato saltas antaŭen. The cat jumps forward (*to* a place which is forward of its previous position).

Ni iras malantaŭen! We are going backward (*to* a place which is behind our previous position)!

Noto: Although Dr. Zamenhof made special arrangements to show *motion toward* (the use of the accusative), he chose to show *motion away from* by the use of *de* (from) or *el* (out of): *La kato saltas sur la tablon. La kato saltas de sur la tablo. La kato saltas en la akvon. La kato saltas el la akvo.*

5.18 When we want to say what *order* something is in, such as "first," "second," "third," and so on, we add the adjective ending *-a* to the number:

unu > *unua* ("oo-NOO-ah") - first
du > *dua* ("DOO-ah") - second
tri > *tria* ("TREE-ah") - third
kvar > *kvara* ("KVAH-rah") - fourth
kvin > *kvina* ("KVEE-nah") - fifth

Since these are now adjectives, they can have *plural* forms and take the accusative *-n*:

La unuaj lecionoj estas facilaj. ("oo-NOO-ay")
Ĉu vi komprenas la trian legaĵon? ("TREE-ahn")

5.19 This same adjective ending (*-a*) can be added to the pronouns you learned to create *possessives*:

mi > *mia* ("MEE-ah") - my
vi > *via* ("VEE-ah") - your
li > *lia* ("LEE-ah") - his

ŝi > *ŝia* ("SHEE-ah") - her
ĝi > *ĝia* ("JEE-ah") - its
ni > *nia* ("NEE-ah") - our
ili > *ilia* ("ee-LEE-ah") - their
These words, too, can have a plural and accusative ending:
Miaj fratoj estas hejme. My brothers are at home.
Ĉu vi konas ŝian onklinon? Do you know her aunt?
Petro havas iliajn musojn. Petro has their mice.
5.20 The possessive adjectives mentioned above may also be used as *possessive pronouns*, that is, they may occur without a following noun:
Ĉu tiu estas lia kuzo? Ne, mia. Is that his cousin? No, [it's] mine.
Mi havas tri musojn. Jen via. I have three mice. Here's yours.
5.21 Now we can look at another useful suffix, *-uj-*, "container for whatever the root word means." Using the root *fiŝ-* (fish), we can create the word *fiŝujo* ("fee-SHOO-yoh") , "a container for fish." Here are some examples:

frid-a - cold > *fridujo* - refrigerator
abel-o - bee > *abelujo* - beehive
mon-o - money > *monujo* - purse
pan-o - bread > *panujo* - bread box
river-o - river > *riverujo* - river bed
suker-o - sugar > *sukerujo* - sugar bowl
ban-i - to bathe > *banujo* - bathtub
kned-i - to knead > *knedujo* - kneading trough

As with the suffixes *-ej-* and *-il-*, words formed using *-uj-* are often rather vague, unless usage has assigned them a specific meaning as in the case of *fridujo*. A *monujo*, for example, could just as well be a piggy bank as a purse. In such cases, other words such as *kesto* (chest), *poto* (pot), and so on, can be used to make the meaning clear.

Finally, the word *ujo* itself is very useful. You can use it to refer to *any* container: *Kio estas en tiu ujo?* (What's in that container?).
5.22 Besides suffixes, Esperanto also makes use of *prefixes*. When you learned the words for relatives, you saw how the suffix *-in-* made it easy to talk about the women in the family: *onklo* > *onklino*. But what do we do if we want to say "uncles and aunts," "sisters and brothers," "husband and wife"? We could say *onkloj kaj onklinoj*, but there is an easier way. We use the prefix *ge-*: *geonkloj* ("gheh-OHN-kloy") . This prefix means "both sexes of the root word." Here are some examples:

109

geavoj - grandparents
geedzoj - husband and wife; spouses
gefratoj - brothers and sisters; siblings
gepatroj - parents
gesinjoroj - ladies and gentlemen; Mr. and Mrs.

We can use *ge-* to ask questions about someone's family, as in the following exchanges.

Ĉu vi havas gefratojn? Jes, unu fraton kaj du fratinojn.

Do you have siblings? Yes, one brother and two sisters.

Ĉu viaj gepatroj loĝas kun vi? Mia patrino, jes, sed mia patro estas tute freneza, kaj loĝas en frenezulejo.

Do your parents live with you? My mother, yes, but my father is quite mad and lives in an asylum.

Notoj:

1. The word to which the prefix *ge-* is attached will necessarily be in the plural: *geesperantistoj* ("gheh-eh-speh-rahn-TEE-stoy") .

2. The compound *frenezulejo* is made up of *frenez-a*, crazy + *-ul-* + *-ej-* + *-o*: "a place for the possessors of craziness."

5.23 Another useful prefix is *ek-*. This prefix emphasizes the *first moment* of an action. It shows that the action is *sudden* or *momentary*:

brili - to shine > *ekbrili* - to flash
dormi - to sleep > *ekdormi* - to fall asleep
flugi - to fly > *ekflugi* - to take wing
iri - to go > *ekiri* - to start off
plori - to cry > *ekplori* - to burst out in tears
ridi - to laugh > *ekridi* - to burst out laughing
salti - to jump > *eksalti* - to jump from being startled

If you want to tell someone to hurry up, in Esperanto a simple *Ek!* will do. Similarly, *Ni ekdormu!* is an exhortation: "Let's get to sleep!"

5.24 Besides the prefix *ek-*, several adverbs are used to tell us more about the nature of the activity expressed by the verb.

1. *Ankoraŭ* ("ahn-KOH-row", still, yet) tells us that the action of the verb continues on unchanged:

La infano ankoraŭ dormas. The child is still sleeping.

Ĉu vi ankoraŭ studas? Are you still studying?

2. *Daŭre* ("DOW-reh", continually) emphasizes the continuing nature of the action. Compare the following:

Ŝi ankoraŭ frapas ĉe la pordo. She is still knocking at the door.

Ŝi daŭre frapas ĉe la pordo. She continues to knock and knock and knock at the door.

3. *Denove* ("deh-NOH-veh", once again) shows us that an action occurs again after a lapse.

Ŝi denove frapas ĉe la pordo. She is knocking at the door again (after having stopped to rest for a bit).

Mi denove studas Esperanton. I am studying Esperanto again (after dropping it for awhile).

4. *Jam* ("yahm", already) tells us that the action is already occurring.

Ili jam manĝas. They are already eating.

Ili jam estas pretaj. They are already ready.

To get a better feel for these four words, look at the following sentences.

La infanoj ankoraŭ dormas. The children are still sleeping (they have not awakened).

La infanoj daŭre dormas. The children sleep on and on and on (they continue to sleep).

La infanoj denove dormas. The children are sleeping again (after having awakened to ask for water, etc.).

La infanoj jam dormas. The children are already asleep.

5.25 To connect an expression of *quantity* to a following noun, we often use the preposition *da*:

Donu al mi du kilogramojn DA pomoj.

Ĉu vi deziras tason DA kafo?

We use *da* to connect a quantity to an *indefinite* noun. When we ask "Do you want a cup of coffee?", we are not specifying any particular coffee, so we can use *da*. On the other hand, if we should ask "Do you want a cup of my world-famous coffee?", then we have a *specific* brew in mind. In this case, we will use the preposition *de*:

Ĉu vi deziras tason de mia mond-konata kafo?

Donu al mi du kilogramojn de tiuj ruĝaj pomoj.

In the second sentence above, we have now *specified* which apples we want, and so use *de*. To help you remember the distinction, look at the following formulas:

da: a cup of *coffee* (indefinite)

de: a *cup* of that coffee (definite)

5.26 The question of *definite/indefinite* also arises in the correct use of *kio* and *kiu*. Basically, *kio* means "what?" and *kiu* means "which?". When we ask *Kio estas tio?*, we have no idea what the thing is. We are playing "name that -*o*"! But when we ask *Kiu libro estas tiu?*, we already know that the object is a book. Now we want to know *which* book it is.

By convention, when *kiu* appears in a question without a following noun (*Kiu estas tiu? Kiu parolas Esperanton?*) it means "who?"; we pretend that the noun *persono* follows, so that the full meaning is "which person?".

5.27 The answering words to *kio* and *kiu* are *tio*, "that thing", and *tiu*, "that one".

> *Kio estas tio? Tio estas seĝo.*
> *Kiu estas tiu? Tiu estas la instruisto.*
> *Kiu kato estas tiu? Tiu estas mia kato.*

5.28 *Kio/tio, kiu/tiu* may have the accusative *-n* if they are used as objects in the sentence:

> *Kion vi deziras?*
> *Tion mi ne komprenas.*
> *Kiun katon vi preferas?*
> *Ŝi ofte legas tiun gazeton.*

5.29 Both *kiu* and *tiu* may also have plural forms:

> *Kiuj vestoj plaĉas al vi?*
> *Marko loĝas kun tiuj studentoj.*
> *Kiujn ĉemizojn vi aĉetas?*
> *Ili deziras tiujn grandajn sandviĉojn.*

Kio and *tio* do not customarily have plural forms. Their indefinite nature allows these words to encompass both singular and plural in one form:

> *Viziti aliajn landojn, esplori famajn muzeojn, tio plaĉas al mi!*

5.30 *Tiu* means "that one." To say "this one," we use the little word *ĉi* ("chee") either in front of or behind *tiu*: *ĉi tiu* ("chee-TEE-oo") or *tiu ĉi* ("TEE-oo-chee") ; in the plural, *ĉi tiuj* ("chee-TEE-oo-ee") or *tiuj ĉi* ("TEE-oo-ee-chee") . The arrangement which preserves the word-accent of Esperanto is *ĉi tiu/ĉi tiuj*. Of course, given human nature, *tiu ĉi/tiuj ĉi* seem to occur more frequently. It is incorrect to use only *ĉi*; *tiu* must occur with it.

> *Kiuj gazetoj estas tiuj ĉi? Tiuj ĉi estas miaj; tiuj estas la gazetoj de Maria.*
> *Ĉi tiu aŭto estas tiu de Maria.*

Ekzercaro

5.31 Select a *primary adverb* from 5.15 for each of the following sentences. Try using a several different choices for each sentence, and think about how the meaning changes.

1. Ŝi parolas Esperanton.
2. La musojn kaptas la kato.
3. Ĉe-Daŭo legas kvar librojn ĉiun semajnon.
4. Dek ok kilometrojn la knaboj marŝas.

5.32 Put the correct form of the suggested *ordinal number* (*unua, deka, ktp.*) into the blank in the sentence:

1. La .... leciono estas tre facila. (3)
2. Petro legas la .... ĉapitron. (8)
3. La .... edzino de Ĵako estas ĉarma. (4)
4. Nur la .... kvar lecionojn mi legis. (1)
5. Mia .... hundo nomiĝas Komo. (18)

5.33 Put the correct form of the suggested *possessives* (*mia, via, ktp.*) into the following sentences:

1. Ĉu vi havas .... lernolibrojn? (mia)
2. Kanjo amas .... katon. (ilia)
3. .... gefratoj bone ludas pianon. (via)
4. Ni vespermanĝas kun .... amikino. (ŝia)
5. Niko deziras aĉeti .... domon. (nia)

5.34 In order to practice choosing the correct *possessive*, answer the following questions:

1. Ĉu vi konas mian patrinon?
2. Ĉu vi ametas la hundon de Petro?
3. Ĉu la domo de Maria plaĉas al vi?
4. Ĉu tiuj estas la ludiloj de la infanoj?
5. Ĉu vi lunĉas kun viaj amikoj?

5.35 Try using the suffix *-uj-* (holder for) to create nouns from the following roots, then think of what the word would mean in English:

1. *fajr-o* - fire   6. *paper-o* - paper
2. *ink-o* - ink   7. *sup-o* - soup
3. *sal-o* - salt   8. *lav-i* - to wash
4. *te-o* - tea   9. *pist-i* - to pound
5. *plant-o* - a plant   10. *flor-o* - flower

5.36 Because of your exemplary work in Esperanto, you have been invited to address the following audiences in the International Language. As you begin your speech, be sure to start with estimataj ge, using the prefix *ge-* to address both sexes in your audience. Example: *esperantisto > Estimataj geesperantistoj!*

1. samideano   5. sinjoro
2. kuracisto   6. amanto
3. patro   7. maljunulo
4. filo   8. kamarado

5.37 Using *ek-* (sudden action, beginning of action), create a verb and a noun from the following roots, then try to find an English translation for both. You will soon see another case where Esperanto provides a clearer transformation than English. Example: *bril-* (shine) > *ekbrili* (to flash), *ekbrilo* (a flash)

1. *brul-* (burn)
2. *flor-* (flower)
3. *kant-* (sing/song)
4. *plor-* (cry)
5. *vid-* (see/sight)

5.38 As you saw in 5.25, Esperanto makes a careful distinction between *da* and *de*, *de* being used before *defined* quantities. Try to use the correct preposition in each of the following sentences:

1. Ĉu vi deziras tason...kafo?
2. Ĉu vi deziras tason...tiu kafo el Sud-Ameriko?
3. Grupoj...niaj infanoj ludas antaŭ la lernejo.
4. Grupoj...infanoj ludas antaŭ la lernejo.

5.39 Remember that we use *kio* when asking about things, *kiu* when asking about people, but *kiu* before a noun, whether referring to an object or a person. Try inserting the correct form (*kio[n], kiu[j][n]*) in each of the following sentences:

1. ...estas tio?
2. ...ĵurnaloj estas sur la tablo?
3. ...estas la nuna prezidento de Usono?
4. ...vi faras hodiaŭ?
5. ...parolas per telefono kun Sinjoro Bruno?
6. ...novajn vestojn vi ŝatas?

5.40 Now try using the correct form of *tiu(j)(n)* in each sentence. Once you have done that, try rewriting the sentences using *ĉi*:

1. Ĉu vi konas...virinojn?
2. Kiom kostas...libro?
3. Mi ofte vizitas ĉe...geamikoj.
4. ...ĵurnalon mi ne ŝatas legi.
5. ...knabo ne konas...knabinojn.

Legaĵoj

5.41 *Kia ampoleto!*
Sinjorino kuras en kuracejon, kaj ekscite parolas al la kuracisto:
"Doktoro, mia edzo pensas, ke li estas fridujo!"

114

"Ho! Ne maltrankviliĝu, kara sinjorino," flegme respondas la kuracisto. "Ĉi tiu frenezaĵo ne estas danĝera. Forgesu ĝin."

"Bone," hezite respondas la sinjorino, "sed kiam mia edzo dormas, li malfermas la buŝon, kaj tiu ampoleto ĉiam vekas min!"

Vortolisteto:

kia…!	- what a…!
ampol-et-o	- small light bulb
kur-i	- to run
kurac-ej-o	- medical office
ekscit-e	- excitedly ("ehks-TSEE-teh")
kar-a	- dcar
flegm-e	- calmly
frenez-aĵ-o	- concrete example of craziness
hezit-e	- hesitantly
kiam	- when ("KEE-ahm")
buŝ-o	- mouth
ĉiam	- always ("CHEE-ahm")
vek-i	- to wake up

Demandaro:

1. Ĉu la sinjorino kuras en muzeon?
2. Kiel la sinjorino parolas al la kuracisto?
3. Kiu malsanas?
4. Kian ideon strangan la malsanulo havas?
5. Ĉu la malsanaĵo estas danĝera?
6. Kio daŭre vekas la edzinon?

5.42 *Valora kokino!*

Alia kliento eniras la kuracejon kaj alparolas la saman bonan kuraciston:

"Doktoro, mia filo pensas, ke li estas kokino!"

"Ĉu vere? Ekde kiam?"

"Ekde jam tri jaroj, Doktoro!"

"Kio? Kial do vi venas nur nun por konsulti min?"

"Nu, ni daŭre bezonas la ovojn!"

Vortolisteto:

valor-a	- valuable
kok-in-o	- hen (*koko*, rooster)
al-parol-i	- to speak to, to address
sam-a	- same
ekde kiam?	- since when?
jar-o	- year
kial	- why? ("KEE-ahl")

nur   - only, just ("noor")
nun   - now ("noon")
bezon-i   - to need
ov-o   - egg

Demandaro:
1. Nun, kiu alparolas la kuraciston?
2. Kion la filo pensas?
3. Kion kokino donas al ni?
4. Ekde kiam la filo havas tiun ĉi strangan ideon?
5. Kion la kliento kaj la familio daŭre bezonas?

5.43 *Forgesemo*

Nun alia kliento venas al la kuracejo por konsulti la afablan kuraciston:

"Doktoro, mi tre maltrankviliĝas pri mia problemo!"

"Kaj kian problemon vi havas, kara sinjoro?"

"Mi forgesas ĉion!"

"Do, ekde kiam vi suferas pri tiu ĉi problemo?"

"Pri kiu problemo, Doktoro?"

Vortolisteto:
forges-em-o   - forgetfulness
afabl-a   - kind, affable

Demandaro:
1. Se *forgesemo* signifas "forgetfulness," kion signifas *dormemo*? Kaj *laboremo*?
2. Kia estas la kuracisto?
3. Ĉu la kliento estas trankvila?
4. Kian problemon li havas?
5. Ekde kiam la kliento suferas pri tiu ĉi problemo? Ĉu la kliento scias? (*Li estas forgesema.*)

5.44 *Konsilo neriproĉebla!*

Jen la fina kliento de longa kuraceja tago, kiu nun parolas kun la kompatinda kuracisto!

"Doktoro, kion mi faru? Doloras mia brako, kiam mi faras ĉi tion!"

"Do, tion ne faru!"

Vortolisteto:
konsil-o   - advice
ne-riproĉ-ebl-a   - irreproachable
fin-a   - final, last
kompat-ind-a   - poor (worthy of our pity)
dolor-i   - to hurt
brak-o   - arm

Demandaro:
1. Ĉu la kuracisto laboras malmultajn horojn?
2. Kio doloras al la suferanto?
3. Kiam la brak-doloro okazas?
4. Kiun konsilon la kuracisto donas al la kliento?
5. Kion oni riproĉas al tiu ĉi konsilo?

5.45 *Blondharulino kaj la tri Ursoj* - Kvara Parto

Blondharulino eniras la manĝoĉambron. Ŝi vidas la tablon kaj, sur la tablo, tri suptelerojn: unu grandan, alian mezgrandan, kaj la trian, malgrandan. En la teleroj, la knabino vidas bonan supon. Ĉar ŝi deziras manĝi supon, Blondharulino prenas la grandan kuleron antaŭ la granda telero, kaj gustumas. Aj! Ĝi estas multe tro varmega! Do, la knabino gustumas la supon en la mezgranda suptelero: ba! ĝi estas tute malvarmega. Fine, Blondharulino gustumas la supon en la malgranda suptelero. Ho! Ĝi estas perfekta! Kaj la knabino tute manĝas la supon.

Vortolisteto:

ĉar	- because, since
gust-um-i	- to taste (something)
kuler-o	- spoon
manĝo-ĉambr-o	- dining room
sup-teler-o	- soup plate
teler-o	- plate

5.46 *Blondharulino kaj la tri Ursoj* - Kvina Parto

Post la manĝado, Blondharulino deziras dormeti. Do ŝi eniras la ursan dormoĉambron. Estas tri litoj en la dormoĉambro: granda, mezgranda, kaj malgranda. Komence, la knabino kuŝas en la granda lito, sed ĝi estas tro malmola. Sekve, ŝi kuŝas en la mezgranda lito, sed ĝi estas tro mola. Fine, ŝi kuŝas en la malgranda bebolito. Ah! Ĝi estas perfekte komforta! Post kelkaj minutoj, Blondharulino dormas profunde. Bedaŭrinde, la dormantino ne scias, ke la tri ursoj revenas al la domo.

Vortolisteto

bedaŭrind-e	- unfortunately ("beh-daw-REEN-deh")
dorm-ant-in-o	- the sleeping female
dormo-ĉambr-o	- bedroom
kelk-a	- some
komenc-e	- at first, in the beginning
kuŝ-i	- to lie down
lit-o	- bed
post	- after
profund-e	- deeply

5.47 *Blondharulino kaj la tri Ursoj* - Sesa Parto

Patro Urso estas antaŭ la pordo de la ursa domo. Li flaras la aeron. "Atendu!" li diras al la familio. "Mi flaras knabinon!" "Ne diru volapukaĵon!" respondas Patrino Urso. "Ni eniru, kaj ni manĝu!"

En la salono, Patro Urso flaras la seĝon. Denove, li anoncas, ke li flaras knabinon.

"Vi pravas!" respondas Patrino Urso, kiu nun flaras la mezgrandan brakseĝon. "Mi ankaŭ flaras knabinon!"

Sed Bebo Urso komencas plori. "Rigardu mian seĝeton!" li diras. "Ĝi estas rompita!"

La tri ursoj eniras nun la manĝoĉambron. Patro Urso flaras la supon en la granda suptelero: "Knabino!" li krias. Kaj Patrino Urso ankaŭ flaras la supteleron, kaj diras: "Jes, knabino!"

Bebo Urso vidas, ke ne estas supo en la malgranda suptelero, kaj denove komencas plori.

"Ĉit!" diras Patro Urso, kiu flaras la pordon de la dormoĉambro. "Ni rigardu en la dormoĉambro!"

Vortolisteto:

aer-o	- air
anonc-i	- to announce
atend-i	- to wait (for)
ĉit!	- shhh! shush!
flar-i	- to smell (something); to sniff
plor-i	- to cry (tears)
romp-it-a	- broken

5.48 *Blondharulino kaj la tri Ursoj* - Sepa Parto

Patro Urso flaras la grandan liton, kaj Patrino Urso la mezgrandan. Ili ambaŭ konkordas: "Knabino!" Nun, Bebo Urso krias: "Ho, rigardu, kio estas en mia liteto!"

La tri ursoj rigardas la dormantan Blonharulinon. "Kiu vi estas?" kriegas Patro Urso. Kaj la knabino vekiĝas.

"Terura afero!" ŝi krias, ĉar ŝi nun vidas la tri ursojn. "Ah! Savu min!"

Kaj Blondharulino kuras inter la ursoj, iras rapidege al la pordo de la ursa domo, kaj malaperis malantaŭ la multaj arboj de la densa arbaro.

Patrino Urso rigardas la malaperantan knabinon. "Mi deziras scii," ŝi diras al Patro Urso, "ĉu al ŝi plaĉas la supo!"

Vortolisteto:

ambaŭ	- both
arb-o	- tree
inter	- among, between

ir-i	- to go
konkord-i	- to agree
nun	- now
sav-i	- to save
vek-iĝ-i	- to awake

La Kulturo

5.49 Some further abbreviations (*pluaj mallongigoj*) you may encounter when reading Esperanto periodicals are:

a.K.	- antaŭ Kristo (B.C.)
bv.	- bonvolu (please)
D-ro	- doktoro
ekz., or *ekz-e*	- ekzemple (for example)
ges.	- gesinjoroj (Mr. and Mrs.)
k	- kaj
n-ro	- numero
p/a	- per adreso (in care of; c/o)
s-ano	- samideano (fellow Esperantist)

5.50 If you are interested in stamps and stamp collecting, then *Esperantolando* has a lot for you. Starting with the *Komisiito pri Poŝtmarkvendado* (Commissioner for Stamp Sales) of UEA, who oversees the recording and merchandising of stamps with Esperanto themes around the world, the amateur philatelist will find sources and markets unavailable to those who know no Esperanto.

119

There is also the independent *Esperanto-Ligo Filatelista* (ELF) which sends out a quarterly catalogue of Esperanto stamps, and maintains a stamp bank to encourage trading of Esperanto-related stamps. For more information, write (including an International Reply Coupon) to:

Esperanto-Ligo Filatelista
p/a I. Paulsson
Skytteholmsvaegen 29.I.
SE-171 44 Solna
SWEDEN

5.51 We have already mentioned the venerable *Heroldo de Esperanto*, the independent bi-monthly Esperanto newspaper, but the Esperanto press has many other offerings as well.

El Popola Ĉinio (From People's China) is an attractive magazine from the People's Republic of China, filled with color photos and interesting articles. A recent issue contained stories on archeology, health-care, economics, the wine harvest, and a proposed itinerary for travelers. On the back cover were color photos of a series of stamps featuring the gardens of Suzhou. For the readers' convenience, the contents page carries a map of China with the places mentioned in various articles identified by numbers and names.

To receive information about subscribing to this magazine, write to: El Popola Ĉinio, Ĉina Esperanto-Ligo, P.O. Kesto 77, Beijing, Ĉhina. Or you can also ask ELNA about the magazine.

Monda Forumo, founded in 1991, is the official magazine of the Esperantist-UNESCO Association, and appears quarterly. It contains articles about world cultures, education, and science. For information, contact Mark Fettes, #3-332 Cumberland Street, Ottawa, Ontario, Canada K1N 7J2 (tel. 613-562-0785)

Monato is a monthly newsmagazine dedicated to informing the Esperanto speaking community about events beyond the international language movement. Each copy runs to about forty pages with many photos and articles. For subscriptions (around $28 a year), write to ELNA.

5.52 The *Universala Esperanto Asocio*, realizing that young people are the future of Esperanto, created a Youth Section, called TEJO (*Tutmonda Esperantista Junulara Organizo*). The goals of TEJO are to create solidarity and friendship among young people of different countries, and to inform young people about Esperanto.

Leciona Vortolisto

ambaŭ	- both
ankoraŭ	- still
atend-i	- to wait for
bedaŭr-i	- to regret, be sorry about
bestoĝarden-o	- zoo
bon-eg-e	- really good!
ĉe	- at
da	- (quantity) of
daŭr-e	- continually
daŭr-i	- to endure, last
demand-i	- to ask
demand-o	- question
denove	- again
ek-	- sudden/beginning action (prefix)
ekde kiam	- since when

121

facil-a	- easy
famili-an-o	- family member
feliĉ-e	- happily
flor-o	- flower
flug-haven-o	- airport
fot-o	- photo(graph)
frap-i	- to strike, hit
frenez-a	- crazy
fru-a	- early
frukt-o	- fruit
ĝarden-o	- garden
gazet-o	- magazine, periodical
ge-	- both sexes together (prefix)
hejm-e	- at home
hejm-en	- homeward
hejm-o	- home
infan-o	- child
jam	- already ("yahm")
jun-a	- young
kaf-ej-o	- cafe
kar-a	- dear
karot-o	- carrot
kelner-o	- waiter
kiel longe	- for how long
kiom-jar-a	- how old
kontent-a	- happy
lecion-o	- lesson
legom-o	- vegetable
lit-o	- bed
loĝ-i	- to live (in a place)
mar-bord-o	- seaside
mebl-o	- furniture
mult-a	- many
muze-o	- museum
nek	- neither (nor)
pardon-i	- to pardon
piz-o(j)	- pea(s)
pom-o	- apple
pret-a	- ready
rapid-a	- rapid, quick
rendevu-o	- meeting, date

roz-o	- rose
salt-i	- to jump
san-a	- healthy
san-o	- health
sed	- but
skatol-o	- box
sovag-a	- wild
spinac-o	- spinach
star-i	- to stand, be standing
ŝerc-i	- to joke
traduk-i	- to translate
trankvil-a	- calm
tro	- too
tut-e	- completely, entirely
-uj-	- container/holder for (suffix)
vesper-o	- evening

Angla-lingva traduko de la konversacioj:

5.1 Little Bettina has many questions!

B: "Marko, what is that?"

M: "That is a rose."

B: "What is a rose?"

M: "A rose is a flower."

B: "Is an apple a flower?"

M: "No, Bettina. An apple is not a flower. An apple is a fruit."

B: "Carrots and peas are not fruits, right?"

M: "You are right. They are both vegetables."

B: "Good. So, what are dogs and cats?

M: "Dogs and cats are furniture!"

B: "Ha! You're joking, Mark! A chair is furniture, a table is furniture, a bed is furniture, but dogs and cats are not furniture!"

M: "Evidently, you are too intelligent for me! Dogs and cats are animals. So, flowers are in the garden, and wild animals are in...?"

B: "Easy! They are in the zoo."

M: "Excellent!"

5.2 Susan and Husein are looking at family photos.

S: "Oh, look, Husein! Is that boy you?"

H: "Yes, I am with my brother and my two sisters."

S: "And here's a photo of me with my father. Do you have a photo of your father?"

H: "Yes, here's my father. He is standing with my mother. My parents are in the garden."

S: "I see your brother in that photo. Who is that with him?"

H: "That is his wife, Yasmina. And with them are her sisters and parents. Do you have a photo of your sister?"

S: "Yes, look. She is sitting in an airport with me."

H: "What is in the other box? Other photos?"

S: "Yes. In the box my parents have many photos. Their photos are old. I know only a few family members."

5.3 Elena and Sophia are speaking about the family.

E: "How old are you now, Sophia?"

S: "I am twenty-eight years old. And you?"

E: "Woe is me! I am already a thirty-five year old woman!"

S: "Don't be upset about that! You are still young! How old is your brother Max?"

E: "He is forty. Are your parents in their eighties?"

S: "Certainly not! My mother is only sixty-nine, and my father is seventy-three."

E: "And they are both in good health, right?"

S: "Yes, happily, they are in very good health."

5.4 Che-Dao is late for a date with the charming Michelina in a cafe. She is not very happy.

C: "Good evening, Michelina! Pardon me, please, for being late!"

M: "Oh! Here you are at long last!"

C: "Dear one, how long have you been waiting for me?"

M: "Sufficiently long, late one! Already for thirty minutes I have been waiting for you!"

C: "Woe is me! I truly regret that, charming one. Do you want coffee?"

M: "I am already waiting for my coffee, thanks."

C: "Since when?"

M: "Already ten minutes! The waiters in this cafe are also slow!"

6. LA SESA LECIONO
Konversacioj

6.1 *Fredo kaj Lilio loĝas en spaco-kolonio, kiu orbitas la lunon. La jaro estas 2056 (du mil kvindek ses). De observejo ili rigardas la nigran stelplenan ĉielon, kaj atendas la foriro de nova kosmoŝipo, la Esploranto Kvin.*

F: "Kiuj steloj estas tiuj?" ("KEE-oo-ee")

L: "Tiuj estas la Plejadoj." ("TEE-oo-ee")

F: "Ĉu tiuj lumoj sur la luno estas Nova Kjoto?"

L: "Jes, vi pravas! Kaj jen la lumoj de Bazo Tri, la nordamerika kolonio."

F: "Rigardu, Lilio! Ĉu vi vidas tiujn lumetojn, kiuj nun brilas en spaco? Kio estas tio?"

L: "Tiuj lumetoj montras la lokon de servoŝipetoj, kiuj nun revenas de ĉirkaŭ la kosmoŝipo *Esploranto*. Rigardu vian brakhorloĝon. Kiom da minutoj restas antaŭ la foriro?"

F: "Nur kelkaj sekondoj, Lilio!"

L: "Ha! Vidu! Ekbrilas nova stelo!"

F: "Jes, la *Esploranto* komencas la longegan vojaĝon!"

Vortolisteto:

kiu-j	- which ones
tiu-j	- those
spac-o	- (outer) space ("SPAH-tsoh")
orbit-i	- to orbit
lun-o	- the moon
observ-i	- to observe
stel-plen-a	- full of stars (*stel-o* + *plen-a*)
ĉiel-o	- sky ("chee-EH-loh")
for-ir-o	- departure (*for*, away, + *ir-o*, a going)
kosmo-ŝip-o	- spaceship
La Plejad-oj	- The Pleiades
lum-o	- light
sur	- on
bril-i	- to shine
ĉirkaŭ	- around
brak-horloĝ-o	- wristwatch (*brak-o*, arm, + *horloĝ-o*, clock)
ek-bril-i	- to flash (*ek* + *brili*)

Demandaro:
1. En kiu jaro la konversacio okazas?
2. Ĉu la spaco-kolonio orbitas la teron?
3. Kiel la spaco (aspektas de la observejo? Ĉu blua? *aspekti-* to have the appearance)
4. Kion Fredo kaj Lilio atendas?
5. Kio estas la Esploranto Kvin?
6. Kio estas *Bazo Tri*?
7. Kiujn lumetojn Fredo vidas en spaco?
8. Kion Fredo rigardas por scii, kiom da minutoj restas antaŭ la foriro de la kosmoŝipo?

6.2 *Televida ĵurnalisto* (Ĵ) *intervjuas maljunan pioniron* (P) *de la Asteroida Kolonio Alfa.*

Ĵ: "Kiel vi nomiĝas, Sinjoro?"

P: "Mi nomiĝas Samŭelo Kaŝĉefsko." ("sahm-WEH-lo")

Ĵ: "Kiel longe vi laboras en la kolonio?"

P: "Jam dum kvardek tri jaroj."

Ĵ: "Kiomjara vi estas, Sinjoro Kaŝĉefsko?"

P: "Mi nun estas sesdek-dujara."

Ĵ: "Ekde kiam vi loĝas ekster la tero?"

P: "Ekde mia naskiĝo! Efektive mi naskiĝis en Tera Kolonio Zeta. Mia patrino estis piloto inter la orbitaj kolonioj kaj la tera luno."

Ĵ: "Ĉu vere?"

P: "Jes, kaj ekde mia naskiĝo mi loĝas en spaco."

Ĵ: "Fine, kiom da jaroj restas antaŭ via emeritiĝo?"

P: "Multaj, mi esperas! Mi ne deziras emeritiĝi!"

Vortolisteto:

televid-a	- television
intervju-i	- to interview ("een-tehr-VYOO-ee")
kiel longe	- for how long (kee-ehl-LOHN-gheh")
ekde	- since
ekster	- outside
ter-o	- Earth
naskiĝ-o	- birth ("nahs-KEE-joh")
naskiĝ-i	- to be born
inter	- between
emerit-iĝ-o	- retirement ("eh-meh-ree-TEE-joh")

Demandaro:
1. Kiun la ĵurnalisto intervjuas?
2. Kiel la maljunulo nomiĝas?

3. Ĉu S-ro Kaŝĉefsko jam longe laboras en Kolonia Alfa?
4. Kiomjara S-ro Kaŝĉefsko estas?
5. Ekde kiam la maljunulo loĝas ekster la tero?
6. Ĉu S-ro Kaŝĉefsko naskiĝis surtere?
7. Kiun laboron lia patrino faris?
8. Kion S-ro Kaŝĉefsko opinias pri la emeritiĝo?

6.3 *Vasilio maltrankviliĝas pri la malfrua alveno de Doroteo.*

V: "Kioma horo estis, kiam vi telefonis min?"
D: "Estis la sesa, mi kredas. Kial?"
V: "Kaj kiam vi diris, ke mi alvenu ĉe la kinejo?"
D: "Je la sepa kaj dek. Kial vi ekzamenas min, Vasilio?"
V: "Ĉar mi rapide vestis min, kuris al la busa haltejo, prenis poste la subtervojon, kaj alvenis antaŭ la kinejon je la sepa kaj dek!"
D: "Nu, kioma horo estas nun?"
V: "Estas la oka kaj dudek kvar!"

Noto: The preposition *je*, when used with time expressions, means "at." For more about this preposition, see section 6.18.

Vortolisteto:

fru-a	- early
al-ven-o	- arrival (*al*, to + *ven-i*, to come)
hor-o	- hour (*kioma horo*, what time?; *je kioma horo*, at what time?)
estis	- was/were
telefonis	- telephoned, called
kred-i	- to believe
kin-ej-o	- movie theater
je	- indefinite preposition (see note)
kial	- why? ("KEE-ahl")
ĉar	- because, since, for
busa halt-ej-o	- bus stop (*halt-i*, to stop)
post-e	- afterward
sub-ter-voj-o	- subway

Demandaro:

1. Je kioma horo Doroteo telefonis al Vasilio?
2. Ĉu Doroteo deziris, ke li *renkontu* ŝin ĉe busa haltejo? (*renkont-i*, to meet)
3. Ĉu Vasilio estis tute *preta*, kiam Doroteo telefonis? (*pret-a*, ready)
4. Kiel Vasilio surmetis la vestojn?
5. Kiel li iris al la haltejo?
6. Je kioma horo li alvenis antaŭ la kinejon?

7. Je kioma horo Doroteo alvenis?

6.4 *Pasintjare, Jan Dubĉek de la Ĉeĥa Respubliko vizitis afrikajn samideanojn en Zairio. Li havis multajn demandojn pri la vivo-kutimoj de tiu lando. Fakte, li diskutis la tagan rutinon kun Sinjoro Nsimba.*

J:"Je kioma horo vi matenmanĝas, Sinjoro Nsimba?"

N: "Kutime ni prenas la mantenmanĝon je la sepa. Mia edzino ĝin preparas por la tuta familio. Ĉe ni, la matenmanĝo ne estas granda afero."

J: "Kaj je kioma horo vi lunĉas?"

N: "Ofte je la unua, post miaj kunlaborantoj. Mi preferas ne manĝi tro frue."

J: "Ĉu vi vespermanĝas ankaŭ malfrue?"

N: "Ne laŭ niaj kutimoj. Ni prenas la vespermanĝon je la oka."

Vortolisteto:

pas-int-jar-e	- last year
Jan	- "Yahn"
Ĉeĥ-a	- Czech ("CHEH-khah")
vivo-kutimoj	- life-customs
fakt-e	- in fact
diskut-i	- to discuss
rutin-o	- routine (**NOT** *rut-in-o*!)
maten-manĝ-i	- to have breakfast ("morning-eat")
lunĉ-i	- to have lunch (*tagmanĝi*)
post	- after (in time)
kun-labor-ant-o	- fellow-worker
vesper-manĝ-i	- to have dinner ("evening-eat")
laŭ	- following, according to

Demandaro:

1. De kiu lando estis S-ro Dubĉek?
2. En kiu lando li vizitis?
3. Pri kio S-ro Dubĉek demandis?
4. Kun kiu li diskutis?
5. Je kioma horo S-ro Nsimba kutime matenmanĝas?
6. Kaj vi? Ĉu vi matenmanĝas? Je kioma horo?
7. En Zairio, ĉu la matenmanĝo estas granda?
8. Ĉu S-ro Nsimba tagmanĝas kun aliaj laborantoj?
9. Je kioma horo li preferas lunĉi?
10. Kiam S-ro Nsimba kaj la familio kutime prenas la vespermanĝon? Laŭ vi, ĉu estas frue aŭ malfrue? Kial?

6.5 *La malgranda Tibor loĝas en Hungario. Hieraŭ, li havis multajn demandojn pri datoj. Lia patrino aŭskultis kaj respondis.*

T: "Panjo, kia dato estas hodiaŭ?"

P: "Hodiaŭ estas la dudek-tria de novembro."

T: "Kiun tagon ni havis hieraŭ?"

P: "Hieraŭ estis lundo."

T: "Je kiu tago estas la vintra solstico?"

P: "Tiu okazas je la dudek-unua de decembro."("deh-TSEHM-broh")

T: "Je kiu tago estas mia naskiĝtago, Panjo?"

P: "Vi naskiĝis la sesan de aprilo, Tiĉjo."

T: "En kiu jaro, do?"

P: "Vi naskiĝis en mil naŭcent okdek naŭ."

T: "En kiu monato vi naskiĝis, Panjo?"

P: "Mi naskiĝis en januaro."

T: "En kiu jaro, Panjo?"

P: "Mi ne memoras, Tiĉjo. Ĉu vi ne deziras bombonon?"

Vortolisteto:

hieraŭ	- yesterday ("hee-EH-row")
aŭskult-i	- to listen [to]
panj-o	- mommy ("PAHN-yoh")
dat-o	- date (on a calendar)
vintr-o	- winter
solstic-o	- solstice ("sohl-STEE-tsoh")
nask-iĝ-tag-o	- tago, kiam oni naskiĝis
Tiĉj-o	- pet name for Tibor ("TEECH-yoh")
monat-o	- month
memor-i	- to remember

Demandaro:

1. Ĉu Tiĉjo loĝas en Slovakio?
2. Kiam li havis demandojn pri datoj?
3. Kion la patrino faris?
4. Kiam Tiĉjo diskutis kun la patrino, kiun daton ili havis?
5. En la *norda hemisfero*, la *vintra* solstico okazas la dudek-unuan de decembro. Kiam okazas la *somera* solstico? La *aŭtuna ekvinokso*? La *printempa ekvinokso*? Kaj kio pri la *suda* hemisfero?
6. Kiam estas la naskiĝtago de Tibor?
7. Kiu tago estas via naskiĝtago?
8. En kiu monato la patrino de Tibor naskiĝis?
9. Kial la patrino sugestis bombonon al Tibor? (*Ĉar...*)

Noto: In creating Esperanto, Dr. Zamenhof even made sure there would be a method of creating pet names for people. For women, take the first syllable of the name (or word) and add -*njo*: *Do-roteo* > *Donjo; Ma-ria* > *Manjo; pa-trino* > *panjo* (mommy), and so on.

For men, take the first syllable of the name (or word) and add -*ĉjo*: *Va-silio* > *Vaĉjo; Ma-rko* > *Maĉjo; pa-tro* > *paĉjo* (daddy).

The use of these suffixes is not required, and some people avoid them altogether.

Lernindaj Esprimoj

6.6 *Kioma horo estas?* What time is it?
Estas la unua. It's one o'clock.
Estas la deka. It's ten o'clock.
Estas la tria kaj dek. It's ten after three.
Estas la dua kaj dudek kvin. It's twenty-five after two.
Je kioma horo... At what time...
Je kioma horo vi manĝas? At what time do you eat?
Je la sepa matene. At seven in the morning.
Je kioma horo ŝi foriras? At what time does she leave?
Je la kvina kaj dudek. At five twenty.

6.7 *La tagoj de la semajno* (days of the week)
lundo Monday
mardo Tuesday
merkredo Wednesday
ĵaŭdo Thursday ("ZHOW-doh")
vendredo Friday ("vehn-DREH-do")
sabato Saturday ("sah-BAH-toh")
dimanĉo Sunday ("dee-MAHN-choh")

6.8 *La monatoj de la jaro* (months of the year)
januaro January ("yah-noo-AH-roh")
februaro February
marzo March
aprilo April
majo May ("MAH-yoh")
junio June ("yoo-NEE-oh")
julio July ("yoo-LEE-oh")
aŭgusto August ("ow-GOO-stoh")
septembro September
oktobro October
novembro November
decembro December ("deh-TSEHM-broh")

6.9 *La dato, la tago*

Kioman tagon ni havas hodiaŭ?

Kia dato estas hodiaŭ? What is the date today?

Hodiaŭ estas la tria de januaro. Today is the third of January.

Kiun tagon ni havas hodiaŭ? What day is it today?

Hodiaŭ estas lundo. Today is Monday.

En kiu monato ni estas nun? What month are we in now?

Estas januaro. It is January.

Noto: The choice between *kioman tagon* and *kia dato* depends on which thought is uppermost in our mind. *Kioman* emphasizes the "how much" of the date, that is, "how many" days have accumulated in the month. *Kia* (what kind of *-a*) shows that we are thinking of the answer (*unua, dua, tria, ktp)*, an adjective form.

6.10 In 5.12, you learned the words for the basic family members. You also saw how the suffix *-in-* (feminine) helped cut the number of words to learn in half. There are two prefixes which provide further help in talking about more distant members of the family: *bo-* and *pra-*.

Bo- refers to "in-laws": *bopatro, bopatrino, bogepatroj* (father-in-law, mother-in-law, parents-in-law); *bofrato, bofratino, bogefratoj* (brother-, sister-, siblings-in-law); *bofilo, bofilino, bogefiloj* (son-, daughter-, son[s]-and-daughter[s]-in-law).

Pra- refers to a relative one generation removed, either in the past or future: *praavo* (great-grandfather), *pranepo* (great-grandson); *praonklino* (great aunt), *pranevino* (grand-niece). Since *nepo* means "grandson," *filo* (son) does not occur with *pra-* in the sense of "great-grandson." Instead, *prafiloj* refers to offspring in the distant future. Similarly, *prapatroj* refers to one's forefathers.

This prefix is also used with words other than those of family relations. In this case, it refers to something primitive or far off in the past: *prahomo* (primitive man), *prahistorio* (ancient history), *prabirdo* (primitive bird-like creature).

6.11 In 5.21, you learned about the suffix *-uj-* (container for). When Dr. Zamenhof created Esperanto, he decided that this suffix could also be used to create country names, especially countries whose name comes from that of its inhabitants: *Francujo, Italujo, Germanujo, Rusujo, Ĉinujo, Japanujo.* Below is a list of some nationalities, followed by their country:

Anglo an Englishman   *Anglujo* England

Belgo a Belgian   *Belgujo* Belgium

Ĉino a Chinese   *Ĉinujo* China

Franco a Frenchman	*Francujo* France
Germano a German	*Germanujo* Germany
Greko a Greek	*Grekujo* Greece
Hindo an Indian	*Hindujo* India
Hispano a Spaniard	*Hispanujo* Spain
Italo an Italian	*Italujo* Italy
Ĵapano a Japanese	*Japanujo* Japan
Portugalo a Portuguese	*Portugalujo* Portugal
Ruso a Russian	*Rusujo* Russia
Turko a Turk	*Turkujo* Turkey

The above country names represent the classic Esperanto forms. The rule is "add -*ujo* to any ethnic name to denote the land." This system is regular, and adequate for those countries with long-settled and easily identifiable populations. Over the years, however, many speakers of Esperanto have preferred to use -*lando* for some countries: *Pollando, Svislando* (instead of *Polujo* and *Svisujo*).

For a long time now, a debate has raged over the use of -*io* to replace the less international -*ujo* in naming countries. Thus, you will find *Ĉinio* next to *Ĉinujo*, *Italio* next to *Italujo*, and *Japanio* next to *Japanujo*. Wherever large numbers of Esperanto speakers congregate, you will find *ujistoj* (proponents of *ujo*) arguing heatedly with *ioistoj* (proponents of *io*). Do not be dismayed. This lively disputation is indicative of a living, growing language.

Because of the introduction of -*io*, some country names may appear in at least three different forms: *Rusujo, Rusio, Ruslando*, and *Svisujo, Svisio, Svislando*. What should the beginner do? Be flexible. Pick the form you prefer, and be ready to understand other choices when they occur. Very generally, the -*io* forms have a more modern feel about them, and are widely used in Esperanto magazines. The Universal Esperanto Association, because it is the repository of classical tradition, tends to use the -*ujo* forms.

Finally, there is the thorny problem of Finland. In simplest terms, this country should be called either *Finlando* or (begging the pardon of the Swedish inhabitants) *Finujo*. The problem is, Esperanto already has the root *fin-* (end, final), so *Finlando* seems a rather grim name. Furthermore, Esperanto does not tolerate double consonants in its roots; a double consonant in a word is a clue to the compound nature of that word. All this considered, the UEA decided to use *Finnlando* as the country name, with two n's and have done with it!

This digression was to give you some idea of the complexities faced by any language in the modern world, especially a language which intends to be as relentlessly regular and predictable as Esperanto. We will have to wait until the next lesson to deal with the names of countries in the New World!

Praktiko

6.12 *Kioma horo estas? Bonvolu respondi laŭ la indikataj numeroj:*

1. 8:10	5. 1:25
2. 10:20	6. 11:05
3. 9:00	7. 5:17
4. 3:08	8. 4:15

6.13 *Je kioma horo...?*
1. Je kioma horo vi komencas labori?
2. Je kioma horo vi tagmanĝas?
3. Je kioma horo vi kutime revenas hejmen?
4. Je kioma horo vi kutime vespermanĝas?
5. Je kioma horo vi kutime enlitiĝas? (*en-lit-iĝ-i*, to go to bed)

6.14 *Kiu tago estas tiu?*
1. Kiu tago estas antaŭ lundo?
2. Kiu tago estas antaŭ vendredo?
3. Kiu tago estas post mardo?
4. Kiu tago estas post vendredo?
5. Kiu tago estas inter mardo kaj ĵaŭdo?
6. Kiu tago estas inter sabato kaj lundo?
7. Kiuj tagoj estas inter vendredo kaj mardo?

6.15 *Kiu monato estas tiu?*
1. Kiu estas la dua monato de la jaro?
2. Kiu estas la dek-unua monato?
3. Kiu estas la sepa monato?
4. Kiu monato estas antaŭ aprilo?
5. Kiu monato estas antaŭ septembro?
6. Kiu monato estas post majo?
7. Kiu monato estas post decembro?
8. Kiun monaton ni havas inter februaro kaj aprilo?
9. Kiujn monatojn ni havas inter junio kaj septembro?
10. Kiuj monatoj havas tridek tagojn?
11. Kiuj monatoj havas tridek unu tagojn?

6.16 *Kiam, ekde kiam, poste kiam, antaŭ kiam?*
1. Kiam vi matenmanĝas? (Mi matenmanĝas *je la...*)

133

2. Kiam vi komencas labori ĉiun tagon?
3. Ekde kiam vi studas Esperanton?
4. Ekde kiam vi scipovas legi?
5. Poste kiam vi intencas korespondi per Esperanto? (*poste kiam -* after when; your answer may begin with *poste kiam* and a verb: *poste kiam mi finstudos la sesan lecionon*; or simply *post* and a noun: *post la sesa leciono*)
6. Post kioma horo vi kutime enlitiĝas? (*en-lit-iĝ-i -* to go to bed)
7. Antaŭ kiam vi studas? (*antaŭ kiam -* before when; your answer will begin with *antaŭ ol* and a verb: *antaŭ ol mi rigardas la televidon*; or simply *antaŭ ol rigardi la televidon*)

Noto: You will find the root *fin-* (end, to finish) used as a prefix with some verbs: *finstudi, finlegi,* etc. It is used to emphasize that an activity was carried through to its completion (to study until the end, to read all the way through).

La Gramatiko

6.17 We use the nominative form of the day-names to say what day it is, after a preposition, or to say something about a specific day:

Hodiaŭ estas lundo.

Ni laboras de lundo ĝis vendredo.

Ĵaŭdo estas la kvara tago de la semajno.

When we wish to speak in general of things happening "Mondays," then we use the *adverb*-form:

Lunde, ŝi studas matematikon. On Mondays, she studies math.

Dimanĉe, ni vespermanĝas kun la familio. On Sundays, we have dinner with the family.

If we have a specific "Monday" in mind, then we use the *accusative* form:

Lundon mi intencas skribi al Johano. On Monday I intend to write to John.

Sabaton la knaboj ludas futbalon. On Saturday the boys are playing soccer.

Ĉiun lundon Betina ricevas monon de la avo. Every Monday Betina receives money from her grandfather.

Tiun merkredon mi renkontis Ĉe-Daŭon. On that Wednesday I met Che-Dao.

Venu vespermanĝi kun ni tiun ĉi vendredon. Come have dinner with us this Friday.

With the names of the months, the nominative form is used in the same way as with the days of the week:

Ĉi tiu monato estas marzo.

De majo ĝis julio ni vojaĝas.

La kvara monato estas aprilo.

To say "in" with a month, we use *en*:

En aprilo la floroj ankoraŭ ne aperas. In April flowers do not yet appear.

As you read the Esperanto press and begin to familiarize yourself with Esperanto literature, you will come across such forms as *ĉi-lunde* (this Monday) and *ĉi-monate* (in this month), shortcuts for *tiun ĉi lundon* and *tiun ĉi monaton*.

To write a date in Esperanto, we use an *ordinal number* (*tria, oka*) in the *accusative* followed by *de* and the month:

la trian de aprilo

la dudek-unuan de septembro

If we wish to specify the *day*, this is also put into the accusative:

vendredon, la dek-sesan de aŭgusto

ĵaŭdon, la tridekan de januaro

These dates are usually written:

la 3an de aprilo

la 21an de septembro

la 16an de aŭgusto

la 30an de januaro

But some people now use *3 aprilo, 21 septembro*, and so on, especially in business correspondence. Because Esperanto serves a worldwide network of users, we must be careful to write the dates unambiguously. When Americans see *8/2/97*, they read "the second of August;" yet Europeans read "the eighth of February"! The most common Esperanto system is that given above: day-month. There is also the *hungara sistemo*, "Hungarian system," espoused by the International Postal Union: year-month-day (that is, from larger to smaller time-unit), and this is also seen in *Esperantolando: 1997/10/03*, read as *la trian de oktobro, mil naŭcent naŭdek sep*.

6.18 Sometimes we know we need a preposition, but none of the ones we know seems exactly right. In Esperanto, the solution to this problem is the preposition *je*. Esperanto-English dictionaries explain *je* as an "indefinite preposition," that is, its meaning has been deliberately left vague. We use it when we want to connect two ideas and all of the other prepositions are too specific.

At the mouse races, for example, if we want to say "Mark bet on the brown mouse," we know that *sur* (on) will imply that Mark was *on* the brown mouse. In this case, *je* is the preposition to use: *Marko vetis je la bruna muso.*

Or, when telling *at what time* something occurs, we say *je la oka* (at eight o'clock), since *ĉe* (physically "at") and *sur* (on) are too confining.

In the same way we can say *je lundo* (on Monday) instead of *lundon*, especially if another accusative expression is present. This helps us avoid too many accusatives at once. For the beginner, the trick is to avoid using *je* all the time!

6.19 Up until now, we have been using three forms of the verb: *danci, dancu, dancas*. These are the infinitive (to dance), the command/suggestion form (dance!), and the present (dances). Now it is time to consider the *past form*. This is very simple: replace the *-as* of the present with *-is*: *dancas > dancis; vojaĝas > vojaĝis; estas > estis*. These verbs equal the simple past in English (danced, traveled, was), and often the present perfect (has danced, has traveled, has been). Although there exist more complex, more precise past forms in Esperanto, this one simple past is sufficient. Look at these sentences:

Ĉiun lundon mi aĉetas librojn kaj ilin legas. Every Monday I buy books and read them.

Tiun lundon mi aĉetis librojn kaj ilin legis. On that Monday I bought books and read them.

Estas kvar musoj sub la lito. There are four mice under the bed.

Estis kvar musoj sub la lito. There were four mice under the bed.

6.20 You learned previously that *-anto* was the suffix we use to talk about the doer of an action: *dancanto, vojaĝanto*. But what if we wish to speak of someone who *did* something, that is, a *doer in the past*? In this case, the suffix is *-into*, replacing the *a*-vowel of the present with the *i*-vowel of the past. So, a *dancinto* is "someone who danced," a *vojaĝinto* is "someone just returned from a trip," and Dr. Zamenhof is the *kreinto* (one-who-has-created) *de Esperanto*. Here are some more examples. Think about the English translation, using "one who has...".

fal-i to fall > *falinto*

parol-i to speak > *parolinto*

am-i to love > *aminto*

malferm-i to open > *malferminto*

Of course, we may add *-ino* to these words, as we could with *-anto*:

serĉintino - the woman who has searched

lernintino - the woman who has learned

6.21 Just as the suffix *-anto* could be used as an adjective by changing the final *o* to *a*, so can we use *-into*: *parolinto* > *parolinta*. Look at the following pairs:

la dormanta infano > *la dorminta infano* the sleeping child > the child which has slept (and is now awake)

falantaj folioj > *falintaj folioj* falling leaves > fallen leaves

elirantaj amikoj > *elirintaj amikoj* exiting friends > friends who have gone out

Once again, you will see that Esperanto presents a clear, predictable construction, and English must resort to a more complicated syntax.

6.22 For both *-anto* and *-into*, there is an adverbial form which is very useful and very important in Esperanto: *-ante/-inte*. This form allows us to construct an introductory adverbial phrase which gives information about the *subject* of the sentence.

We use the *-ante* form when the action takes place *at the same time* as the action of the verb (present or past):

Bele kantante, la birdo flugas en la ĝangalon. Singing beautifully, the bird flies into the jungle. (By our use of *-ante*, we know that the bird is singing and flying at the same time.)

Frapante ĉe la pordo, la knabino kantis. While knocking at the door, the girl sang. (Once again, *-ante* tells us that the knocking and singing occured simultaneously.)

Bele kantinte, la birdo flugas en la ĝangalon. Having sung beautifully, the bird (now) flies into the jungle. (The *-inte* tells us that the bird had finished singing *before* it flies into the jungle.)

Frapinte ĉe la pordo, la knabino kantis. Having knocked at the door, the girl sang. (The *-inte* shows that the girl had *stopped* knocking before she began to sing.)

Remember, these adverb-forms refer only to the subject! Compare the following set of sentences:

Mi vidis la filinon kantantan. I saw the singing girl. / I saw the girl singing.

Mi vidis la filinon kantante. I saw the girl while *I* was singing.

The advantage of this construction is that it replaces an entire relative clause (the English "while I was singing"). *Mi vidis la filinon kantante* could also be said *Mi vidis la filinon, dum mi kantis* (while I was singing).

6.23 To date, you have seen the following question words:

kio	- what?
kiu	- who? which...? (when followed by a noun)
kia	- what kind of?

kiam	- when?
kiel	- how?
kial	- why?
kiom	- how much? how many?
kioma	- used with *horo*: what time...?
kiomjara	- how old?
kiom longe	- (for) how long?

The question-words ending in a vowel may take the accusative *n*: *kion, kiun, kian*. Further, *kiu* and *kia* may also have plural forms: *kiuj(n), kiaj(n)*.

6.24 Each of the above question-words has a corresponding answer-word in *t-*. This kind of pattern can be seen, although in a less systematic form, in English: *whe**re** > **the**re; whe**n** > **the**n*, etc. These *t-words*, called *demonstratives*, are:

tio - that (thing, idea)
tiu - that (person), that (one)
tia - that kind of
tiam - then, at that time
tiel - in that way
tial - for that reason
tiom - that much, that many
tiom longe - (for) that long

To change any "that" in the list above to "this", we use *ĉi* either before or after the *t-word*:

ĉi tiu / tiu ĉi - this (person), this (one)
ĉi tiel / tiel ĉi - in this way
ĉi tiom / tiom ĉi - this much, this many

The *t-words* ending in a vowel may take the accusative *n*, and *tiu/tia* may have a plural: *tion, tiun (tiujn), tian (tiajn)*. Note that *tiomjara* (that old) was not given. The form is possible, as in *Estis surprezo, ke tiomjara virino povis bone naĝi* (It was a surprise, that so old a woman could swim well).

6.25 You have already seen *ĉio* (everything) and *ĉiu* (everyone, each one). How do these words relate to the *k-words*? Right! We replace the initial *k* with *ĉ*! Here is a list of the *ĉ-words*, each with the meaning of "all, each":

ĉio - everything
ĉiu - everyone, every (with a noun)
ĉia - every kind of, all kinds of
ĉiam - at every time, always

ĉiel - in every way, in all ways
ĉial - for every reason
ĉiom - every quantity
ĉiomjara - (at) every age

Note that *ĉiom longe* is not given. This form is possible, but it does not seem to occur. Now, here are some sample sentences:

La geknaboj deziras ĉion! The boys and girls want everything!

Ĉiuj esperantistoj scias legi kaj skribi. All Esperantists know how to read and write.

Mi ŝatas ĉiajn fruktojn. I like all kinds of fruit.

Kiomjaraj estas la lernantoj? Ĉiomjaraj! How old are the students? Every age!

6.26 Now let us return for a moment to the numbers. If we wish to make a *fraction*, we use the suffix *-on-*, in this case with the noun-ending *o*:

2 *du*	1/2 *duono*	a half
3 *tri*	1/3 *triono*	a third
4 *kvar*	1/4 *kvarono*	a quarter
5 *kvin*	1/5 *kvinono*	a fifth

If the numerator of the fraction is more than one, the fraction form will be plural:

2/3 *du trionoj*
3/4 *tri kvaronoj*
11/32 *dek-unu tridek-duonoj*

After a number, the noun follows directly (*ses knaboj*), but a fraction is connected to a following noun by *de*: *du kvinonoj de la frukto*. These two different constructions cause a small problem when we wish to use a whole number and a fraction before a noun, "three and a half watermelons," for example. We must find a way to combine *tri akvomelonoj* and *duono de akvomelono*. The most popular solution has been to say *tri akvomelonoj kaj duono*. If you come up with something better, please be sure to contact UEA!

Finally, from "half" (*duono*) comes the pseudo-prefix *duon-*, as in *duonfrato* (half-brother), *duonhoro* (half-hour).

6.27 You may have noticed that we presented addition (*x plus y*), subtraction (*x minus y*), and division (*x dividite per y*), but did not mention multiplication. This is because Esperanto makes use of a special suffix to express a *multiple* of a number: *-obl-*. Used as a noun, a number with *-obl-* expresses "double, triple, etc.": *kvar estas la duoblo de du*. For multiplying, we use the *adverb-form*, *-oble*, in this way:

> *Duoble ses estas dek du.* (2 x 6 = 12)
> *Dekoble dek estas cent.* (10 x 10 = 100)
> *Dudek-kvinoble cent estas*
> *du mil kvincent.* (25 x 100 = 2,500)

Ekzercaro

6.28 The following dates are given according to the *hungara sistemo* (year, month, day). Write them out in full. Each date occurs in the year 2135 (*du mil cent tridek kvin*).
1. 35/12/25
2. 35/01/15
3. 35/08/12
4. 35/09/11
5. 35/11/08

6.29 Put one of the days of the week into each sentence. Be careful to use the correct form (*lundo, lundon, lunde*)!
1. Ni kutime studas Esperanton....
2. Kanae vizitis Novjorkon..., la trian.
3. ...estas la kvina tago de la semajno.
4. Kion vi faris la pasintan...?
5. Kion vi kutime faras...?

6.30 Answer the following questions about days and months.
1. Kiu estas la sepa tago de la semajno?
2. Kiuj estas la dua kaj tria monatoj?
3. Kiu estas la sesa tago?
4. Kiu estas la unua tago?
5. Kiu estas la deka monato de la jaro?
6. Kiuj estas la dua kaj kvina tagoj?
7. Kiuj estas la sesa kaj sepa monatoj?

6.31 Fill in the blanks in the following sentences, using either *je* or *sur*:
1. Katrina alvenis...la sepa.
2. Katrina alvenis...elefanto!
3. ...merkredo, mi vojaĝis Kjoton.
4. Ŝi vidis katon...la tablo.

6.32 Rewrite the following sentences in the past. Use a past-time phrase (*hieraŭ, pasint-semajne, pasint-jare*) to replace the present-time references.
1. Hodiaŭ mi intencas studi dum tri horoj.

2. Marko nun telefonas Johaninon.
3. La katoj manĝas hodiaŭ la malgrandajn blatojn. (*blat-o* - cockroach)
4. Nun Sinjoro Bolo frapas ĉe la pordo, atendas la respondon, kaj parolas kun Sinjorino Furo.

6.33 Create the words for people who did the following (*verk-i* > *verkinto*, the author, the person who wrote the book), then try to think of how to express this in English.

1. *batal-i* - to fight in a battle
2. *esplor-i* - to explore
3. *prezid-i* - to preside over
4. *organiz-i* - to organize

6.34 Combine the each set of sentences using first the *-ante* form, then the *-inte* form. Try to understand the difference between each.
Ekzemple:

Ŝi vizitis Parizon. Ŝi parolis france.
Vizitante Parizon, ŝi parolis france.
Vizitinte Parizon, ŝi parolis france.

(In the first combined sentence, we see that she spoke French when she visited Paris. In the second sentence, it seems that she spoke French *because* she visited Paris, that is, after having visited Paris.)

1. Mi kantas. Mi parolis pri mia amo.
2. Li legas la libron. Marko parolas telefone.
3. La buso revenas. Ĝi veturigis multajn pasaĝerojn.
4. Ili kaptis blatojn. Ili faris malbonan supon!

6.35 Change the adjectives in *-ant-* to adjectives in *-int-* and think about the difference in meaning.

1. falantaj ŝtonoj (*ŝtono* - stone)
2. kantantaj knaboj
3. kurantaj elefantoj
4. manĝanta kato
5. trinkanta monstro (*trink-i* - to drink)

6.36 Answer each *k-question* using a *t-word*.

1. Kiu libro plaĉas al vi?
2. Kiajn katojn vi aĉetis?
3. Kio estas tio?
4. Kiel ili studis? (Tiel, ke...)

6.37 Answer each *k-question* using a *ĉ-word*.

1. Kion vi deziras?
2. Kiu parolas Esperanton en la urbo?
3. Kiam ŝi deziras iri al kinejo?

4. Kial ili studas la lingvon internacian?

6.38 Make fraction-words for the following:
1. five eighths
2. three twelfths
3. one quarter
4. eighteen fifty-thirds
5. five sixths
6. eight twenty-firsts

6.39 Here are the answers to some multiplication problems. Write out the problem. *Ekzemple: 32 - Kiom estas kvaroble ok?*

1. 16	5. 54
2. 12	6. 28
3. 100	7. 36
4. 124	8. 250

Legaĵoj

6.40 *Internacia Korespondado*

Hieraŭ, Marko ricevis leteron de ne-konata Japanino, kiu loĝas en Kjoto. Jen la letero, kiun la japana esperantistino sendis al Marko:

Vendredon, la 24-an de julio
de: F-ino Tadao Joĉiko
Hokubu 968, Kamikjo-ku
Kjoto 602
JAPANUJO
al: S-ro Marko Bruno
4532 Strato Deer Run
Riverville, OH
USONO

Estimata Sinjoro Marko,

Salutas vin el Japanujo nova esperantistino, Joĉiko. Mi studis Esperanton dum la pasinta jaro post la lerneja tago, kaj nun mi deziras korespondi kun samideanoj en multaj landoj. Mi trovis vian nomon kaj adreson en la *Heroldo de Esperanto*. Ŝajnas, ke vi ankaŭ serĉas korespond-amikojn. Ĉu vi deziras korespondi kun mi? Mi esperas, ke jes.

Mi estas dek-sepjara gimnaziano, kaj esperas studi en universitato. La biologio multe interesas min. Mi loĝas en Kjoto kun miaj gepatroj, miaj du fratoj, kaj mia avino. Miaj fratoj estas pli junaj ol mi. Ili nomiĝas Ejsako kaj Tacuo. Ili studas en elementara lernejo. Mia patro estas inĝeniero kaj multe laboras en granda uzino. Mia patrino estas dommajstrino, kaj mia avino helpas ŝin.

Kjoto estas tre malnova urbo kaj antaŭa ĉefurbo de mia lando. En la urbocentro estas multaj temploj kaj sanktejoj. Estas ankaŭ pluraj interesaj muzeoj.

Kaj kio pri vi? Kiomjara vi estas? Kiel vi lernis Esperanton? Rakontu al mi ĉion pri via ĉiutaga vivo en Usono. Ĉu vi ŝatas pop-muzikon? Ĉu vi ofte rigardas M-T-V-on ("moh-toh-voh-ohn")? Ĉu vi havas gefratojn? Mi vere deziras lerni pri vi kaj via vivo.

Do, mi esperas, ke ni povas interŝanĝi leterojn. Bonvolu skribi al mi kiel eble plej baldaŭ!

Ĝis!

Via japana korespond-amikino,

Joĉiko

Vortolisteto:

Joĉik-o	- "yoh-CHEE-koh"
salut-i	- to greet
pas-int-a	- past ("having passed")
ŝajn-i	- to seem
gimnazi-an-o	- high school student
biologi-o	- "bee-oh-loh-GHEE-oh"
pli jun-a ol	- younger ("more young") than
uzin-o	- factory
dom-majstr-in-o	- housewife ("house-master- female")
antaŭ-a	- former
ĉef-urb-o	- capital ("chief-city")
urbo-centr-o	- "oor-boh-TSEHN-troh"
plur-a	- several
muze-o	- museum ("moo-ZEH-oh")
rakont-i	- to tell (a story)
ĉiu-tag-a	- everyday
kiel eble plej baldaŭ	- as soon as possible
pov-i	- to be able

Demandaro:

1. Ĉu Marko konis la skribinton de la letero?
2. En kiu urbo loĝas la korespondintino?
3. Kiam ŝi poŝte sendis la leteron?
4. Ĉu la skribinto studis Esperanton en la lernejo?
5. Kiel ŝi trovis la adreson de Marko?
6. Kiomjara estas la japanino?

7. Kun kiu ŝi loĝas?
8. Kian laboron ŝia patro havas?
9. Kion vi scias pri Kjoto?
10. Kio multe interesas Joĉikon?

6.41 Nun, Marko devas respondi al la letero de Joĉiko. Lia instruisto diris al li, ke en Japanujo, Japanoj metas unue la familion nomon, kaj poste la antaŭnomo. Do, Tadao Joĉiko nomiĝas Joĉiko Tadao laŭ la usona metodo. Kaj jen la responda letero de Marko:

Dimanĉon, la 8-an de aŭgusto
de: S-ro Marko Bruno
4532 Strato Deer Run
Riverville, OH
USONO
al: F-ino Tadao Joĉiko
Hokubu 968, Kamikjo-ku
Kjoto 602
JAPANUJO

Estimata korespond-amikino Joĉiko,

Estis por mi vera plezuro ricevi vian leteron! Mi tre ĝojas korespondi kun vi. Mi ankaŭ estas nova parolanto de Esperanto, sed mi ne studis ĝin en lernejo. La Esperanto-Ligo por Nordameriko (ELNA) havas korespondan kurson por komencantoj, kaj mi sekvis tiun ĉi kurson.

Kiel vi, mi loĝas kun mia familio: gepatroj, unu frato, kaj unu fratino. Ni ankaŭ havas hundidon, Bustero. Mi estas dudekjara, kaj studas ĉe universitato. Dum la somero, mi revenas al la familia domo kaj laboras en Riverville. Mi ne studas biologion, sed psikologion. Mia frato estas naŭjarulo, vera "malutila besto"! Mia fratino estas pliaĝa ol mi: dudek-kvinjarulino. Ŝi edziniĝis en majo. Mia patro estas kontisto, kaj mia patrino estas administrantino de banko.

Jes, plaĉas al mi la pop-muziko, antaŭ ĉio la klasika rok'-kaj-rula muziko! Kaj mi certe konas la M-T-V-on! Ĉu plaĉas al vi la sportoj? Se jes, kiuj? Mi tre ŝatas naĝi kaj, vintre, glitkuri subĉiele.

Mi pensas, ke mia Riverville ne estas mondfama urbo, kiel via Kjoto. Ĝi estas malgranda kaj noveta. Ni havas Ĉefan Straton kun pluraj vendejoj, kelkaj *fastfudaj* restoracioj, kaj estas ĉio.

Nu, rakontu al mi ĉion pri Kjoto, kaj pri via lernanta vivo. Kiel oni aranĝas ĉion por studi ĉe universitato? Ĉu estas ekzamenoj? Mi atendas entuziasme vian responon!

Vin salutas de Usono via korespond-amiko *Marko Bruno.*

Vortolisteto:

dev-i	- to have to; to be obligated; to owe
antaŭ-nom-o	- first name
ricev-i	- to receive ("ree-TSEH-vee")
ĝoj-i	- to be happy ("JOH-yee")
sekv-i	- to follow; to take (a course, *kurso*)
hund-id-o	- puppy
util-a	- useful ("oo-TEE-lah")
pli-aĝ-a	- older
edz-in-iĝ-i	- to become a wife; to marry
kont-ist-o	- accountant
antaŭ ĉio	- especially ("before everything")
vintr-e	- in the winter
glit-kur-i	- to skate ("slide-run")
subĉiel-e	- outdoors ("soob-chee-EH- leh", *under-sky-ly*)
mond-fam-a	- world famous
nov-et-a	- relatively new
kelk-a	- some
fastfud-a	- fast food
aranĝ-i	- to arrange
entuziasm-e	- enthusiastically

Noto: Mark Brown applied Dr. Zamenhof's Rule Number Fifteen when he created the adjective *fastfuda.* This rule states that we may use in Esperanto words from other languages that have been internationally accepted. The only requirements are that the word be spelled using the Esperanto system, and that we choose one basic root from which to derive other words. That is, if we wish to use *permit* and *permission,* Dr. Zamenhof asks us to pick one base form (in this case *permes-*), and then form further words from that: *permesi* and *permeso,* but **not** **permiti/permisio.* From Mark Brown's creation, we can derive the following:

fastfudo	- the concept of limited-menu rapid-service restaurants
fastfudaĵo	- something from the fast food menu; a hamburger, chicken sandwich, etc.
fastfudejo	- a fast food restaurant
fastfude	- in the manner of fast food
fastfudi	- to eat fast food

A word of caution: do not be too eager to create new words. First make sure that the word does not already have an Esperanto counterpart.

Demandaro:

1. Kiel la sistemo de nomoj estas malsama en Japanujo? Donu ekzemplon.
2. Ĉu Marko akceptis korespondi kun Joĉiko?
3. Kiel Marko lernis Esperanton?
4. Kiom da gefratoj Marko havas?
5. Ĉu Marko estas gimnaziano?
6. Kiun li studas?
7. Kio estas "malutila besto"? Kiu familiano--laŭ Marko--estas tia besto?
8. Kio plaĉas al Marko?
9. Kiun sporton Marko praktikas dum la vintro?
10. Ĉu Riverville estas tiel granda kaj fama kiel Kjoto? (Notu: tiel...kiel - "as...as")
11. Kiel oni diras "Ĉefa Strato" angle?
12. Kiel Marko diras, ke li atendas la respondon de Joĉiko?

MONATO
internacia magazino sendependa

6.42 Sinjorino Vilhelmina van der Veen loĝas en Nederlando. Ŝi mendis Esperantan gazeton de mendejo en Hungarujo, kaj ĝis nun ne ricevis iun numeron. Do, ŝi nun skribas plendoleteron al la direktoro:

Sabaton, la 4an de februaro
de: S-ino Vilhelmina van der Veen
Prinsenlaan 327
Roterdamo,
NEDERLANDO
al: Direktoro
Esperanto-Mendo-Servo
teraso Baroŝ 58
Budapeŝto,
HUNGARIO
Sinjoro Direktoro:
Jam antaŭ kvar monatoj mi sendis al vi mendo-peton por la revuon *Esperanto Hodiaŭ*, al kiu mi deziris aboni. Mi kune sendis mian

ĉekon por la sumon, kiun via informilo nomis. Ĝis nun, neniu ekzemplero de la revuo alvenis. Mia banko konfirmis, ke ĝi transpagis la sumon al via konto antaŭ sesdek ok tagoj. Kompreneble, min konsternas tiu afero. Mi petas, do, ke vi kontrolu la ricevintajn mendo-petojn por scii kio okazis al la mia. Atendante vian fruan respondon, mi estas

Sincere via,

Vilhelmina van der Veen

Vortolisteto:

mend-i	- to order
gazet-o	- magazine, periodical
iu	- some, any
plend-i	- to complain
mendo-pet-o	- order request
revu-o	- magazine, journal ("reh-VOO- oh")
abon-i	- to subscribe (to a magazine, etc.)
ĉek-o	- bank check
sum-o	- sum
inform-il-o	- information sheet
neniu	- no, none, not one ("neh-NEE- oo")
ekzempl-er-o	- copy (of a periodical)
trans-pag-i	- to pay out
kont-o	- (bank) account
konstern-i	- to appall, disconcert
kontrol-i	- to audit, check

Demandaro:

1. Al kiu Sinjorino van der Veen skribas?
2. Ĉu ŝi deziras korespondi? (*plend-i* - to complain)
3. Kiam S-ino van der Veen sendis la mendo-peton? Je kiu dato?
4. Al kiu presaĵo ŝi deziris aboni?
5. Kiel la plendanto pagis la revuon?
6. Kiom da ekzempleroj alvenis ĉe la sinjorino?
7. Kial S-ino van der Veen kontaktis la bankon? (*por konfirmi, ke...*)
8. Ĉu la monsumon ricevis la mendejo?
9. Kion la sinjorino deziras, ke la mendisto faru?
10. Laŭ via opinio, kio okazis? Ĉu la mendisto perdis la peton? Ĉu la revuo nur malfruas? Kio do?

La Kulturo

6.43 Each language and culture has its fools, and Esperanto is no exception. Louis Beaucaire created the small country of *Bervalo* and peopled it with the *Bervalanoj*, a group addicted to all the weaknesses of humanity. *Mi povas rezisti al ĉio, krom la tentado!* (I can resist anything but temptation!) is a sentiment prevalent in Beaucaire's book, *Kruko kaj Baniko el Bervalo*. The book is filled with jokes, anecdotes, and cartoons that accentuate the leer more than the smile. We mention this to dispel the notion that Esperanto is used only for high-minded idealistic prose, and that the Esperanto community is composed only of temperate do-gooders. There is also room for bawdy jokes, broad humor, and just plain fun!

El la eldonejo de UEA:

VETERO KAJ KLIMATO DE LA MONDO

Denis Riley & Lewis Spolton / tr. Kris Long

Ĉu ankaŭ vi konfuziĝas inter cirusoj, stratusoj kaj kumulusoj? Ĉu vi scivolas pri la rilatoj inter etiopia sekiĝo kaj svislanda inundo? Aŭ ĉu vi nur volas prognozi, ĉu pluvos hodiaŭ? Ĉiukaze vi profitos el ĉi tiu renoma popularscienca verko, kiu per amaso da ilustraĵoj kondukas vin senerare tra la meteologia labirinto. 132p. 25cm. Mendu ĉe la Libroservo de UEA: 28,50 gld. plus sendokostoj; triona rabato ekde tri ekzempleroj.

6.44 On a more serious level, the major classics from the world's great (and not so great) literatures have been translated into Esperanto: the Koran, the Bible, the Book of Mormon, the Iliad, the Mahabharata, and the works of Shakespeare. In this way, the speaker of Esperanto has the wide range of human literary endeavor available in an easy-to-read translation.

Esperanto also has an indigenous literature, works written directly in Esperanto. If you like mysteries, then the *Ĉu*-series by Claude Piron is for you: *Ĉu li bremsis sufiĉe?* (Did he brake enough?), and *Ĉu vi kuiras ĉine?* (Do you cook Chinese?). Written under the pseudonym of Johán Valano, these books feature the intrepid police detective, Jano Karal, and exciting crimes.

If, on the other hand, you prefer non-fiction, then such original works as Seiiĉi Kato's *Lernolibro pri oftalmologio* (Textbook on

Ophthamology), William F. Orr's *Enkonduko al finiaj geometrioj* (Introduction to Finite Geometries), or Johanna Shorter-Eyck's *Internacia Kuirlibro* (International Cookbook) may be of more interest.

In either case, ELNA's Book Service is the place to write for information about books available in the subject of your choice.

La informa revolucio atingas Esperantujon!

nova vorto –
nova futuro

Per la plej modernaj teknikoj – grup-tradukado, komputila kompostado kun lasera presado kaj divido de la eldonlaboro – UEA kaj BSO riĉigas la Esperantan mondon per verko de Luc De Brabandere, "aktoro kaj kunrolanto en la spektaklo de la informadiko". Ĉu eblas akordigi la altan teknologion kun la "verda" alternativo? Jen abundaj ideoj kaj informoj pri eblaj evoluvojoj de la homa socio.

Mendu ĉe la Libroservo de UEA: **Infoduktoj.** 142p. 21cm. Tabeloj ks. ISBN 92 9017 038 7. **Prezo:** 30,00 gld. plus sendokostoj; triona rabato ekde tri ekzempleroj.

6.45 If you intend to travel, and you have worked through this book, then the *TEJO Pasporta Servo* may be useful to you. The *Tutmonda Esperantista Junulara Organizo*, in a recent edition of its listings, offered 905 hosts in 53 different countries. These people are interested in receiving Esperanto-speaking visitors, and may offer either out and out hospitality or have an inexpensive bed and breakfast arrangement. For information, write to:

TEJO - Pasporta Servo
Niewe Binnenweg 176
NL-3015 BJ Rotterdam
The Netherlands
(tel. 31-10-436-1044)

Among the best of the other organizations involved with Esperanto tourism is *Internacia Asocio Monda Turismo* (MT) with its main offices in Poland and branches in more than 30 countries, including the United States. A recent membership count showed more than 27,000 participants in the association. MT also offers classes for tour guides. To find out more about MT and its activities, write to:

Direktoro
Monda Turismo
str. M. Sklodowskiej-Curie 10
PL-85094 Bydgoszcz
POLAND
(tel. 48-52-415-744)

KOTIZTABELO DE UEA POR 1994

Lando/valuto	MG	MJ(-T)	MA(-T)	SA	Klo	SZ
Argentino/*guldeno*	8	20	48	28	19	96
Aŭstralio/dolaro	12	30	75	45	30	150
Aŭstrio/ŝilingo	95	240	600	360	240	1200
Belgio/franko	285	710	1780	1135	755	3560
Brazilo/*guldeno*	8	20	48	28	19	96
Britio/pundo	5	13	33	21	14	66
Bulgario/*guldeno*	8	20	48	28	19	96
Ĉeĥio/krono	125	310	775	465	310	1550
Danlando/krono	55	140	350	225	150	700
Finnlando/marko	45	115	290	175	115	580
Francio/franko	50	120	300	190	125	600
Germanio/marko	14	34	86	55	37	172
Greklando/drakmo	1100	2800	7000	4500	3000	14 000
Hispanio/peseto	800	2000	5000	3200	2100	10 000
Hungario/forinto	400	1000	2500	1500	1000	5000
Irlando/pundo	5	12	30	19	13	60
Islando/*guldeno*	15	38	95	57	38	190
Israelo/*guldeno*	13	32	79	47	31	158
Italio/liro	11 000	27 000	68 000	43 000	29 000	136 000
Japanio/eno	1150	2880	7200	4320	2880	14 400
Kanado/dolaro	11	27	67	40	27	134
Korea Resp./*guldeno*	12	31	77	46	31	154
Nederlando/guldeno	15	38	95	60	40	190
Norvegio/krono	60	145	365	220	145	730
Novzelando/dolaro	15	38	95	57	38	190
Pollando/*guldeno*	8	20	48	28	19	96
Portugalio/eskudo	900	2200	5400	3400	2300	10 800
Slovakio/krono	125	310	775	465	310	1550
Sudafriko/*guldeno*	14	34	86	52	35	172
Svedio/krono	65	160	400	240	160	800
Svislando/franko	12	31	77	46	31	154
Usono/dolaro	9	22	54	32	21	108
TARIFO A/guldeno	10	25	62	37	25	124
TARIFO B/guldeno	8	20	48	28	19	96

ALIAJ LANDOJ: Luksemburgio laŭ Belgio; San-Marino laŭ Italio.
TARIFO A: Honkongo, Malto, Singapuro, Tajvano, Venezuelo.
TARIFO B: Ĉiuj ceteraj landoj ne jam menciitaj.

6.46 One of the most interesting and important services of UEA is the *Delegita Reto*, an international network (*reto*) of delegates (*delegitoj*) in over seventy different countries. These delegates are volunteers who have offered to help fellow Esperantists, providing reasonable assistance on a variety of matters. There are many delegates who specialize in a particular field, and who can be consulted by Esperanto-speaking researchers. These are called *fakdelegitoj* (specialized representatives). Others may be of interest because of *where* they live, and provide first-hand information about a particular region.

UEA publishes a current list of the delegates in its *Jarlibro* (Yearbook) available to members of the association. All members have the right to make use of the Delegate Network.

Leciona Vortolisto

afer-o — affair, occasion
afrik-a — African
al-ven-i — to arrive

antaŭ	- before (space or time)
aper-i	- to appear
asteroid-o	- an asteroid ("ah-steh-roh-EE-doh")
aŭskult-i	- to listen ("ow-SKOOL-tee")
blat-o	- cockroach
bombon-o	- candy
brak-o	- an arm
bril-i	- to shine
ĉiel-o	- sky, heavens
ĉirkaŭ	- around
dat-o	- (calendar) date
diskut-i	- to discuss
do	- thus, then, therefore
dum	- during, while ("doom")
ekster	- beyond, outside of
ekzamen-i	- to examine, question
emerit-iĝ-i	- to retire
en-lit-iĝ-i	- to go to bed
esplor-i	- to explore
fakt-e	- in fact
fal-i	- to fall
far-i	- to make, to do
fin-stud-i	- to finish studying
flor-o	- flower
foli-o	- leaf ("foh-LEE-oh")
for	- away
for-ir-i	- to go away, to depart
for-ir-o	- departure
fru-a	- early
halt-ej-o	- stopping place
hav-i	- to have
hieraŭ	
hor-o	- hour
horloĝ-o	- clock, watch, timepiece
indik-at-a	- (being) indicated
intenc-i	- to intend (to)
inter	- between
intervju-i	- to interview ("een-tehr-VYOO-ee")
jam	- already
jar-o	- year
kapt-i	- to catch, capture

kelk-a	- a few
kin-ej-o	- cinema, movie theater
koloni-o	- colony ("koh-loh-NEE-oh")
komenc-i	- to begin ("koh-MEHN-tsee")
kosm-o	- cosmos, space
kred-i	- to believe
kun-labor-ant-o	- fellow worker, collaborator
kur-i	- to run
kutim-o	- custom
land-o	- country, land
leg-i	- to read
loĝ-i	- to inhabit, live in, dwell
lok-o	- place, position
lud-i	- to play
lum-o	- a light
lun-o	- the moon
lunĉ-i	- to have lunch ("LOON-chee")
maten-manĝ-i	- to have breakfast
memor-i	- to remember
minut-o	- a minute
mon-o	- money
monat-o	- month
montr-i	- to show
mult-a	- much, many
nord-a	- north
observ-i	- to observe
oft-e	- often
orbit-i	- to orbit
pa-nj-o	- mommy, mom
pas-int-a	- the past…, last…
pas-int-jar-e	- last year
pilot-o	- pilot
pionir-o	- pioneer ("pee-oh-NEE-roh")
plen-a	- full
post	- after (usually of time)
pren-i	- to take
prepar-i	- to prepare
renkont-i	- to meet
respublik-o	- republic
rest-i	- to remain
re-ven-i	- to come back

ESPERANTO POR KOMENCANTOJ

ricev-i	- to receive ("ree-TSEH-vee")
rutin-o	- routine
sci-pov-i	- to know how to do (something)
sekond-o	- a second (of time)
semajn-o	- a week
serv-i	- to serve
skrib-i	- to write
solstic-o	- solstice ("sohl-STEE-tso")
spac-o	- (outer) space
stel-o	- star
sub-ter-voj-o	- subway
ŝip-o	- ship
tag-a	- daily
telefon-i	- to call on the telephone
televid-o	- television
ter-o	- the earth
trink-i	- to drink
vesper-manĝ-i	- to have dinner
vest-i	- to dress
vet-i	- to bet
vetur-ig-i	- to transport (by vehicle)
vid-i	- to see
vintr-o	- winter
viv-i	- to live
viv-o	- life
vizit-i	- to visit

Angla-lingva traduko de la konversacioj:

6.1 Fred and Lily live in a space-colony that orbits the moon. The year is 2056. From an observatory they are looking out at the star-filled black sky, waiting for the departure of the new spaceship, *Explorer Five*.

F: "Which stars are those?"

L: "Those are the Pleides."

F: "Are those lights on the moon New Kyoto?"

L: "Yes, you're right! And there're the lights of Base Three, the North American colony."

F: "Look, Lily! Do you see those small lights that now burn in space? What is that?"

L: "Those small lights show the position of the shuttle craft that are now coming back from around the spaceship *Explorer*. Look at your wristwatch. How many minutes remain before the departure?"

F: "Only a few seconds, Lily!"

L: "Ah! See! A new star has begun to shine!"

F: "Yes, the *Explorer* is beginning its very long trip!"

6.2 A television journalist is interviewing an elderly pioneer from Asteroid Colony Alpha.

J: "What is your name, Sir?"

P: "Mi name is Samuel Kashchefsko."

J: "For how long have you worked in the colony?"

P: "It's been forty-three years already."

J: "How old are you, Mr. Kashchefsko?"

P: "I am now sixty-two."

J: "Since when have you been living beyond the earth?"

P: "Since my birth! In fact, I was born in Earth Colony Zeta. My mother was a pilot between the orbital colonies and the earth's moon."

J: "Really?"

P: "Yes, and from my birth I have been living in space."

J: "Finally, how many years remain before your retirement?"

P: "Many, I hope! I do not wish to retire!"

6.3 Vasily is upset about Dorothy's late arrival.

V: "What time was it, when you telephoned me?"

D: "It was six, I believe. Why?"

V: "And when did you tell me to arrive at the movies?"

D: "At ten after seven. Why are you interrogating me, Vasily?"

V: "Because I quickly got dressed, ran to the bus stop, then took the subway, and arrived in front of the movies at ten after seven!"

D: "So? What time is it now?"

V: "It's eight twenty-four!"

6.4 Last year, Jan Dubcek from the Czech Republic visited African Esperantists in Zaire. He had many questions about the customs of that land. In fact, he discussed the daily routine with Mr. Nsimba.

J: "At what hour do you have breakfast, Mr. Nsimba?"

N: "Usually we have breakfast at seven. My wife prepares it for the whole family. At our house, breakfast is no big deal."

J: "At what time do you have lunch?"

N: "Often at one, after my fellow-workers. I prefer not to eat too early."

J: "Do you have dinner late as well?"

N: "Not according to our customs. We have dinner at eight."

7. LA SEPA LECIONO
Konversacioj

7.1 *Dum kunveno de* "**Esperantistoj Anonimaj,**" *nova membro, Franko Bolo, konversacias kun la malnovuloj.*

(F = Franko; Ĉ = ĉiuj; P = prezidanto; B = Briĝita; R = Rudolfo)

F: "Saluton! Mi nomiĝas Franko."

Ĉ: "Saluton, Franko!"

F: "Mi nomiĝas Franko kaj...kaj...mi estas ...esperantisto!"

P: "De kie vi estas, Franko?"

F: "Denaske mi estas enloĝanto de la regiono."

P: "Kie vi lernis la lingvon, Franko?"

F: "Mi ĉeestis kurson por komencantoj antaŭ du jaroj. Ĉi tiu kurso okazis vespere ĉe loka lernejo."

B: "Ĉu vi ofte uzas Esperanton?"

F: "Antaŭe, jes. Sed lastatempe, mi ne plu parolas Esperanton. Ĉi-vespere, estas la unua fojo, kiam mi parolas la lingvon kun aliaj personoj ekde tri monatoj!"

R: "Kie vi uzis ĝin antaŭe?"

F: "Mi korespondadis kun esperantistoj en aliaj landoj, mi abonis al eldonaĵoj, kaj mi ankaŭ ĉeestis internacian kongreson."

B: "Kie vi loĝas, Franko? Ĉu en la urbo?"

F: "Ne. Mi loĝas en antaŭurbo, ne malproksime de ĉi tie."

B: "Do, vi povas facile partopreni niajn kunvenojn."

F: "Ja, vere."

P: "Do, bonvenon al nia klubo, Franko!"

Vortolisteto:

kun-ven-o	- meeting (together-coming)
anonim-a	- anonymous
mal-nov-ul-o	- oldtimers (long time members)
kie	- where ("KEE-eh")
de-nask-e	- from birth
en-loĝ-ant-o	- inhabitant
ĉe-est-i	- to be at; to attend
antaŭ-e	- formerly
lasta-temp-e	- recently
ne plu	- no longer
kiam	- when

abon-i	- to subscribe
el-don-aĵ-o	- publication
antaŭ-urb-o	- suburb ("ahn-tow-OOR-boh")
mal-proksim-e	- distant
tie; ĉi tie	- there; here ("TEE-eh")
parto-pren-i	- to take part
ja	- indeed ("JAH")

Notoj:

1. La verbo *ĉeesti* konsistas el *ĉe* (at) plus *esti* (to be), kaj signifas "to be at (a place), to attend." Konsideru ankaŭ: *ĉeestanto*.
2. *Ja* is a stronger *jes*, often translated as "indeed."

Demandaro:

1. Dum kiu kunveno parolas Franko?
2. Kiun sekreton Franko havas?
3. Kie Franko lernis la internacian lingvon?
4. Antaŭ kiom da jaroj Franko eklernis Esperanton?
5. Ĉu Franko antaŭe ofte uzis Esperanton? Kiel?
6. Ekde kiam li ne plu parolas Esperanton?
7. Franko eksplikis, ke li ĉeestis du okazaĵojn. Kiujn?
8. Kie Franko loĝas?

7.2 *Sinjorino Ĉebo renkontas du najbarojn, Sinjoro Baraseviĉ kaj Fraŭlino Huto, ĉe la busa haltejo kaj atendante ili konversacias.*

Ĉ: "Bonan matenon, Sinjoro, Fraŭlino! Estas malvarme, ĉu ne?"

B: "Ah, bonan matenon, Sinjorino Ĉebo. Vi pravas, estas vere malvarme ĉi-matene!"

H: "Saluton. Mi konkordas pri la vetero. Kaj ŝajnas al mi, ke pluvo venas."

B: "Kien vi veturas tiel frue, Sinjorino?"

Ĉ: "Mi veturas al la centra vendoplaco. Ni havas malgrandan vendejon tie, mi kaj mia edzo. Kaj vi, kien vi veturas?"

B: "Mi veturas al mia laborejo."

Ĉ: "Sed hodiaŭ estas sabato."

B: "Bedaŭrinde jes, tamen ni havas multan laboron dum tiuj ĉi tagoj, kaj do ni havas ĉiam kromlaboron."

Ĉ: "Kaj vi, Fraŭlino, ĉu vi veturas al la universitato?"

H: "Tute ne, Sinjorino!"

B: "Kien, do?"

H: "Vidu ĉi tiujn pakaĵojn! Ilin mi devas porti al la poŝtejo por mia patrino."

Ĉ: "Al kiu poŝtejo?"

H: "Al tiu apud la moskeo."

Ĉ: "Kial tien? Preferinda estas ja la centra poŝtejo sur la
vendoplaco, kien mi veturas."

H: "Povas esti, tamen mi iras tien, kie mia patrino sugestis."

Vortolisteto:

renkont-i	- to meet
najbar-o	- neighbor
mal-varm-e	- cold
ĉi-maten-e	- *dum ĉi tiu mateno*
konkord-i	- to agree
veter-o	- weather
ŝajn-i	- to seem
pluv-o	- rain
kien	- to where
vetur-i	- to go (in a vehicle)
tiel frue	- so early
ĉiam	- always
krom-labor-o	- overtime (besides-work)
pak-aĵ-o	- package, parcel
poŝt-ej-o	- post office
apud	- near
moske-o	- mosque
kial	- why ("KEE-ahl")
tien	- to there ("TEE-ehn")
prefer-ind-a	- preferable (worthy of prefering)

Demandaro:

1. Kie S-rino Ĉebo renkontas S-ron Baraseviĉ kaj Fraŭlinon
Huton?
2. Kiam ili estas ĉe la haltejo?
3. Kia estas la vetero, ĉu varma?
4. Pri kio Fraŭlino Huto konkordas?
5. Ĉu vi konkordas, ke malvarma vetero estas malplaĉa?
6. Ĉu ŝajnas al vi, ke Esperanto estas facila lingvo?
7. Kien la tri najbaroj veturas?
8. Kial S-ro Baraseviĉ veturas al la laborejo?
9. Kion Fraŭlino Huto portas, kaj kien?
10. Al kiu poŝtejo F-ino Huto veturas? Kial?

Notoj:

1. With proper names ending in vowels, we may attach the accusative
-n with no difficulty: *Ĉebon, Huton, Marian.* Some people will use a
hyphen so that the name remains clear: *Huto-n, Maria-n.* If the proper
name ends in a consonant, it may remain invariable: *Baraseviĉ,*

157

Zamenhof. If, for some reason, it is essential to indicate the accusative, then we may add *-on* to the name, often following a hyphen: *Baraseviĉ-on, Zamenhof-on.*

2. As you will see below, with weather expressions, we use *esti* and an *adverb*: *estas varme.* However, if we mention the word "weather," *vetero*, then we use an *adjective*: *la vetero estas varma.*

7.3 *La instruistino starigas demandojn pri scienco al la lernantoj: Stefano, Ana, kaj Ŝin-Ĵong (el Koreo).*

I: "Bone, kial ni havas la metran sistemon?"

S: "Ĉar ĝi estas logika, science bazita sistemo!"

I: "Vi pravas. Nu, kiel oni elektis la nul-punkton por la metra mezuro de temperaturo?"

A: "Oni elektis tiun punkton, kie akvo glaciiĝas. Laŭ la Farenhejta sistemo, tiu punkto estas je tridek du gradoj."

I: "Bone. Kaj kion signifas la punkto *cent* laŭ la metra mezuro?"

Ŝ-Ĵ: "Je tiu punkto, akvo bolas."

S: "Instruistino, kial Usono ĝis nun ne tute akceptis la metran sistemon?"

I: "Oni ne facile ŝanĝas mezuran sistemon. Fakte, la mondo ne facile ŝanĝiĝas!"

A: "Vi pravas! Oni ankoraŭ ne agnoskis Esperanton, kaj ĝi estas evidente bona solvo de la monda lingva problemo!"

I: "Kial do vi varbas nin? Ni jam scipovas la lingvon!"

Vortolisteto:

star-ig-i	- to raise (cause-to-stand)
kial	- why ("KEE-ahl")
ĉar	- for, because
scienc-e	- scientifically ("stsee-EHN-tseh")
baz-it-a	- based
elekt-i	- to choose
nul-punkt-o	- zero point
glaci-iĝ-i	- to become ice ("glah-tsee-EE-jee")
grad-o	- degree
bol-i	- to boil
ŝanĝ-i	- to change ("SHAHN-jee")
ŝanĝ-iĝ-i	- to become changed ("shahn-JEE-jee")
agnosk-i	- to recognize
varb-i	- to recruit, proselytize
sci-pov-i	- to know a language

7.4 *Ŝirmitaj el la malbonega vetero en eta montara kabano, la skiistoj de la* **Stela Klubo** *aŭskultas la veter-prognozon je radio-aparato.*

"Bonan tagon al ĉiuj niaj aŭskultantoj el Montara Radio! Estas nun la dua kaj tridek dum neĝoplena tago, kaj nun ni prezentas por vi la veterprognozon kaj poste la novaĵojn.

"Hodiaŭ en la montoj, komencis neĝi je la kvina de la mateno kaj daŭre neĝas ĉie en nia aŭskulta regiono. La Nacia Vetero-Servo prognozas ĝis dudek centimetroj da neĝo en la valoj, kaj ĝis tridek-kvar centimetroj en la montoj. Laŭ la Servo, la vetero plimalboniĝis dum la lastaj du horoj. Oni avertas la skiistojn, ke ili devas tuj serĉi ŝirmejon kontraŭ la neĝoŝtormo.

"Kontraste kun nia vetero, la suno brilas kaj estas varme en la sudaj regionoj, precipe laŭlonge de la marbordo."

Vortolisteto:

ŝirm-it-a	- shielded
mont-ar-a	- mountain
kaban-o	- cabin, hut
aŭskult-i	- to listen to
prognoz-o	- forecast
aparat-o	- apparatus, set
neĝ-i	- to snow
ĉie	- everywhere ("CHEE-eh")
val-o	- valley
pli-mal-bon-iĝ-i	- to worsen
last-a	- last, most recent
avert-i	- to warn
tuj	- immediately ("TOO-ee")
serĉ-i	- to look for
ŝirm-ej-o	- shelter
neĝo-ŝtorm-o	- blizzard
kontrast-e kun	- in contrast to
sun-o	- sun
bril-i	- to shine
sud-a	- southern
precip-e	- especially ("preh-TSEE-peh")
laŭlong-e de	- along; the length of
mar-bord-o	- seashore

Demandaro:

1. Kia estas la vetero?
2. Kial la skiistoj ne plu skias?
3. Kie ŝirmiĝas la klubanoj?

4. Kion ili aŭskultas? Kiel?
5. Kioma horo estas, kiam ili aŭskultas?
6. Kiel estas la tago?
7. Kian veterprognozon oni anoncas?
8. Kiam komencis neĝi?
9. Kiom da neĝo-amasiĝo oni prognozas?
10. Ĉu lastatempe la vetero estis pli bona?
11. Kian averton oni anoncas al la skiistoj?
12. Kiel kontrasto, kia estas la vetero ĉe la suda marbordo?

Noto: Ĉu vi bone regas nun la demando-vortojn? Jen la listo de tiuj ĉi:

kia(j)(n) - what kind of
kial - why
kiam - when
kie(n) - where
kiel - how, in what way
kio(n) - what
kiom(a) - how much, how many
kiu(j)(n) - who, which

Do vi certe ankaŭ regas la *t-vortojn* kaj la *ĉ-vortojn*:

tia, ĉia - that kind, every kind
tial, ĉial - for that reason, for every reason
tiam, ĉiam - at that time (then), at every time (always)
tie, ĉie - at that place (there), at every place (everywhere)
tiel, ĉiel - in that way (thus), in every way
tio, ĉio - that (thing), everything
tiom, ĉiom - that quantity, every quantity
tiu, ĉiu - that one, everyone

Lernindaj esprimoj

7.5 For the lands of the New World, and for those lands whose inhabitants are named for the country, the basic Esperanto word refers to the country, and we must use *-ano* for the inhabitant:

Argentino Argentina	*Argentinano* an Argentine
Ameriko America	*Amerikano* an American
Brazilo Brazil	*Brazilano* a Brazilian
Ĉilio Chile	*Ĉiliano* a Chilean
Irlando Irlnd	*Irlandano* an Irishman
Kanado Canada	*Kanadano* a Canadian
Koreo Korea	*Koreano* a Korean

Nederlando Holland   *Nederlandano* a Dutchman
Urugvajo Uruguay   *Urugvajano* an Uruguayan
Usono U.S.A   *Usonano* an American

Noto: We must be careful to distinguish *nationality* from a simple *adjective*: *koreano* means "Korean" in the sense of a Korean person; *korea* means "Korean" in expressions such as *korea brasiko*, "Korean cabbage."

7.6 *La Vetero:*

Kia estas la vetero hodiaŭ?
What is the weather like today?

Estas (mal)varme.
It's warm/cold.

Estas (mal)varmege.
It's hot/bitterly cold.

Estas tre hele.
It's very bright.

Estas sune.
It's sunny.

La ĉielo estas nuba.
It's cloudy. (*nuba - kovrita de nuboj; nubo* - cloud)

Nebulas.
There's a fog. (*nebulo* - fog)

Ĉu pluvas? Jes, pluvas kaj la vento blovas.
Is it raining? Yes, it's raining and the wind is blowing.

Ofte neĝas en januaro.
It often snows in January.

La floroj mortas, kiam unue frostas.
The flowers die when first there is a freeze.

7.7 *Kelkaj festotagoj:* (Some holidays)

Novjaro - New Year's Day
Ramadano - Ramadan
Pasko - Easter
La Kajtofesto - the Kite Festival
La Infanofesto - Children's Day
Kvanzao - Kwanzaa
Ĥanuko - Hanukkah
Divalio - Diwali
Kristnasko - Christmas
datreveno - anniversary, birthday
Feliĉan Novjaron! - Happy New Year!

Ĝojan Kristnaskon! - Merry Christmas!

7.8 *La Sezonoj:* (the seasons)

somero - summer

aŭtuno - fall, autumn

vintro - winter

printempo - spring

musono - Monsoon season

7.9 *La Homa Korpo - unua parto* (the human body)

brako - arm

buŝo - mouth ("BOO-shoh")

dento - tooth ("DEHN-toh")

fingro - finger ("FEEN-groh")

kapo - head

kolo - neck

kruro - leg

lango - tongue

lipo - lip

mano - hand

nazo - nose

okulo - eye ("oh-KOO-loh")

orelo - ear

piedo - foot ("pee-EH-doh")

piedfingro - toe (foot-finger)

7.10 *Kioma horo estas?*

Estas la dua kaj kvin.

Estas kvin minutoj post la dua.

It's five after two.

Estas la kvara kaj duono.

Estas duono post la kvara. (*duono* - 1/2)

It's half-past four.

Estas la sesa kaj kvarono. (*kvarono* - 1/4)

Estas kvarono post la sesa.

It's quarter after six.

Estas dek minutoj antaŭ la naŭa.

It's ten before nine.

Estas kvarono antaŭ la unua.

It's a quarter to one.

Noto: To express A.M., Esperanto uses *atm.*, standing for *antaŭtagmeze* (*antaŭ* + *tago* + *mezo*, before-day-middle). For P.M., there is *ptm.*, standing for *posttagmeze*.

La Praktiko

7.11 *Ĉu vi povas respondi al la sekvantaj demandoj pri la vetero?*
1. Kia estas la vetero hodiaŭ?
2. Kia estis la vetero hieraŭ?
3. Ĉu plaĉas al vi, kiam pluvas?
4. Ĉu plaĉas al vi, kiam la suno brilas?
5. Kia estas la vetero dum la vintro?
6. Kia estas la somera vetero?
7. Ĉu ofte neĝas, kie vi loĝas?
8. Kiam estas malvarme, en la regiono, kie vi loĝas? (*Dum...*)
9. Kia estas la vetero dum la musono?

7.12 For each of the following weather conditions, tell us that yesterday the weather was exactly the opposite! *Ekzemple: Hodiaŭ estas malvarme > Hieraŭ estis varme.* Note the change from *estas* to *estis*.
1. Estas varmege!
2. Frostas.
3. La suno brilas.
4. Pluvetas.
5. Estas bele.

7.13 *Ĉu vi povas nomi la feston?*
1. La infanoj ludas per kajtoj.
2. Sankta Nikolao vizitas la domojn de bonaj infanoj.
3. Taghore, oni ne manĝas nek trinkas dum la tuta monato. (*taghor-e* - during daylight hours)
4. Ni festas la komencon de la jaro.
5. En multaj Afrikaj-Usonaj familioj oni festas dum sep tagoj ĉi tiun feston, kiu okazas inter Kristnasko kaj Novjaro.
6. Ni festas la tagon de nia naskiĝo.

7.14 *Per kiu korpa parto oni...*
1. vidas?
2. aŭskultas?
3. tuŝas? (*tuŝi* - to touch)
4. dancas?
5. parolas?
6. kuras?
7. gustumas? (*gust-um-i* - to taste something)

7.15 *Kioma horo estas?*

1. 9:20	6. 12:45
2. 2:15	7. 1:35
3. 4:25	8. 11:30
4. 5:30	9. 6:15
5. 8:55	10. 7:10

La Gramatiko

7.16 The new question-word introduced in the Conversations is *kie* (where). As you may suspect, the *t-word* that can answer *kie* is *tie* (there). We may also create the *ĉ-word*, *ĉie* (everywhere).

Kie may be used when we are asking "in/at what place", and after a preposition (*de kie, malantaŭ kie*). If we wish to ask "*to* what place", then we must use the accusative form: *kien* (to where). This distinction is consistently made in Esperanto. If the verb implies *motion toward* (iri, kuri, veturi), then we will use *kien*. Compare the following questions:

Kie vi loĝas?

Where (i.e., *at* what place) do you live?

Kien vi iras?

Where (i.e., *toward* what place) are you going?

The answering words, *tie* and *ĉie*, will also use the accusative form (*tien, ĉien*) to express "motion towards":

Kie vi laboras? Tie.

Where do you work? There.

Kien vi kuras? Tien.

Where are you running (to)? (to) There.

When *ĉi* is used with *tie/tien*, the meaning is here/to here:

Kiu loĝas tie ĉi?

Who lives here? (here = *at this place*)

Venu ĉi tien!

Come here! (here = *to this place*)

A similar distinction exists with the words for "right" and "left": (*mal*)*dekstr-*:

Kie la hundo staris? Maldekstre.

Where did the dog stand? On the left.

Kien la hundo kuris? Dekstren.

Where did the dog run? To the right.

Iru dekstren, poste paŝu maldekstren.

Go to the right, then step to the left.

Often these words are used as adjectives, with the noun *mano* (hand) either present or being understood:

Ili kuris de la maldekstra ĝis la dekstra.

Ili kuris dekstren de la maldekstra.

They ran from the left to the right.

7.17 So far you have seen four forms of numbers: *du* (cardinal: "two"), *dua* (ordinal: "second"), *duono* (fraction: "one-half"), and *duoble* (multiple: "two times"). Numbers may also occur as nouns, that is, with the final *-o*:

unuo - a unit ("oo-NOO-oh")

duo - a twosome

kvaro - a foursome

dekduo - a dozen

And numbers may also appear as adverbs, with the ending *-e*:

unue - firstly, first of all ("oo-NOO-eh")

due - secondly, in the next place

trie - thirdly

7.18 *Ni havas du novajn prefiksojn por vi en ĉi tiu leciono:* **re-** *kaj* **mis-**. The prefix *re-* carries the meaning of "again" (repetition of the action) or "back" (to the point of origin or the beginning state):

telefoni > *retelefoni* - to call again

skribi > *reskribi* - to rewrite

vidi > *revidi* - to see again (*ĝis revido!*)

iri > *reiri* - to go back

veni > *reveni* - to come back

aĉeti > *reaĉeti* - to buy back

Sometimes, whether the sense of *re-* is "again" or "back" is best determined by the context.

The prefix *mis-* carries much the same meaning as the English prefix "mis-": a mistake, an error, a lack of correctness.

kompreni > *miskompreni* - to misunderstand

paŝi > *mispaŝi* - to make a false step, to stumble

traduki > *mistraduki* - to mistranslate

Both of these prefixes also occur as *adverbs*: *ree* and *mise*:

Ŝi paŝis reen en la ĉambron.

She stepped back into the room again.

Kiel vi komprenis la problemon? Mise.

How did you understand the problem? Incorrectly.

7.19 There are three verbs in Esperanto that are most often followed by an infinitive (*i-form*): *povi* (to be able), *devi* (to be obligated), and *voli* (to want):

> *Ĉu vi povas kompreni ĝin?*

Can you understand it?

> *Ni devas studi kune.*

We ought to study together.

> *Kion vi volas fari ĉi-vespere?*

What do you want to do this evening?

The English translation of the past forms is often irregular; the Esperanto forms are completely regular.

> *Ĉu vi povis vidi lin?*

Could you see him?

> *Ili devis kuri antaŭ la hundo.*

They had to run before the dog.

> *Ni volis danci kun la princino.*

We wanted to dance with the princess.

In the negative, *where* we put the *ne* will change the meaning:

> *Mi ne povas paroli la anglan.*

I cannot speak English.

> *Mi povas ne paroli la anglan.*

I am able to refrain from speaking English.

> *Ili ne devas krokodili.*

They do not have to use their native language.

> *Ili devas ne krokodili.*

They should avoid using their native language.

> *Marko ne volas dormi.*

Mark does not want to sleep.

> *Marko volas ne dormi.*

Mark wants to keep from sleeping.

Both *povi* and *voli* form compounds with *scii* (to know): *scipovi* (to know how, to know how to speak a language) and *scivoli* (to wonder < know-want).

> *Ĉu vi scipovas la francan?*

Can you speak French?

> *Mi scivolis kien Franko kuris.*

I wondered where Frank ran off to.

Esperanto makes a distinction similar to the English "may/can". *Povi* is "to be (physically) able". To express "may", as in "may I?", we use *permesu, ke*:

> *Ĉu mi povas malfermi la fenestron?*

Am I (physically) able to open the window?

Permesu, ke mi malfermu la fenestron.
May I open the window?

7.20 You have seen how possessive adjectives are formed from the pronouns in Esperanto: *mi > mia, ni > nia, ktp.* With the third-person forms (*lia, ŝia, ĝia, ilia*), ambiguity may arise when dealing with such sentences as "He is reading his book." Is it his *own* book, or a book belonging to some other person? To avoid this, we have a special third-person possessive form: *sia(j)(n)*. This form refers *only* to the subject of the sentence, so *li legas sian libron* can only mean "He is reading his (own) book". If we said *li legas lian libron*, we would mean "He is reading his (someone else's) book". Compare the following sets of sentences:

Ŝi amas ŝiajn infanojn.
Ŝi amas siajn infanojn.

In the first sentence, she loves the children of some other woman; in the second, she loves her *own* children.

Marko kaj Ana skribis al iliaj amikoj.
Marko kaj Ana skribis al siaj amikoj.

Once again, in the first sentence, Mark and Ana wrote to other people's ("their") friends, and in the second, to their *own* friends.

Li telefonis al li de lia lito.
Li telefonis al li de sia lito.

In the first sentence, he (person A) called him (person B) from his (person B's) bed! What he (person A) was doing there is open to (wild) conjecture. In the second sentence, he (person A) called him (person B) from his (person A's) *own* bed.

Imagine the consequences of using the wrong form (*sia, lia*) in the following sentence:

Li enlitiĝis kun...edzino!

With *sia* we have a common marital activity. With *lia*, we may observe subsequent fisticuffs, lawsuits, divorce proceedings, etc.

Remember, the *si-* forms are used only in the third person (his own, her own, its own, their own), and may refer only to the subject.

7.21 With some words, *where* they occur in the sentence is important in determining the sense of the phrase. Two such words are *nur* (only) and *eĉ* (even). Compare the following sentences:

Nur ŝi parolis Esperanton.
Only she spoke Esperanto (and no one else).
Ŝi nur parolis Esperanton.
She only spoke Esperanto (i.e., she could not read it).
Ŝi parolis nur Esperanton.

She spoke only Esperanto.

Eĉ li dancis kun Maria.

Even he danced with Maria.

Li eĉ dancis kun Maria.

He even danced with Maria.

Li dancis eĉ kun Maria.

He danced even with Maria.

7.22 When we wish to say "ago" in the sense of "three days ago," we use the preposition *antaŭ* with the time expression:

Antaŭ tri tagoj, mi vidis Markon kun lia amiko.

Three days ago, I saw Mark with his friend.

(Note: we do not use *sia* here, because *Marko* is not the subject of *vidis*.)

Kiam vi alvenis? Antaŭ du semajnoj.

When did you arrive? Two weeks ago.

7.23 Here are two further prepositions *krom* (except for, besides) and *ekster* (outside of, beyond):

Krom mi, estis tri aliaj esperantistoj tie.

Besides me, there were three other Esperantists there.

Ĉe-Daŭo manĝas nenion krom legomoj.

Che Dao eats nothing but vegetables.

Krom sia mono, Paŭlo perdis ankaŭ siajn kreditkartojn.

Besides his money, Paul also lost his credit cards. (Note, in this case we used *sia* and *siajn* because both referred to *Paŭlo*, the subject of the sentence.)

Patro ŝatas labori ekster la domo.

Father likes to work outside the house.

Ni estis kiel fiŝoj ekster akvo.

We were like fish out of water.

7.24 Now to return for a moment to the Esperanto verb. You have seen the verb *boli* (to boil) in the sentence *akvo bolas je cent gradoj.* Who is boiling the water? No one. The water just boils. In this case, we say that the verb is *intransitive*; there is no direct object. English verbs enjoy variable transitivity, that is, "to boil" can be intransitive (water boils at 100 degrees C) or transitive: I boil the water. Not so the Esperanto verb! If we wish to use an intransitive verb like *boli* as a transitive verb, we must attach the *transitive suffix, -ig-*:

boli > *boligi* - to boil (something)

droni > *dronigi* - to drown (someone)

fali > *faligi* - to drop (something)

morti > *mortigi* - to kill (someone)

pasi > *pasigi* - to spend (time)

The meaning of *-ig-* ranges from "to make..., to render..." through to "to cause to..., and to cause to be...", so it is also called a *causative suffix*. Look at the following transformations:

veni > *venigi* - to cause to come, to send for

veturi > *veturigi* - to cause to travel by vehicle, to transport

dormi > *dormigi* - to cause to sleep

daŭri > *daŭrigi* - to cause to last, to continue (something)

With verbs, the sense of *-ig-* is thus *igi...-i*, as in *venigi* = *igi veni* (to have come, to make come, to cause to come):

Ili venigis kuraciston.

Ili igis kuraciston veni.

They had a doctor come. They sent for a doctor.

This suffix can also be used with adjectives to form transitive verbs. In this case, the sense is *igi...a*, as in *bluigi* = *igi blua*, to make blue.

blanka > *blankigi* - to whiten, cause to be white

pli bela > *plibeligi* - to make more beautiful

kontenta > *kontentigi* - to make happy, to cause to be happy

malpura > *malpurigi* - to dirty (something)

plena > *plenigi* - to fill (something), to fulfill (e.g., a request)

klara > *klarigi* - to clarify

It is important to know the (in)transitivity of an Esperanto verb, since this is the starting point for further derivations. In dictionaries, you will find *intr* for intransitive and *tr* for transitive next to the infinitive.

Ekzercaro

7.25 Use *kie* or *kien* in the blanks of the following questions, then create an answer using *tie* or *tien*.

    1. De...la trajno venas?

    2. ...la trajno veturas?

    3. ...la hundo dormas?

    4. Ĉu vi scias, ...la kato saltis?

    5. Mi diris al ŝi, ...mi veturis.

7.26 Now use *ĉie* or *ĉien* to give a one-word answer to the following questions.

    1. Kien la musoj kuris, kiam la kato saltis?

    2. Kie oni lernas Esperanton?

    3. Kie oni povas aĉeti librojn en Esperanto?

7.27 Make nouns from the following numbers and think about how you

would say them in English. Warning! Sometimes the English version
is radically different.

1. dudeko   4. dekduo
2. trio   5. seso
3. centkvardekkvaro   6. dektrio

7.28 Which came first? Put the following sets of sentences in order
using *unue, due, trie,* and *fine* ("FEE-neh", finally),

A.
1. La kato alvenis kaj la musoj kuris hejmen.
2. La bestetoj finmanĝis ĉion.
3. La musoj saltis sur la tablon.
4. Ili trovis manĝaĵojn tie.

B.
1. Mia amikino deziris iri kun mi.
2. Mi telefonis al mia amiko, Karlina.
3. Karlina ne povis jesi mian inviton.
4. Mi demandis al ŝi kuniri kun mi al kinejo.

7.29 Now try creating words from the following roots using *re-*, then
think of the English versions.
1. *brosi* - to brush
2. *demandi* - to ask
3. *purigi* - to clean
4. *starigi* - to stand (something) up
5. *veturi* - to travel by vehicle
6. *jesi* - to agree, to say yes

7.30 And how about creating words using *mis-*? Once you have them,
think about how they would be expressed in English.
1. *paroli* - to speak
2. *obei* - to obey ("oh-BEH-ee")
3. *prepari* - to prepare
4. *malplilongigi* - to shorten ("mahl-plee-lohn-HEE-hee")
5. *tajpi* - to type ("TY-pee")

7.31 One after another, insert *povi, devi, voli* into each of the following
sentences and notice how the meaning changes.
1. Vi telefonas al niaj amikoj.
2. Ĉu ili naĝas?
3. La katoj vespermanĝas kun la musoj.

7.32 Use first *povi,* then *permesu, ke* with each of the following
sentences. Remember that after *povi* we use the infinitive (*i-form*), and
after *permesu, ke* we use the imperative (*u-form*).

1. Mia amiko fermas la pordon.
2. Teresa portas vian pakaĵon.
3. La infanoj ludas kun siaj musoj.

7.33 Use *sia*, then either *lia/ŝia/ĝia/ilia* (as indicated) in each of the following sentences and state how the meaning is different.
   1. Marta dancas kun...edzo. (ŝia)
   2. La geedzoj dormas en...lito. (ilia)
   3. Paŭlo skribas al...kuzoj. (lia)
   4. La hundo atendas...mastron. (ĝia)

7.34 Insert *nur* where indicated, then rewrite the sentence placing *nur* somewhere else. Note how the meaning changes. Try the same exercise using *eĉ*.
   1. Acuo studas...matematikon en la lernejo.
   2. Susana...kantas en la familio.
   3. ...la geknaboj legas la gazeton.

7.35 Answer the following questions using *antaŭ* and a time expression.
   1. Kiam vi komencis studi Esperanton?
   2. Kiam vi eklaboris? (began to work)
   3. Kiam vi naskiĝis?
   4. Kiam lastatempe pluvis?
   5. Kiam lastatempe frostis?

7.36 Below you will find sentences with *intransitive* verbs. Rewrite the sentence using the suggested subject, and create *transitive* verbs using *-ig-*. *Ekzemple: La akvo bolas. (Marko) > Marko boligas la akvon.*
   1. La supo bolas. (la patro)
   2. La floroj mortas. (la kato)
   3. Tri tagoj pasis. (Rudolfo...en la urbo)
   4. Miaj amikoj veturis al Parizo. (mi)
   5. Naŭ knaboj venis al la domo. (Lia patrino)

Now try the same thing with the following adjectives. *Ekzemple: La akvo estas malvarma. (Suzana) > Suzana malvarmigas la akvon.*
   6. La supo estas varma. (Ana)
   7. La ĉambroj estas puraj. (Petro kaj Karlo)
   8. La boteloj estis plenaj. (La vendisto)
   9. Liaj ŝuoj estis blankaj. (La fratino)
   10. Tiu ĉi tablo estas pli granda. (Huseno)

Legaĵoj

7.37 La Gesinjoroj Brukso deziras pasigi la someran ferion ĉe "Kastelo Gresiljono," esperantista feriejo en Francujo. Sinjorino Brukso skribas por rezervi ĉambron.

la 15an de aprilo
al: S-ro Direktoro
Kastelo Gresiljono
Estimata Sinjoro Direktoro,
Mi kaj mia edzo jam delonge deziras viziti vian mondfaman kastelon, antaŭ ĉio por la esperantista etoso. Finfine, ni decidis pasigi du semajnojn kun vi dum la somera ferio ĉi-jare. Do, mi nun skribas por rezervi unu dulitan ĉambron dum ĉi tiu tempo, de la 12a ĝis la 26a de julio inkluzive. Ni preferas ĉambron, el kiu oni povas vidi la tenisejon kaj la trutplenan rivereton. Mi kaj mia edzo ambaŭ ŝatas˙ la fiŝkaptadon, kaj deziras fiŝkapti dum nia gastado ĉe Gresiljono. Ĉu vi povas sugesti al ni aliajn vizitendajn lokojn proksime al la kastelo?
Bonvolu konfirmi per letero ĉi tiun rezervon por la datoj indikataj.
Ĉi-kune mi enmetas nian ĉekon por la antaŭpago de du noktoj.
Antaŭajn dankojn mi esprimu pro via afabla helpemo.

Vortolisteto:

feri-o	- holiday, vacation
feri-ej-o	- vacation place
mond-fam-a	- world-famous
antaŭ ĉio	- above all
etos-o	- ethos, atmosphere
ĉi-jar-e	- *dum tiu ĉi jaro*
du-lit-a	- two-bed
tenis-ej-o	- tennis court
trut-plen-a	- trout-filled
river-et-o	- stream
fiŝ-kapt-ad-o	- fishing (fish-catching)
gast-ad-o	- staying as guests
vizit-end-a	- must visit
ĉi-kune	- herewith
en-met-i	- to put in
antaŭ-pag-o	- deposit
antaŭ-a	- previous
afabl-a	- kind

help-em-o   - helpfulness

Demandaro:

1. Kie la Gesinjoroj Brukso volas pasigi sian ferion?
2. Kio estas Kastelo Gresiljono?
3. Kial S-rino Brukso skribas al la direktoro?
4. Kian etoson oni trovas ĉe la kastelo?
5. Kiom da tempo la geBruksoj intencas pasigi ĉe Gresiljono?
6. Kian ĉambron la gesinjoroj deziras?
7. Kion la geedzoj Brukso tre ŝatas?
8. Kien ili deziras iri dum sia gastado?
9. Kion S-rino Brukso sendas kun sia letero?

7.38 En Esperantolando, ekzistas multaj proverboj kaj diroj, kiuj reflektas sur la internacian kulturon de la esperantistoj. Unue, jen kelkaj proverboj, en kiuj oni mencias korpo-partojn.

1. *Mankas klapo en lia kapo.*
2. *Li havas en la cerbo tro multe da herbo.*
3. *Mano manon lavas.*
4. *Mano dekstra ne sciu, kion faras la maldekstra.*
5. *Ne ŝovu la nazon en fremdan vazon.*
6. *Kiel dancanto kun du piedoj maldekstraj.*
7. *Malfermi la buŝon nur por enmeti la alian piedon.*
   Kaj jen aliaj:
8. *Eĉ longega vojaĝo per la unua paŝo komencas.*
9. *Fino bona, ĉio bona.*
10. *Komenco bona -- laboro duona.*

En Esperantujo oni ofte proverbas pri katoj:

11. *La kato foririnta, la musoj dancas.*
12. *Ne veku la katon, kiu dormas.*
13. *Nokte, ĉiuj katoj estas grizaj.*
    Fine, jen kelkaj ekzemploj el la *Maksimoj* de la Franco *la Rochefoucauld (Roŝfuko:)*
14. *Ni ĉiuj estas sufiĉe fortaj por toleri la malfeliĉojn de aliuloj.*
15. *La vera elokvenco konsistas el tio: diri ĉion necesan, kaj diri nur ĉion necesan.*

Vortolisteto:

dir-o	- saying
mank-i	- to lack (*mankas* - there lacks)
klap-o	- flap, valve
cerb-o	- brain ("CEHR-boh")
herb-o	- grass

lav-i	- to wash
ŝov-i	- to push along, slide
fremd-a	- foreign
vaz-o	- vessel (container), vase
for-ir-int-a	- having gone away
vek-i	- to wake (someone)
nokt-e	- by night, at night
ali-ul-o	- another person

Demandaro:
1. Kiajn proverbojn ni havas en Esperanto?
2. Ĉu vi povas diri la ĝustan proverbon por ĉiu el la frazoj ĉi-sube?
   (*ĝusta* - correct)
   a. Atentu, antaŭ ol vi saltas. (*antaŭ ol* - before)
   b. Vi helpas min, kaj mi helpas vin.
   c. Oni ne estas gracia. (*gracia*, "grah-TSEE-ah" - graceful)
   d. Li ne bone komprenas la aferon, aŭ: li estas stranga persono.
   e. Oni ofte parolas antaŭ ol pensi, aŭ: oni ofte diras maltaŭgaĵojn.
      (*mal-taŭg-aĵ-o-j-n*)
   f. Li ne bone pensas.
   g. Ne diru ĉion, kion vi faras.

7.39 *Hundo, kiu mordas...*

En malgranda vilaĝo, tri kamparanoj sidis antaŭ manĝoprovizejo dum varma somera vespero kaj priparolis la mondon. Apud unu el la viroj kuŝis granda bruna hundo, ĉashundo evidente.

En la harmonian krepuskon veturis urbano en brile ruĝa sportaŭto. Li haltigis la veturilon antaŭ la manĝoprovizejo, eliris, kaj venis stari fronte al la tri kamparanoj.

"Vere estas varme, ĉi-vespere," la urbano komencis, iom stulte.

La tri komparanoj nur rigardis la urbanon. Fine, unu el ili diris, "Ja, vere."

"Kia impona hundo!" la urbano daŭrigis. Nun, alparolante la viron, kiu respondis, li demandas, "Ĉu via hundo mordas?"

"Mia hundo? Certe ne!"

La urbano kliniĝis kaj antaŭenmovis la manon, por karesi la hundon. Subite, la hundo bojis kaj mordis la manon.

"Aj! Ĝi mordis min!" kriis la urbano. "Vi diris al mi, ke via hundo ne mordas!"

"Efektive. Tamen, tiu ĉi ne estas mia hundo."

Vortolisteto:
| mord-i | - to bite |
| kamp-ar-an-o | - country types, peasants |

manĝo-proviz-ej-o	- general store
pri-parol-i	- to discuss (talk about)
kuŝ-i	- to be lying down
ĉas-hund-o	- hunting dog
krepusk-o	- twilight (or dawn)
halt-ig-i	- to cause to stop
fronte al	- in front of
iom	- somewhat (some quantity)
stult-e	- stupidly
impon-a	- impressive
al-parol-ant-e	- speaking to, addressing
klin-iĝ-i	- to bend over
antaŭ-e-n-mov-i	- to move forward
kares-i	- to caress, to pet
boj-i	- to bark

Demandaro:
1. Kie la kamparanoj sidis?
2. Kia estis la vetero?
3. Pri kio la kamparanoj parolis?
4. Kia hundo estis kun ili?
5. Kiel la urbano alvenis en la vilaĝon?
6. Kiel li trovis la hundon?
7. Kion la sportaŭtisto demandis al unu kamparano?
8. Kion la urbano ne komprenis?

7.40 Onklo Mateo

Mia onklo Mateo ne estas urbano. Male, li loĝas en farmbieno kun bestoj, plantoj kaj kampoj. Li havas malmultajn najbarojn.

Onklo Mateo estas edzo kaj patro. Lia edzino estas mia onklino Marta. Liaj gefiloj estas miaj kuzoj. Maria-Magdalena estas mia kuzino; Timoteo estas mia kuzo.

Mia estimata onklo estas jam sepdek-kvarjarulo. La onklino Marta estas sepdek-dujara. Maria estas tridek-okjara kaj Timoteo estas kvindekjara. Maria havas ŝi mem edzon kaj infanojn, sed Timoteo estas ankoraŭ fraŭlo.

Onklo Mateo estas amuza viro. Mi ofte ridas pri liaj neintencaj aventuroj kaj liaj ridoplenaj rakontoj. La pasintan semajnfinon mi vizitis Onklon Mateon. Vespere, la familio sidis en la salono de la farmodomo kaj Onklo Mateo rakontis. Kaj nun, permesu, ke mi diru al vi, kion li diris al ni.

Iun matenon, Onklo Mateo staris ĉe la fenestro de la manĝoĉambro. Post kelkaj minutoj, li vidis la najbaron, kiu rajdis en vagono post

175

maljuna ĉevalo. Tiu bonulo nomiĝas Tomaso. La vagono estis ŝarĝita de sterko, kiu havis tre malagrablan odoron.

"Ho, najbaro! kriis Onklo Mateo. "Kien vi veturas kun tiu sterko?"

"Ĉi tiu estas por meti sur miajn fragojn," respondis la najbaro Tomaso.

"Vi estas vera strangulo," mia onklo replikis. "Ĉe ni, ni preferas meti sukeron kaj kremon sur niajn fragojn!"

Vortolisteto:

urb-an-o	- city-dweller
mal-e	- just the opposite
farmbien-o	- farm
kamp-o	- field
najbar-o	- neighbor
amuz-a	- amusing
rid-i	- to laugh
ne-intenc-a	- unintentional ("neh-een-TEHN-tsah")
rido-plen-a	- full of laughs
pas-int-a	- past (having passed)
semajn-fin-o	- weekend
salon-o	- living room
manĝo-ĉambr-o	- dining room
rajd-i	- to ride
vagon-o	- wagon
ŝarĝ-it-a	- loaded (having been loaded)
sterk-o	- manure
vetur-i	- to go (in a vehicle)
frag-o	- strawberry
replik-i	- to reply
suker-o	- sugar

Demandaro:

1. Kiu estas Onklo Mateo?
2. Kiomjara li estas?
3. Kia viro estas Onklo Mateo?
4. Ĉu la bona onklo estas aventuristo intenca?
5. Kie Onklo Mateo loĝas?
6. Kion Onklo Mateo faris iun matenon?
7. Kion li vidis de la fenestro?
8. De kio estis ŝarĝita la vagono de la najbaro?
9. Kiel la ŝarĝaĵo odoris?
10. Por kio la najbaro alportis la sterkon?
11. Ĉu Onklo Mateo miskomprenis?

12. Kion Onklo Mateo preferas kun la fragoj?

7.41 Enigmo

Pasint-printempe, mia pliaĝa frato anoncis, ke li intencis viziti nin. "Nin plagi, vi volas diri!" kriis mia edzo, kiam mi parolis al li pri la planoj de mia frato. Verdire, mia frato ne estas afablulo. Ĉar li estas la plejaĝa en nia familio, li ĉiam pensas, ke nur li pravas, ke nur li kapablas ĉion decidi.

Eklumis la tago de lia alveno, kaj mi--laŭplane--atendis lin ĉe la malgranda flughaveno apud nia vilaĝo. La vetero estis terura: ŝtormis kaj pluvegis dum horoj antaŭ la surteriĝo de la aviadilo en kiu mia frato vojaĝis. Mi pensis pri la vojo hejmen, kaj timis.

"Sensenculineto!" brue ridis mia frato, kiam ni enaŭtiĝis. "Estas nur printempa pluveto, ne timu. Aŭ, se vi timas, permesu, ke mi stiru la aŭton."

Mi certe ne volis, ke li tratu min kiel infanon, do mi ekirigis la aŭton sub la pluvego, kaj ni postlasis la parkejon de la flughaveno.

Estis multaj flakoj--mi diru prefere *pluvlagetoj*--tra kiuj mi devis stiri. Kaj en ĉiu flako mi timis, ke la akvo malsekigu la sparkilojn kaj malstartigu la aŭton. Sed la aŭto daŭre funkciis, kaj mian fraton amuzis mia hezitemo.

Fine, ni alvenis al larĝa flako, kiu kovris la tutan vojon. En la akvo, pluraj aŭtoj sidis, duon-subakviĝintaj. Mi bremsis kaj haltis ĵus antaŭ la flaka bordo.

"Ek! Enstiru nur!" kriis mia frato. "La akvo ne estas sufiĉe profunda por dronigi nin!"

Mi hezitis. Mi ne volis, ke mia frato konsideru min senkuraĝulo. Tamen, mi ne volis enkaptiĝi en la flakego.

Tiam, mi vidis aŭton, kiu venis kontraŭ nin. La stiranto de tiu aŭto ankaŭ paŭzis antaŭ la rando de la lageto.

"Se tiu stiranto decidas transiri la lageton," mi anoncis al mia frato, "tiam mi ankaŭ transiras."

Li nur smilis, kaj rigardis la alian veturilon.

Post kelkaj minutoj, tiu aŭto ekkomencis ruli kaj, lante-lante, eniris la egan flakon. Ĉiam malrapide, la stiranto antaŭenirigis la veturilon. Mi vidis, ke la akvo plialtiĝis kontraŭ la flanko de la aŭto. Ĝi atingis ĝis nur kelkaj centimetroj sub la fenestreto de la veturilo, kaj poste komencis malaltiĝi. Ho! La aŭto nun eliris la lageton, kaj mia frato rigardis min.

"Jes, mi vidas, kara frato," mi diris kiel mi prenis denove la stirradon kaj ruligis iomete la aŭton. "Ni ankaŭ povas transiri la Ruĝan Maron!"

Sed ĝuste tiam, la alia aŭto pasis nin, kaj mi flaris ion, kiu igis min haltigi mian aŭton. "Ne," mi diris, "ni *ne* povas transiri tiun ĉi flakon." Poste, mi eksplikis ĉion al mia pliaĝa frato. Kiam li finaŭdis min, li smilegis kaj diris, "Pardonu min, fratineto! Vi estas vera sciulo!"

Ĉu vi povas diveni, kion mi flaris? La respondo troviĝas post la *legaĵoj* de la oka leciono.

Vortolisteto:

pli-aĝ-a	- elder, older
plag-i	- to plague ("PLAH-ghee")
ver-dir-e	- to tell the truth, speaking truthfully
afabl-ul-o	- a pleasant person
plej-aĝ-a	- eldest, oldest
ek-lum-i	- to light (suddenly), to begin to be light
laŭ-plan-e	- according to plan
flug-haven-o	- airfield (small airport)
terur-a	- terrible
sur-ter-iĝ-o	- landing ("on-earth-becoming")
avi-ad-il-o	- airplane
sen-senc-ul-in-et-o	- senseless little female person
bru-e	- noisily
en-aŭt-iĝ-i	- to get into a car
stir-i	- to drive (a car)
trat-i	- to treat
ek-ir-ig-i	- to cause to start off
post-las-i	- to leave behind
park-ej-o	- parking lot
flak-o	- puddle
lag-o	- lake (*pluv-lag-et-o*)
tra	- through
mal-sek-ig-i	- to wet (opposite-of-dry-make)
spark-il-o	- spark plug
mal-start-ig-i	- to cause to stop
funkci-i	- to function ("foonk-TSEE-ee")
hezit-em-o	- tendency to hesitate, hesitation
larĝ-a	- wide
kovr-i	- to cover
voj-o	- road
plur-aj	- several
duon-	- half-
sub-akv-iĝ-int-a	- submerged (under-water-having-become)

brems-i	- to brake
ĵus	- just (as in "just before...")
profund-a	- deep
sen-kuraĝ-ul-o	- coward (without-courage-one)
en-kapt-iĝ-i	- to get caught
kontraŭ	- against, from the opposite direction
paŭz-i	- to pause
rand-o	- edge, rim
trans-ir-i	- to go across
smil-i	- to smile (also: *rideti*)
vetur-il-o	- vehicle
rul-i	- to roll
lante-lante	- *tre malrapide* (*lante* = *malrapide*)
antaŭ-e-n-ir-ig-i	- to cause to go forward
pli-alt-iĝ-i	- to become higher
ating-i	- to reach
mal-alt-iĝ-i	- to recede, to lower
stir-rad-o	- steering wheel
iom-et-e	- a little bit
flar-i (ion)	- to smell (something)
ig-i	- to cause
halt-ig-i	- to stop (something), make stop
fin-aŭd-i	- to hear (someone) out
sci-ul-o	- knowledgeable person
diven-i	- to guess

Vivovojo per bioritmo

— **Regularo por moderna vivmaniero**

Demandaro:
1. Kia viro estis la frato de la rakontanto?
2. Kion tiu ĉi frato planis?
3. Kiel li vojaĝis?
4. Kia estis la vetero la tagon de la frata alveno?
5. Kial la rakontanto malkuraĝis?
6. Kial la vojo hejmen estis timiga? (*tim-ig-a* - causing fear, another use of *-ig-*)
7. Antaŭ kia flako la rakontanto hezitis?
8. Kion ŝi timis?
9. Ĉu la frato ankaŭ timis?
10. Kion la rakontanto decidis, kiam ŝi vidis la alian aŭton?
11. Ĉu la alia veturilo dronis en la flakego?
12. Kial do la rakontanto ne transiris la flakegon?

La Kulturo

7.42 For those of you who enjoy chess, *Esperanta Ŝak-Ligo Internacia* (*ŝako* - chess) exists to organize meetings and encourage friendship among Esperanto speaking chess players. Current members come from over thirty-five lands. Queries sent to UEA will be forwarded to the *Ŝak-Ligo*. UEA also has booklets featuring chess terminology.

If your interests tend more to Go than chess, *Esperantista Go-Ligo Internacia* (*goo*, "GOH-oh", Go) is waiting for you! The *Ligo* was created to encourage Go among Esperantists, and to encourage the learning of Esperanto among Go-players. The address is:

M. Emori
Ĝeneral Sekretario
Esperantista Go-Ligo Internacia
2-26-2 Kozima, Tyofu
Tokyo, 182
Japan

7.43 The *Universala Esperanto-Asocio* operates an office in New York, under the name of *Laborgrupo de UEA ĉe Unuiĝintaj Nacioj*, that works in a consulting relationship with the United Nations and with UNESCO. UEA works to provide Esperanto translations of various U.N. documents, and tries to persuade delegates to consider the option of Esperanto. The New York address is: UEA United Nations Office, 777 U.N. Plaza, Suite 1, New York, NY 10017 (tel. 212-687-7041).

HEROLDO
DE ESPERANTO

LA PLEJ OFTA INTERNACIA GAZETO DE LA ESPERANTO-MOVADO

De 62 jaroj je la servo de la Internacia Lingvo

- 17 numeroj jare
- Aktualaj ilustritaj raportoj el la tuta mondo
- Junulara, instruista, literatura rubrikoj, librorecenzoj, listo de fakaj artikoloj en Esperanto
- Duobla Kongresa numero, kalendaro de internaciaj renkontiĝoj kaj kongresoj
- Libera Tribuno de la legantoj, anoncetoj, ŝak-problemoj, krucvortenigmoj, foto-filmo
- Sciencaj suplementoj, ktp.

Jarabono: 16,00 usonaj dolaroj aŭ egalvaloro.

Abonebla ĉe la Landaj Perantoj aŭ ĉe UEA (33,00 guldenoj; por Nederlando 34,32 gld.)

Mendu provnumeron ĉe la redakcio: Calle de Juan Ramón Jiménez n-ro 28, 6° A, Madrid 16, Hispanujo
Redaktorino: Ada Fighiera-Sikorska

7.44 Another special-interest group which has joined UEA is the *Internacia Fervojista Esperanto-Federacio* (IFEF), the International Railroad Workers' Esperanto Federation. This is a group of railroad workers who promote and use Esperanto as part of their profession. The Federation is an interesting group because it is made up of just plain folks who daily come into contact with many languages. The railroad workers have prepared a unified terminology for railroad work, and publish an official bulletin which features discussions about railroads and the future of railroading.

Leciona Vortolisto

agnosk-i	- to acknowledge, recognize
akcept-i	- to accept ("ahk-TSEHP-tee")
aparat-o	- apparatus
avert-i	- to warn
baz-it-a	- based (having-been-based)
botel-o	- bottle

181

centkvardekkvar-o	- a gross (144)
centr-a	- central, center
dekstr-a	- right (hand)
dektri-o	- a baker's dozen (thirteen)
dudek-o	- a score (twenty)
eksplik-i	- to explain
elekt-i	- to choose
fest-i	- to celebrate
fin-aŭd-i	- to hear (someone) out
fin-manĝ-i	- to eat (something) all up
glaci-o	- ice
glaci-iĝ-i	- to become ice
grad-o	- degree
gust-um-i	- to taste (something)
halt-ej-o	- a (bus/subway) stop
-ig-	- transitive/causative suffix
ig-i	- to cause, to make
ja	- indeed
jes-i	- to assent, say yes
kaban-o	- hut, cabin
kajt-o	- a kite
klar-a	- clear, plain
konkord-i	- to agree with
kredit-kart-o	- credit card
krom-labor-o	- overtime (besides-work)
kun-ir-i	- to accompany, go with
labor-ej-o	- workplace
last-a	- last (most recent, *not*: final)
laŭ-long-e de	- along, the length of
logik-a	- logical ("loh-GHEE-kah")
mal-dekstr-a	- left (hand)
mastr-o	- master
metr-a	- metric
mezur-o	- measurement, a measure
mont-ar-o	- mountain range, the mountains
moske-o	- mosque
najbar-o	- neighbor
ne plu	- no longer
nov-aĵ-oj	- news
okaz-aĵ-o	- an occurence, an occasion
okaz-i	- to occur, to happen

perd-i	- to lose
plac-o	- (public) square, piazza, plaza
port-i	- to carry
poŝt-ej-o	- post office
precip-e	- principally
princ-in-o	- princess ("preen-TSEE-noh")
prognoz-i	- to predict, forecast
punkt-o	- point
pur-a	- pure, clean
pur-ig-i	- to clean (make-clean)
reg-i	- to control, rule, govern
regi lingvon	- to be able to handle a language
sankt-a	- holy, saint
scienc-e	- scientifically ("stsee-EHN-tseh")
sci-pov-i	- to know how to; to speak a language
sci-vol-i	- to wonder
sekret-o	- secret
sekv-ant-a	- following
ses-o	- a half-dozen (*duon-dekduo*)
si-a	- his/her/its/their own
solv-i	- to solve
solv-o	- solution
star-ig-i	- to raise (cause-to-stand)
ŝanĝ-i	- to change (something)
ŝanĝ-iĝ-i	- to become changed
ŝirm-i	- to shield
trajn-o	- a train
trov-i	- to find
tuŝ-i	- to touch (something)
tute ne	- absolutely not
val-o	- valley
varb-i	- to recruit, convince to join
vend-ej-o	- store (sell-place)
vetur-i	- to go (by vehicle, not on foot)

Angla-lingva traduko de la konversacioj:

7.1 During a meeting of "Esperantists Anonymous," a new member, Frank Bolo, is conversing with the old hands.

F: "Hi! My name is Frank."
Ĉ: "Hi, Frank!"
F: "My name is Frank and…and..I am an…Esperantist!"
P: "Where are you from, Frank?"

F: "From birth, I am an inhabitant of the region."

P: "Where did you learn the language, Frank?"

F: "I attended a course for beginners two years ago. This course occurred in the evening at a local school."

B: "Do you often use Esperanto?"

F: "Formerly, yes. But recently, I no longer speak Esperanto. This evening, it's the first time I am speaking the language with other people for three months!"

R: "Where did you use it before?"

F: "I used to correspond with Esperantists in other countries, I subscribed to publications, and I also attended an international convention."

B: "Where do you live, Frank. In the city?"

F: "No. I live in a suburb, not far from here."

B: "So, you can easily take part in our meetings."

F: "Indeed, truly."

P: "So, welcome to our club, Frank!"

7.2 Mrs. Chebo meets two neighbors, Mr. Barasevich and Miss Huto, at the bus stop and they converse while waiting.

Ĉ: "Good morning, Sir, Miss! It's cold out, isn't it?"

B: "Ah, good morning, Mrs. Chebo! You are right, it is truly cold this morning!"

H: "Hi. I agree about the weather. And it seems to me, that rain is coming."

B: "Where are you traveling to so early, Madam?"

Ĉ: "I'm going to the central marketplace. We have a small store there, my husband and I. And you, where are you traveling to?"

B: "I am going to my workplace."

Ĉ: "But today is Saturday."

B: "Unfortunately yes, however we have a lot of work in these days, and so we always have overtime work."

Ĉ: "And you, Miss, are you going to the university?"

H: "Absolutely not, Madam!"

B: "Where to then?"

H: "Look at these packages! I have to carry them to the post office for my mother."

Ĉ: "To which post office?"

H: "To the one near the mosque."

Ĉ: "Why there? The central post office on the market square where I am going is preferable."

H: "That may be, however I am going to that place, where my mother said."

7.3 The schoolmarm raises questions about science to the pupils: Stephen, Anna, and Shin-Zhong (from Korea).

I: "Well then, why do we have the Metric System?"

S: "Because it is a logical, scientifically-based system."

I: "You are right. Now, how did one chose the zero- point for the metric measurement of temperature?"

A: "One chose that point at which water becomes ice. According to the Fahrenheit system, that point is at thirty-two degrees."

I: "Good. And what does the point *one hundred* mean according to the Metric System?"

S-J: "At that point, water boils."

S: "Teacher, why has the United States not accepted the Metric System even now?"

I: "One does not easily change a system of measurement. In fact, the world is not easily changed!"

A: "You are right! One still has not acknowledged Esperanto, and it is obviously a good solution to the world language problem!"

I: "Why are you recruiting us? We already speak the language!"

7.4 Shielded from the terrible weather in a small mountain hut, the skiers of the *Star Club* are listening to the weather forecast on the radio.

"Good day to all our listeners from Mountain Radio! It is now two-thirty on a snow-filled day, and we now present for you the weather forecast and afterward the news.

"Today in the mountains it began to snow at five in the morning and is continuing to snow everywhere in our listening region. The National Weather Service predicts as much as twenty centimeters of snow in the vallies, and as much as thirty-four centimeters in the mountains. According to the Service, the weather has gotten worse during the last two hours. They are warning skiers that they should immediately search out shelter against the snowstorm.

"In contrast to our weather, the sun is shining and it is warm in the southern regions, especially along the seashore."

8. LA OKA LECIONO
Konversacioj

8.1 *Elena kaj Aleksandro, promenante en la urbocentro, pensas pri la tagmanĝo.*

E: "Kioma horo estas nun, Aleĉjo?"

A: "Estas jam tagmezo kaj kvarono. Kial vi volas scii? Ĉu vi malsatas?

E: "Mi sentas etan malsaton, jes."

A: "Do ĉu vi ne volas manĝi ion?"

E: "*Manĝeti*, jes. Mi certe ne deziras grandan tagmanĝon."

A: "Kien ni iru, do?"

E: "Vidu tiun kafejon tie, ĉe la stratangulo. Ŝajnas al mi, ke ĝi estas malmultekosta."

A: "Ni iru tien. Verdire, mi tre malsatas!"

Vortolisteto:

tag-mez-o	- noon (day-middle)
mal-sat-i	- to be hungry (un*sat*iated)
io-n	- something
strat-angul-o	- street corner
ŝajn-i	- to seem
mal-multe-kost-a	- inexpensive

Demandaro:

1. Kie Elena kaj Aleksandro promenas?
2. Kiel vi scias, ke Elena kaj Aleksandro estas amikoj? (Kiel ili nomas unu la alian?)
3. Kial Elena volas scii kioma horo estas?
4. Kion vi faras, kiam vi sentas malsaton?
5. Kion vi prefere trinkas, kiam vi soifas?
6. Kien Elena kaj Aleksandro iras por lunĉi?
8. Kie troviĝas la kafejo? (*troviĝi* - to be found)
9. Ŝajne, kia estas la kafejo?

8.2 *Elena kaj Aleksandro nun sidas en kafejo. La kelnerino alportas menuon.*

K: "Bonan tagon, Gesinjoroj. Jen nia menuo. Cu vi deziras ion por trinki dum vi decidas?"

E: "Jes, volonte! Mi vere soifas. Alportu al mi Koka-Kolaon-- grandan, mi petas."

K: "Kaj por vi, Sinjoro?"

A: "Mi ankaŭ sentas soifon. Mi prenos volonte glason da glaciteo.

Kun citrono, mi petas."

K: "Dankon. Mi tuj revenos kun viaj trinkaĵoj."

A: "Nu, kion vi deziras, Elenjo? Ĉar vi nur malsatetas, mi supozas, ke vi intencas mendi nur salaton aŭ ion similan."

E: "Salato ŝajnas al mi bona ideo. Kaj poste, mi mendos omleton kun fromaĝo kaj tomatoj. Kaj vi, kion vi mendos?"

A: "Mi ŝatas supojn kaj sandviĉojn, do mi mendos legoman supon kaj sandviĉon de tiu ĉi rostita bovaĵo, kiun oni montras sur la menuo."

Vortolisteto:

kelner-in-o	- waitress
volont-e	- willingly (gladly)
soif-i	- to be thirsty ("soh-EE-fee")
soif-o	- thirst
sent-i	- to feel, sense
glaci-te-o	- iced tea
citron-o	- lemon
mend-i	- to order (a meal, magazine)
io simil-a	- something similar
rost-it-a	- roasted
bov-aĵ-o	- beef

Demandaro:

1. Kion la kelnerino alportas?
2. Kia estas la kelnerino? (Laŭ via opinio!)
3. Kion la du soifantoj mendas por trinki?
4. Kion Elena intencas mendi?
5. Kian omleton ŝi preferas?
6. Kion Aleksandro mendos?
7. Kie li vidis montraĵon pri la sandviĉoj?

8.3 *Morgaŭ Stuĉjo kaj Kanjo vizitos bestoĝardeno por infanoj, kie ili vidos bone konatajn bestojn.*

S: "Pripensu ĝin, Kanjo! Morgaŭ ni vidos multajn bestojn. Estos bovinoj, kaproj, kaj ŝafoj..."

K: "Kaj ni karesos ilin ĉiujn! Mi certe serĉos la ĉevalojn kaj la kokinojn. Ili multe plaĉas al mi."

S: "Ĉu vi pensas, ke ni trovos porkojn ĉe la bestoĝardeno?"

K: "Jes, certe! Ĉiu ametas porkojn. Pensu pri Poĉjo Porketo! Kaj oni havos ankaŭ kuniklojn kaj sciurojn."

S: "Mi certe vidos ankaŭ gorilojn kaj balenojn!"

K: "Ho, Stuĉjo! Kia estas via hejma planedo? Ne estos goriloj en tiu bestoĝardeno, nek balenoj! Foje, vi estas tiel stulta, ke mi ne povas kredi ĝin!"

Vortolisteto:

kon-at-a	- known, familiar
pri-pens-i	- to think (*pensi*) about (*pri*)
bov-in-o	- cow
kapr-o	- goat
ŝaf-o	- sheep
kares-i	- to caress, to pet
ĉeval-o	- horse
kok-in-o	- hens
pork-o	- pig
Poĉjo Porketo	- Porky Pig
kunikl-o	- rabbit
sciur-o	- squirrel ("stsee-OO-roh")
goril-o	- gorilla
balen-o	- whale
planed-o	- planet
foj-e	- at times
stult-a	- stupid, dumb
kred-i	- to believe

Demandaro:

1. Kien la du infanoj iros morgaŭ?
2. Kiajn bestojn oni havas tie?
3. Nomu kelkajn bestojn, kiujn la infanoj vidos.
4. Kiuj bestoj multe plaĉas al Kanjo?
5. Kiun beston Stuĉjo deziras vidi?
6. Ĉu vi ŝatas Poĉjon Porketon?
7. Kiuj bestoj loĝas en arboj?
8. Kiujn bestojn oni certe ne vidos ĉe la bestoĝardeno?
9. Kio estas Marso? Venuso? La Tero?
10. Kial Kanjo diras, ke Stuĉjo estas stulta?

8.4 *Doktoro Kjoŝi el Japanio estas bone konata inĝeniero. La doktorino ĉiam planas siajn tagajn aferojn antaŭ ol enlitiĝi. Ŝi nun listas ĉi tiujn, pensante pri la venonta tago.*

La antaŭtagmezo estos plena da aferoj.

Morgaŭ je la naŭa, mi kunsidos kun la ĉef-inĝeniero de nia nova projekto. Ni pridiskutos la paŝojn necesajn por starigi tiun ĉi aferon.

Je la dek-unua kaj kvarono, mi havos rendevuon kun la urbestro kaj la urba konsilantaro. Mi ricevos atestaĵon pro mia laboro kun gimnazianoj.

Tagmeze, mi lunĉos kun la direktoro de nia koporacio kaj la

administrantaro. Li invitos ankaŭ la urbestron kaj lia edzinon.

La posttagmezo estos malpli febra. Mi devos ĉeesti kunvenon de la lerneja-industria konsilo, kie mi lekcios pri la venontaj bezonoj de usonaj industrioj.

Vespere, mi manĝos kun Eduardo ĉe *Eta Kuniklo*. Mi devos renkonti lin ĉirkaŭ la sepa antaŭ la urbodomo.

Notu: Morgaŭ, ne estos malvarme, do mi ne surmetos mian vintran palton--mi certe sentos min tro varma!

Vortolisteto:

plan-i	- to plan
tag-a	- daily
antaŭ ol	- before
list-i	- to list
ven-ont-a	- coming (about-to-come)
antaŭ-tag-mezo	- before noon
kun-sid-i	- to meet (sit-together)
ĉef-a	- chief, foremost, head
projekt-o	- project
pri-diskut-i	- to discuss
paŝ-o	- footstep, step, pace
neces-a	- necessary
urb-estr-o	- mayor (city-leader)
konsil-ant-ar-o	- group of councilors
atest-aĵ-o	- testimonial (plaque, certificate)
pro	- on account of
gimnazi-an-o	- high school student
tag-meze	- at noon (*je la dek-dua*)
koporaci-o	- corporation
administr-ant-ar-o	- group of administrators
post-tag-mez-o	- afternoon
mal-pli	- less
febr-a	- hectic (feverish)
konsil-o	- council
lekci-i	- to lecture
bezon-o	- a need
urbo-dom-o	- city hall
palt-o	- coat, overcoat

Demandaro:

1. Ĉu D-rino Kjoŝi estas denaske usonanino?
2. Kiun profesion ŝi praktikas?
3. Kiam la doktorino planas sian tagon?

4. Por la doktorino, kia estos la antaŭtagmezo morgaŭ?
5. Kiam ŝi kunsidos kun la ĉef-inĝeniero?
6. Kiam la doktorino renkontos la urbestron?
7. Kion ŝi ricevos de li?
8. Ĉu ŝi havos nur etan lunĉon?
9. Pri kio la doktorino lekcios posttagmeze?
10. Vespere, kie kaj kun kiu ŝi manĝos?
11. Kial ŝi sentos sin varma, se ŝi surmetos palton?

Lernindaj Esprimoj

8.5 *Donante vian opinion:* (Giving your opinion)
Ŝajnas al mi, ke... It seems to me that...
Mi opinias, ke... It's my opinion that...
Mi tute konkordas, ke... I completely agree that...
Mi tute malkonkordas, ke... I completely disagree that...
Ŝajne,... Seemingly,...
Miaopinie,... In my opinion,...
Mi pensas/kredas, ke... I think/believe that...

8.6 *Punktoj de la kompaso:* (Points of the compass)

a. As nouns:
nordo - the north
oriento - the east
sudo - the south
okcidento - the west ("ohk-tsee-DEHN-toh")

b. As adjectives:
norda - northern
orienta - eastern
suda - southern
okcidenta - western

c. As adverbs:
norde, norden - north, northward
oriente, orienten - east, eastward
sude, suden - south, southward
okcidente, okcidenten - west, westward

d. Examples:
En la nordo de Kanado estas tre malvarma.
La sudaj landoj estas varmaj.
Ili loĝas oriente de la montaro.
La trajno rapidas okcidenten.

e. Compounds:
nordoriento - the northeast
sudokcidenta - southwest
nordokcidenten - northwestward
nordulo - a Northerner

8.7 *La Homa Korpo - dua parto*

brusto - chest	*mamo* - breast
cerbo - brain	*mentono* - chin
dorso - back	*okulharo* - an eyelash
genuo - knee	*osto* - a bone
haroj - hair	*reno* - kidney
haŭto - skin	*sango* - blood
kalkano - heel	*ŝultro* - shoulder
koro - heart	*vango* - cheek
kubuto - elbow	*vizaĝo* - face

Notu: cerbo ("TSEHR-boh"), *genuo* ("gheh-NOO-oh"), *haŭto* ("HOW-toh"), *kubuto* ("koo-BOO-toh"), *sango* ("SAHN-goh"), *ŝultro* ("SHOOL-troh")

8.8 *Manĝaĵoj: viandoj* (Foods: Meats)

In Esperanto, we often use the suffix *-aĵo* with the name of the animal to give us the word for the meat from that animal:
anaso > anasaĵo - duck (meat)
bovo > bovaĵo - beef
bovido > bovidaĵo - veal
cervo > cervaĵo - venison
kapro > kapraĵo - goat (meat)
kokino > kokinaĵo - chicken (meat)
meleagro > meleagraĵo - turkey (meat)
porko > porkaĵo - pork
ŝafo > ŝafaĵo - mutton (sheep meat)
ŝafido > ŝafidaĵo - lamb (meat)

For smaller animals, where the beast is served or eaten whole, the name of the animal will do:
fiŝo (fish; *fiŝaĵo* would be used for a fish dish), *kuniklo* (rabbit), *omaro* (lobster), *salikokoj* (shrimp), *sardeloj* (sardines), *sciuro* (squirrel).

Then of course, there are the animal parts or cuts of meat that have separate names:
bifsteko - steak
hepato - liver

kolbaso - sausage
lardo - bacon
ŝinko - ham ("SHEEN-koh")

Praktiko

8.9 *Bazante vin sur 8.5, donu vian opinion pri tiuj ĉi temoj:*
1. Esperanto estas facile lernebla. (*lernebla* - learnable)
2. Oni devas lerni fremdajn lingvojn.
3. La ekologiaj problemoj estas nuntempe tre gravaj. (*ekologia* - ecological)
4. Ni bezonas pli multe da aŭtoj en niaj urboj. (*bezoni* - to need)
5. Urbestroj estas sanktuloj. (*sankt-ul-o* - saint)

8.10 *Uzu la punktojn de la kompaso (kun la finaĵo -en) por respondi al tiuj ĉi demandoj:*
1. En kiun direkton vi iras, veturante de Novjorko al Ĉikago? Ĉu sudorienten?
2. En kiun direkton vi iras, vojaĝante de Denvero (Kolorado, Usono) al Tokio (Japanio)?
3. En kiun direkton vi iras, rajdante ĉevalon de Parizo (Francio) al Romo (Italio)?
4. En kiun direkton vi iras, skiante de Stokholmo (Svedio) al Moskvo (Ruslando)?

8.11 Using the following words, imagine meat dishes from 8.8:
bakita - baked
fritita - fried
kradrostita - broiled
kruda - raw
vaporkuirita - steamed (steam-cooked)

La Gramatiko

8.12 You have seen how the *accusative n* can be used in the sense of "motion towards." This ending is also very useful with adverbs (words ending in *e*). Compare the following:

dekstre, on the right > *dekstren*, **to** the right, rightward
hejme, at home > *hejmen*, **toward** home, homeward
norde, in the north > *norden*, **to** the north, northward
antaŭe, in the fore > *antaŭen*, **to** the fore, foreward
supre, above > *supren*, upward

Esperante, in Esperanto > *Esperanten*, **into** Esperanto
angle, in English > *anglen*, **into** English

Using prepositions with this *-en* and the verb *iri*, we have the following verbs:

antaŭeniri - to go foreward
supreniri - to go upward
malsupreniri - to go downward

Using adverbs with *-en* and *-igi*, we can create verbs:

antaŭenigi - to cause to go foreward
suprenigi - to cause to go up
malsuprenigi - to cause to go down
Esperantenigi - to translate *into* Esperanto
anglenigi - to translate *into* English

As you read Esperanto, you will gain skill in recognizing such compounds.

8.13 You know that *adjectives* end in *-a* and tell us something about nouns: *bela museto*. But sometimes, we want to say that something is "more *-a*" than something else, "this mouse is more beautiful than that chimpanzee." In Esperanto, the word for "more" before an adjective is *pli*: *pli granda, pli bela, pli malavara*. To finish off the comparison, where English uses "than," Esperanto has *ol*: *Tiu ĉi muso estas pli bela ol tiu ĉimpanzo*.

Naturally, the word for "less" is *malpli*: *Tiu ĉimpanzo estas malpli bela ol tiu ĉi muso*.

8.14 Now suppose you are dealing with the biggest, best, most wonderful, most amazing thing in the world? For this we use the word *plej*, "most": *la plej granda urbo, la plej interesa amiko, ktp.*

And if you are faced with the least interesting, least beautiful thing? Then we use *malplej: la malplej interesa, la malplej bela*.

In either case, if we want finish the thought, instead of *ol*, we use *el* (out of): *la plej granda el la knaboj*.

8.14 In the conversations you saw verbs ending in *-os: prenos, revenos, mendos, vidos, estos, serĉos, trovos, ktp.* This is the ending for the *future* tense of the Esperanto verb. *Morgaŭ ŝi vizitos Novjorkon*, "Tomorrow she *will visit* New York." *Venont-semajne estos malvarme*, "In the coming week it *will be* cold."

Now you have had the five of the six basic forms of the Esperanto verb:

infinitive - *vidi skribi esti*
command - *vidu skribu estu*

present - *vidas skribas estas*
past - *vidis skribis estis*
future - *vidos skribos estos*

Remember that this is the pattern that *all* Esperanto verbs follow. There are no exceptions!

8.15 Do you remember how we used the suffix *-anto* to express the *doer* of a verb in *-as* (*parolas > parolanto*)? And how we used the suffix *-into* to talk about someone who had done something (*parolis > parolinto*)? So what do you think the ending will be for a person is going to do something? *Parolos > parolonto*, "one who is about to speak." Compare these three sentences:

Mi ne konas la vojaĝinton.
I don't know the traveler (person-who-traveled).
Mi ne konas la vojaĝanton.
I don't know the traveler (person-who-is- traveling).
Mi ne konas la vojaĝonton.
I don't know the traveler (person-who-will- travel).

You can see that Esperanto can be very specific while English uses the same word. *Vojaĝanto* is used when the *time* of the travel is not of interest.

8.16 Just as we created adjectives in *-anta* and *-inta* (*dancanta, dancinta*), we can also create adjectives in *-onta*. The English translation may seem awkward, but you can see that the Esperanto is perfectly logical.

falinta arbo - a fallen tree
falanta arbo - a falling tree
falonta arbo - a tree which is about to fall
dormintaj beboj - babies which have slept
dormantaj beboj - sleeping babies
dormontaj beboj - babies which are about to sleep

8.17 Finally, you saw how we used the endings *-ante* and *-inte* as adverbs referring to the subject: *Parolante al Paŭlo, mi telefonis al Deniso*, "While talking to Paul, I called Dennis." *Reveninte hejmen, mi trovis la leteron*, "Having returned home, I found the letter." We can also use the ending *-onte*: *Elironte la domon, mi aŭdis la telefonon*, "As I was about to go out of the house, I heard the telephone." *Manĝonte mi vidis muson en la supo*, "As I was about to eat, I saw a mouse in the soup."

The forms in *-onte* refer to an action the subject of the sentence *is/was/will be about to do* when the action of the verb takes place.

8.18 The forms of the verb ending in -*anta, -inta* or -*onta* are called *active participles*:

parolanta - speaking

parolinta - having spoken

parolonta - about to speak

You will learn more about these forms later when we discuss *compound verbs*. Some forms have acquired a specialized meaning, such as *venonta* (from *veni*, to come), "coming, future": *la venonta semajno*, the coming week.

8.19 You will remember how we use *kiu* in questions: *Kiu alvenis hieraŭ?* (Who arrived yesterday?). This same *kiu* can be used as a *relative pronoun*, that is, it can act as a connector between the main clause of a sentence and a relative clause which presents further information. If we take the sentence *La sinjoro konas mian fratinon*, and add *kiu alvenis hieraŭ*, we have:

La sinjoro, kiu alvenis hieraŭ, konas mian fratinon.

The man who arrived yesterday knows my sister.

Similarly, if we take the question *Kiun vi intervjuis?* and combine it with *la sinjoro konas mian fratinon*, we will have:

La sinjoro, kiun vi intervjuis, konas mian fratinon.

The man whom you interviewed knows my sister.

We also use this "connector-*kiu*" if we are talking about a thing:

La gazetoj estis en Esperanto.

La gazetoj estis sur la tablo.

La gazetoj, kiuj estis en Esperanto, estis sur la tablo.

The magazines which were in Esperanto were on the table.

La gazetoj estis interesaj.

Vi aĉetis la gazetojn.

La gazetoj, kiujn vi aĉetis, estis interesaj.

The magazines which you bought were interesting.

As you may have noticed, "connector-*kiu*" will have one of four forms: subject (*kiu, kiuj*) and direct object (*kiun, kiujn*), singular and plural. Whether *kiu* is singular or plural depends on the word(s) to which it refers. Whether *kiu* is in the subject or direct object form depends on how it is used in its clause. In *kiuj estis en Esperanto*, *kiuj* is the subject of *estis*. In *kiujn vi aĉetis*, *kiujn* is the direct object of *aĉetis*; *vi* is the subject.

There are times when a *preposition* is present in the *kiu*-clause. In this case, *kiu* will follow the preposition:

Paŭla parolis pri la knaboj.

La knaboj ludis en la salono.

La knaboj, pri kiuj Paŭla parolis, ludis en la salono.

The boys about whom Paula was speaking, were playing in the living room.

La ĵurnalo estas en Esperanto.

Mi abonas al la ĵurnalo.

La ĵurnalo, al kiu mi abonas, estas en Esperanto.

The newspaper to which I subscribe is in Esperanto.

8.20 We use the "connector-*kiu*" when we are referring to a specific (individualized) noun; if we are referring to something non-specific (another clause, a general idea, etc.), then we use *kio*:

Kio estas sur la tablo?

Mi ne scias.

Mi ne scias, kio estas sur la tablo.

I don't know what is on the tablo.

Kion vi deziras?

Ŝi volas scii.

Ŝi volas scii, kion vi deziras.

She wants to know what you want.

Pri kio la instruisto parolas.

Ili ne komprenas.

Ili ne komprenas, pri kio la instruisto parolas.

They don't understand what the teacher is talking about.

8.21 The other question words you know (*kia, kiam, kie, ktp.*) may also occur as connectors:

La musoj ne estis tiaj, kiajn oni ofte vidas.

The mice were not such as one often sees.

Mi telefonos lin, kiam mi revenos hejmen.

I will call him when I return home.

Marko ne diris, kien li iris.

Mark did not say (to) where he was going.

By their nature, connectors are a complex topic. For now, try to be aware of them as you progress through the readings. The more you read, the better feel you will have for the correct usage.

8.22 Now there are three more useful suffixes to look at: *-ing-*, *-ar-*, and *-er-*

You will remember that *-uj-* means "container for"; the suffix *-ing-* denotes "holder for *one* object." Compare the following to see the difference between these two suffixes:

kandelujo - a box for candles

kandelingo - a candle holder

cigaredujo - a cigarette box

cigaredingo - a cigarette holder

The following words have acquired a specialized sense:

fingringo (*ingo por fingro*) - thimble

piedingo (*ingo por piedo*) - stirrup

ŝraŭbingo (*ingo por ŝraŭbo*) - nut (for a screw) (*ŝraŭbo* - screw)

The suffix *-ar-* denotes a "collection, group, set of" the root word. In its widest sense, *-ar-* may refer to every member of the set:

plantaro - all the plants in the world

homaro - Humankind (all humans)

gazetaro - all the magazines published

libraro - a library of books

amikaro - a group of friends

verkaro - the collected works (of a writer)

nomaro - a name-list

vortaro - a vocabulary list

ekzercaro - a set of exercises

kamparo - the country (as opposed to the city: *aro da kampoj*)

arbaro - forest (*aro da arboj*)

In contrast, the suffix *-er-* is used to denote "the smallest part or element of a whole." The English terms used to translate Esperanto words in *-ero* are many:

neĝo - snow > *neĝero* - snowflake

pluvo - rain > *pluvero* - raindrop

hajlo - hail > *hajlero* - hailstone

pavimo - paving > *pavimero* - paving block

polvo - dust > *polvero* - dust mote

tritiko - wheat > *tritikero* - wheat grain

mono - money > *monero* - (metal) coin

pano - bread > *panero* - crumb

fajro - fire > *fajrero* - spark

sango - blood > *sangero* - blood drop

8.23 In the previous lesson, you learned how to use the suffix *-igi* (to cause to..., to make...): *boligi*, to cause to boil, to make boil. There is another suffix, *-iĝi* ("-ee-gee"), which means "to become, to get, to turn into":

riĉa > *riĉiĝi* - to become rich

seka > *sekiĝi* - to become dry

edzo > *edziĝi* - to become a husband

tago > *tagiĝi* - to become day, to dawn

sidi > sidiĝi - to sit down, become seated

boli > boliĝi - to come to a boil

Sometimes, it seems that *-iĝi* creates a passive voice: *troviĝi* (to be found), but the essential meaning of "become, change from one state into another" is always present. Used by itself, *iĝi* means "to become": *Ŝi laciĝis > Ŝi iĝis laca*, she became tired. You must pay careful attention to the suffix, since both *-igi* and *-iĝi* can occur with the same root. As you progress through the readings, be on the lookout for these suffixes in actual use!

8.24 You have seen how Esperanto distinguishes between the *subject* (nominative) of a verb and the *direct object* (accusative): *Paŭlo vidas Markon / Marko vidas Paŭlon*. Now we will look at another possibility, called the *predicate nominative*. If we wish to say "I found the good wine," we use the straightforward expression: *Mi trovis la bonan vinon*. But what if we wish to say "I found the wine good"? In this case, the verb *esti* is understood: "I found the wine (to be) good." In Esperanto, the full expression would be: *Mi trovis la vinon esti bona*. But we almost always drop the *esti*: *Mi trovis la vinon bona*. Notice that *bona* is *not* in the accusative. Look at these further examples:

Mi konsideras lin stulta.

I consider him (to be) stupid.

Ŝi lasis la hundon sola.

She left the dog (to be) alone.

La patrino kredas siajn knabojn senkulpaj.

The mother believes her children (to be) guiltless.

Ni kredis ŝin instruisto.

We believe her (to be) a teacher.

Briefly, we can say that the hallmark of the *predicate nominative* is that there is a direct object in the accusative followed by an adjective (or noun) in the *nominative*. It may also occur after verbs of "seeming, looking like, becoming":

Li ŝajnas laca.

He seems (to be) tired.

Ili aspektas dormvolaj.

They look like they want to sleep.

Maria fariĝis oficestro.

Maria became the office manager.

8.25 What is the principal difference between these two sentences?

Mi lavas la aŭton.

Mi lavas min.

Right! In the first sentence, the activity (washing) was carried out by the subject upon an object. In the second sentence, the subject acted upon itself: "I wash myself." This is called a *reflexive* construction. In Esperanto, there are no special forms for *mi, vi, ni*. For *li, ŝi, ĝi, ili, oni*, however, we use the special form *si*. You saw this when we discussed *lia/sia* and so on. *Si* means "himself, herself, itself, themselves, oneself," according to the sentence:

Ŝi lavas ŝin. She (person A) is washing her (person B).

Ŝi lavas sin. She is washing herself.

Li amas lin. He loves him.

Li amas sin. He loves himself.

Si must refer to the subject of the sentence, but it may not occur in any of its forms as the subject of a sentence. Compare:

Marko iris al kinejo kun siaj amikoj.

Mark went to the cinema with his friends.

Marko kaj liaj amikoj iris al kinejo.

Mark and his friends went to the cinema.

In the second sentence you might have expected *kaj siaj amikoj*, but this is part of the subject, and so we cannot use *si(a)*. In this case, *Marko kaj liaj amikoj* can only mean "Mark and his (own) friends." If we wish to say "Mark and his (someone else's) friends", we must use the word *ties* (that one's) which you will meet later.

8.26 *Anstataŭ* is the new preposition for this lesson. It means "instead of."

Ana skribis la leteron anstataŭ Marko.

Ana wrote the letter instead of Mark.

You know that, in general, we use the *nominative* after prepositions. With *anstataŭ* (and several other prepositions), we have a choice, depending on what we mean. Compare the following:

Kanae amas la hundon anstataŭ la katon.

Kanae loves the dog instead of (loving) the cat.

Kanae amas la hundon anstataŭ la kato.

Kanae loves the dog instead of the cat (loving it).

In the second sentence, the cat can also be the subject of *amas*, since it is in the nominative.

Several prepositions (*anstataŭ, antaŭ ol, krom, por*) are followed by the *infinitive*:

Ŝi kantis anstataŭ danci.

She sang instead of dancing.

Mi telefonos antaŭ ol iri.

I will call before going.

Plaĉas al li ĉiu sporto krom ĉasi kokojn.

Every sport pleases him except hunting roosters.

Other prepositions are often followed by the *-ado* form of the verb:

Ili ofte manĝas dum verkado.

They often eat while writing.

Ni estas kontentaj post bona laborado.

We are happy after working well.

Ekzercaro

8.27 Below, you will find sentences where one of the compass points is used in its *adjective* form. Write another sentence based on the example using the *accusative adverb (-en)* form: *Mi vojaĝas al la norda regiono > Mi vojaĝas norden.*

1. Ili veturas al la suda landlimo.
2. Nanĝo kuras al la orienta parto de la urbo.
3. Ŝiaj amikoj vojaĝas al la okcidenta regiono.
4. Ni veturas al la sud-orienta provinco.

8.32 In this exercise each sentence will contain two items for you to compare, and a suggested adjective. First write that "*A estas pli...ol B*", then write that "*B estas malpli...ol A*". *Ekzemple: Jano/Maria (inteligenta):*

Jano estas pli inteligenta ol Maria.

Maria estas malpli inteligenta ol Jano.

1. la hundo/la kato (*stulta*)
2. la muso/la rato (*malgranda*)
3. Sinjoro Kajo/Fraŭlino Ŝino (*aĝa*)
4. Kanado/Japanio (*vasta* - spacious)
5. Esperanto/la latina (*facile lernebla*)
6. la bifsteko/la kolbaso (*multekosta* - expensive) (*kolbaso* - sausage)

8.28 *Respondu al la demandoj uzante la plej...el. Ekzemple: Ĉu via hundo estas granda? Ho! Mia hundo estas la plej granda el ĉiuj hundoj en la urbo!*

1. Ĉu via amiko estas bonkora?
2. Ĉu via domo estas komforta?
3. Ĉu Esperanto estas interesa?
4. Ĉu viaj gekuzoj estas stultaj?
5. Ĉu la urbestro estas inteligenta?

8.29 *Kion Huseno faras hodiaŭ, Abduramano faros morgaŭ. Do, legu kion Huseno faras, kaj diru kion Abduramano faros.*
1. Huseno dancas kun miaj ĉimpanzoj.
2. Huseno estas en la urbo.
3. Huseno kuras en la lagon.
4. Huseno telefonas sian amikinon.
5. Huseno iras al kinejo kun ŝi.

8.30 *Persono, kiu faros ion, estas* **faronto**. *Do, kiel oni nomas personon, kiu--ekzemple--vojaĝos? Vi pravas!* **Vojaĝonto**. *Respondu same al tiuj ĉi demandoj:*
Kiel oni nomas personon, kiu...

1. verkos?	5. parolos?
2. vizitos?	6. lekcios?
3. falos?	7. kantos?
4. naĝos?	8. revenos?

8.31 *Kato, kiu baldaŭ dormos, estas* **dormonta kato**. *(Baldaŭ signifas "soon.") Kreu similajn esprimojn kun:*
1. Trajno, kiu baldaŭ alvenos, estas...
2. Aŭtobuso, kiu baldaŭ foriros, estas...
3. Knabo, kiu baldaŭ ludos, estas...
4. Hundoj, kiuj baldaŭ ĉasos, estas...
5. Amantoj, kiuj baldaŭ geedziĝos, estas...

8.32 Replace the *antaŭ ol* (before) expression below with the *-onte* form of the verb. *Ekzemple:*
Antaŭ ol foriri, Marko telefonis sian amikon.
Forironte, Marko telefonis sian amikon.
1. Antaŭ ol labori, ni matenmanĝis.
2. Antaŭ ol paroli, Suzana pripensis la aferon.
3. Antaŭ ol danci, ili demetis siajn ŝuojn. (*de-met-i* - to take off)
4. Antau ol naĝi, la infanoj surmetis siajn naĝkostumojn.
5. Antaŭ ol aĉeti la libron, mi demandis la prezon.
(Note that the *-nte* forms of the Esperanto verb can still have a *direct object* - "libron".)
6. Antaŭ ol viziti la amikojn de Klarina, ni aĉetis florojn kaj bombonojn.

8.33 Make one sentence out of each set of two sentences by using *kiu(j). Ekzemple: La knabo parolas angle. La knabo ludas kun mia frato. > La knabo, kiu ludas kun mia frato, parolas angle.*
1. La kuracisto loĝas apud ni. La kuracisto estas de Meksikio.
2. La birdoj kantas bele. La birdoj loĝas en la arboj malantaŭ nia domo.

3. La vampiro dormas en nia garaĝo. La vampiro parolas kun stranga akcento.

4. La fantomoj faras neniun bruon. La fantomoj dancas sur la strato. (*bru-o* - noise)

8.34 Now make one sentence out of each set of two using *kiu(j)n*. *Ekzemple: Junulo dancas kun mia fratino. Mi ne konas la junulon. > Junulo, kiun mi ne konas, dancas kun mia fratino.*

1. La virino falis el la fenestro. Mi rigardis la virinon. (*de* - from; *el* - out of)

2. La ĉimpanzoj piknikis en la arbaro. Marko kaj Ana vizitis la ĉimpanzojn.

3. La trajno estis malfrua. Ni atendis la trajnon.

4. La eksteruloj alvenis en flugantaj subtasoj. La musoj kontaktis eksterulojn per radio.

5. La sekretaj elefantoj loĝas en nia apartamenta bloko. La policistoj serĉas la sekretajn elefantojn.

8.35 Finally, join each set of two sentences into one using *kiu(j)* after the appropriate preposition. *Ekzemple: La instruisto ridis. Mi parolis al la instruisto. > La instruisto, al kiu mi parolis, ridis.*

1. La knabinoj kantas tre bone. Ana parolis pri la knabinoj.

2. La hundoj tre ŝatis la filmon. Ni iris al la kinejo kun la hundoj.

3. La tablo ne estas sufiĉe forta. La ĉimpanzoj dancis sur la tablo.

4. La pordo estis fermita. La serpento eniris sub la pordo.

5. La montoj estas kovritaj de neĝo. La urbo troviĝas apud la montoj.

8.36 *Ĉu vi povas krei vortojn per la sufikso -ingo? Jen bazaj formoj, kio estos la sufiksa formo? Kaj kion tiu ĉi nova vorto signifos angle?*

1. bolto - bolt
2. plumo - feather, pen
3. glavo - sword
4. kapkuseno - pillow (head-cushion)
5. ovo - egg
6. kruro - leg

8.37 *Nun, kreu vortojn per la sufikso -aro! Kaj poste, pripensu ilian signifon en la angla lingvo. Ekzemple: **horo > horaro (timetable, collection of hours).***

1. sento - a feeling
2. demando - a question
3. kanto - a song
4. vagono - a railroad coach
5. vorto - a word (dictionary?)

6. ŝtupo - a step (stairway?)

8.38 *Kiel vi jam scias, la sufikso -ero signifas "la plej malgranda parto." Do, kreu novajn vortojn per tiu ĉi sufikso, kaj traduku ilin anglen.*

1. pajlo - straw
2. sablo - sand
3. larmo - a tear (in the eye)
4. kudri - to sew (a *stitch*?)
5. pensi - to think
6. saĝa - wise
7. salo - salt

8.39 Rewrite each of the following sentences by adding *-iĝ-* to the verb. *Ekzemple: Ni trovis la urbon apud la montoj. > La urbo troviĝis apud la montoj.*

1. La viro bolis la akvon en la granda poto.
2. La knabo lavas la katon en la garaĝo.
3. La gorilo fermos la pordon.
4. Oni faros Markon brigadestro.
5. La ĉeestantoj vidis grandan spektaklon.

8.40 The pronoun *si* serves as the third person reflexive: himself, herself, oneself, itself, themselves. If it is the *direct object*, the form will be *sin* ("seen"). For each of the following sentences, remove the *-iĝ-* from the verb and use *si/sin*:
Li laviĝis > Li lavis sin.

1. La geknaboj kaŝiĝas.
2. La musoj ne returniĝis.
3. Ŝi rigardiĝas.
4. La suno leviĝis je la oka.
5. Ili laviĝos je la naŭa.

Legaĵoj

8.41 *Respondo al la enigmo de la sepa leciono:*

En la *legaĵoj* de la Sepa Leciono, vi legis pri virino, kiu atendis sian pliaĝan fraton ĉe flughaveno, kaj poste devis veturi hejmen dum terura ŝtormo. Veninte al grandega flako, kiu kovris la vojon, la virino haltigis la aŭton, ne sciante ĉu ŝi devus antaŭenigi la veturilon en la akvon. Spite al la mokado de ŝia frato, ŝi tamen refuzis movigi la aŭton.

Post iom da tempo, ŝi vidis alian aŭton, kiu venis de la transa direkto.

Ŝi anoncis al sia frato ke, se tiu aŭto sukcese transirus la flakon, tiam ŝi ankaŭ tion farus.

La veturilo ja sukcese transiris la flakon, sed, je la fina momento, la virino ŝanĝis la opinion kaj haltigis denove la aŭton. Ŝi diris, ke iu flaraĵo indikis al ŝi, ke ŝi nur malsukcese penus transiri la pluvlageton. Kion do ŝi flaris?

Dizelan fumon! Evidente, la transirinta veturilo havis dizel-motoron, do ne uzis sparkilojn. Ĝi povis preskaŭ subakviĝi kaj daŭre funkcii, io neebla je eksplodmotoroj ordinaraj.

Vortolisteto:

enigm-o	- puzzle, enigma
devus	- should
spite al	- inspite of, despite
mok-ad-o	- teasing
trans-ir-us	- would go through
far-us	- would do
vetur-il-o	- vehicle
flar-aĵ-o	- scent, smell
pen-us	- would try, would attempt
dizel-a	- Diesel
fum-o	- smoke, fumes
spark-il-o	- spark plug
ne-ebl-a	- impossible
eksplod-motor-o	- internal combustion engine

8.42 *La rano, kiu deziris iĝi taŭro.*

Foje en iu lageto vivis verda rano. Ĉirkaŭ la lageto estis herbejo, kien venis ĉiun tagon bovinoj kun sia grandega taŭro. Ho, kia impona besto estis tiu ĉi taŭro! Li estis alta, dikmuskola, brile nigra. En lia nazo brilis ora ringo.

Ĉiam, kiam la rano vidis tiun ĉi belegan taŭron, ĝi poste rigardis sin en la akvo. Ho, kia malimpona besto! Ĝi estis malgranda, malmuskola (krom la femuroj!), kaj ŝlime verda. Post tiu ĉi malĝoja konstato, tiam la rano sonĝis pri ia magia taŭriĝo, Ĝi vidis sin tiel granda kaj bela kiel tiu taŭro. Sed ĝi sciis, ke ĉi tiu estis nur sonĝo.

Iun tagon, la ideo venis en la kapon de la rano, ke ĝi kapablis pufigi sin per la submentona haŭtsaketo. Principe tiun ĉi saketon ĝi uzis por allogi raninojn, sed kial ne uzi ĝin alimaniere?

Do, la rano saltis sur la randon de la lageto kaj kalkane sidante kriis al la taŭro, "Mi povas esti tiel granda kiel vi!"

La taŭro ne aŭdis la pepantan voĉeton de la rano. Li nur daŭrigis sian manĝadon.

"Malantaŭen!" kriis denove la malgranda rano. "Mi pufigos min ĝis via grandeco!"

Kaj, enspirante amason da aero, la rano komencis pufigi la saketon sub sia verda mentono. Ĝi pufigis kaj pufigis la saketon, iom post iom pligrandigante ĝin.

"Ha! Rigardu min nun!" kriis la verda besteto. "Ĉu mi ne atingis vian grandecon?"

Sed la taŭro ankoraŭ ne rimarkis la pepanton. Lin interesis nur la freŝa bongusta herbo.

La rano daŭrigis sian pufigadon, ĝis ĝi estis dekoble pli granda ol antaŭe. Nun dudekoble. Eĉ tridekoble. Kaj fine…ĝi eksplodis en verdaĵajn pecojn!

La taŭro, siavice, nur paŝis al alia loko, serĉante plibongustajn herbaĵojn.

Vortolisteto:

ran-o	- frog
iĝ-i	- to become
taŭr-o	- *virbovo* (bull)
foj-e	- once upon a time
iu	- some, someone
herb-ej-o	- meadow
bov-in-o	- cow
impon-a	- impressive
dik-muskol-a	- muscular (thick-muscled)
bril-e	- shinily
or-a	- golden
ring-o	- (a) ring
post-e	- afterwards
femur-o	- thigh
ŝlim-o	- slime
konstat-o	- realization
ia	- some kind of
magi-a	- magic ("mah-GHEE-ah")
tiel…kiel	- as…as
ide-o	- idea ("ee-DEH-oh")
kapabl-i	- to be capable of
puf-ig-i	- to puff up
sub-menton-a	- under-the-chin
haŭt-sak-et-o	- skin-sack
al-log-i	- to attract
kalkan-e sid-ant-e	- sitting on its heels, squatting

pep-i	- to squeak, to peep
voĉ-et-o	- little voice
grand-ec-o	- size ("grahn-DEH-tsoh")
iom post iom	- little by little
pli-grand-ig-i	- to enlarge, to make bigger
ating-i	- to reach
rimark-i	- to notice
pep-ant-o	- squeaker, the one who squeaks
freŝ-a	- fresh
verd-aĵ-a	- green chunked
pec-o	- piece ("PEH-tsoh")
sia-vic-e	- in its turn, for its part

Demandaro:

1. Kia estis la rano?
2. Kiu parto de la rano estis muskola? Kial?
3. Kie ĝi vivis?
4. Kiuj bestoj venis en la kampon ĉirkaŭ la lageto?
5. Kia estis la taŭro?
6. Kion li havis en la nazo?
7. Pri kio ofte sonĝis la rano?
8. Kiel la rano povis sin pligrandigi?
9. Por kio la rano ofte uzis la submentonan saketon?
10. Ĉu la taŭro rimarkis la ranon? Kial?
11. Kiom la rano pufigis sin?
12. Kaj fine, kio okazis?

8.43 *Kiel plaĉi al infanoj -- malmultekoste*

Mia filino deziris dometon por siaj pupoj. Miaj du filoj volis konstrui spacan kolonion sur la luno. Ili ĉiuj vidis en ludil-katalogo multekostajn vendaĵojn, kiujn oni kreis por infanoj. Tute ne plaĉis al mi, kiom da mono oni demandis! Do, mi eksplikis al la infanoj mian planon. Ili jesis nur varmete.

Unue, mi aĉetis du libroŝrankojn ĉe granda domafera vendejo. La ŝrankoj estis en pecoj en du grandaj skatoloj, kaj mi devis munti ilin hejme.

"Hu!" kriis la tri infanoj kune, kiam ili vidis la skatolojn. "Vi aĉetis nur libroŝrankojn!"

"Atendu!" mi diris, muntante la ŝrankojn. "Poste vi povos kompletigi la aferon laŭ via plaĉo."

La infanoj rigardis min dum dek minutoj, kaj poste ili ekhelpis min. Post mallonga tempo, ni staris kaj rigardis la muntitajn ŝrankojn.

"Tiu ĉi ŝranko estas por vi, Lisa," mi diris, montrante unu el la ŝrankoj. "Kaj la alia estos via spaca kolonio."

Mi facile vidis, ke la infanoj restis skeptikaj, do mi komencis per la pupa dometo. "Vidu," mi diris, "via dometo havas kvar etaĝojn. Nu, Lisa, iru serĉi la skatolon de tiuj malnovaj tapeteroj. Tiel vi povos elekti la ĝustan tapeton por ĉiu etaĝo, kaj mi gluos ĝin sur la murojn de la dometo."

Al la filoj mi diris, "Iru serĉi la erojn da tapiŝoj, kiun mi metis en skatolon en la subteretaĝo. Lisa povos elekti ankaŭ la tapiŝon, kiun ŝi deziras sur ĉiu etaĝo."

Dum la tuta posttagmezo mi gluis tapeterojn kaj tapiŝerojn sur la murojn kaj plankojn de la ŝranko-dometo. Kaj dume, la du filoj farbis sian spacan kolonion per stal-griza farbo sur ĉiu etaĝo. Poste ili uzis ruĝan farbon, kaj nigran. Mi konstatis, ke ilia imago bone funkciis.

Ĵus antaŭ la vespermanĝo, Lisa kaj mi finis la laboron je la dometo. Ja vere, ĝi estis ankoraŭ libroŝranko, sed ŝranko kaŝita sub la rafineco de vera dometo por pupoj: tapetoj, tapiŝoj, kurtenoj kaj mebloj. La dometo ne havis ŝtuparojn, kaj mankis al ĝi fenestroj, tamen per la libera imago de knabino ĝi estis impona konstruaĵo.

La postan tagon, ni havis la saman sukceson je *Luna Kolonio Zeta*. La filoj enmetis ĉiajn spacaĵojn, kiujn ili kolektigis dum jaroj, kaj estis tute kontentaj.

Mi ankaŭ estis kontenta, pro tri kialoj: unue, mi donis al la gefiloj novajn ludilojn sen elspezi grandan kvanton da mono. Due, la projekto provokis ilian imagon, tiel ke ili partoprenis en la kreado de la ludilo, ne nur pasive akceptis ĝin. Kaj trie, mi scias ke, iun jaron, kiam la gefiloj estos tro grandaj por ludiloj, ili havos ŝrankojn pretaj por la gimnaziaj libroj!

Vortolisteto:

pup-o	- doll
lud-il-o	- toy
kre-i	- to create
mon-o	- money
varm-et-e	- lukewarmly
libro-ŝrank-o	- bookcase
dom-afer-a	- pertaining to households
pec-o	- piece
skatol-o	- box
munt-i	- to assemble, put together

hu	- boo!
komplet-ig-i	- to complete
skeptik-a	- sceptical
etaĝ-o	- floor
tapet-o	- wallpaper
tapet-er-o	- pieces of wallpaper
ĝust-a	- right, correct
glu-i	- to glue
mur-o	- wall
er-o	- chunk, flake, piece, drop
tapiŝ-o	- rug
plank-o	- floor
farb-i	- to paint something a color
stal-griz-a	- steel-grey
farb-o	- a painted color
konstat-i	- to notice
imag-o	- imagination
post-a	- next, following
funkci-i	- to function
fin-i	- to finish
kaŝ-it-a	- hidden
rafin-ec-o	- refinement
kurten-o	- a curtain
ŝtup-ar-o	- stairway, staircase
mank-i	- to be lacking
liber-a	- free
konstru-aĵ-o	- construction, building
kial-o	- reason
el-spez-i	- to spend
kvant-o	- quantity
provok-i	- challenge, provoke
parto-pren-i	- to take part (en - in)
pasiv-e	- passively
pret-a	- ready

Demandaro:

1. Kian domon la filino deziris?
2. Kiajn ludilojn la infanoj vidis en katalogo?
3. Kio ne plaĉis al la skribanto?
4. Kiel la infanoj akceptis la planon de la skribanto?
5. Kion la skribanto aĉetis do? Kie?
6. Ĉu tiuj ĉi aĉetaĵoj unue plaĉis al la infanoj?

208

7. Kion la infanoj kaj la skribanto faris kune?
8. Kiel oni kreis pupan dometon el libroŝranko?
9. Kio mankis al la pupa domo?
10. Por kiuj tri kialoj la skribanto estas kontenta?

8.44 *Helpema Sugesto*

Iun vesperon de aŭtuno, Onklo Mateo promenis laŭ vojeto apud sia farmbieno. Alproksimiĝinte lokan fervojon, li surpreziĝis, ke du viroj staris inter la rustiĝantaj reloj. Ili portis sufiĉe grandan sakon, kiu estis evidente pezema. Onklo Mateo haltis kaj, kaŝante sin iomete malantaŭ arbustoj, observis la nekonatojn.

El la sako ili tiris alian viron. Liaj brakoj kaj kruroj estis streĉe ligitaj per ŝnuro, kaj lia buŝo estis stopita per poŝtuko. Alia poŝtuko kovris liajn okulojn. Sen iu ajn vorto, la du viroj kuŝigis la alian sur la relojn, kaj komencis ligi lin tien. Vane la tria viro tordis sin meze de siaj ligiloj.

Kia stranga afero! pensis Onklo Mateo, dum li rigardis la agojn de la du viroj. Fine, li ne povis atendi pli longe. Li stariĝis kaj, alproksimiĝante la nivelpaseon, ekkriis al la paro jene:

"Ho, tie! Mi ne scias, kion vi intencas fari, tamen mi devas informigi vin, ke, kiel ĉiu en la ĉirkaŭaĵo bone komprenas, oni jam delonge forlasis ĉi tiun fervojon!"

Vortolisteto:

promen-i	- to take a walk
al-proksim-iĝ-int-e	- having come near to
fer-voj-o	- railroad
surprez-iĝ-i	- to become surprised
rust-iĝ-ant-a	- becoming rusty
rel-o	- rail
pez-em-a	- heavy
kaŝ-ant-e	- hiding
iom-et-e	- somewhat
arbust-o	- bush
ne-kon-at-o	- unknown person
tir-i	- to pull
streĉ-e	- tightly
lig-it-a	- having been tied up
ŝnur-o	- rope
ŝtop-it-a	- having been plugged up
poŝ-tuk-o	- pocket-cloth, handkerchief
iu ajn	- any whatsoever
kuŝ-ig-i	- to make (someone) lie down

lig-i	- to tie up
van-e	- in vain, uselessly
tord-i	- to twist (something)
mez-e de	- in the middle of
lig-il-o	- instrument for tying: bonds
ag-o	- action
star-iĝ-i	- to stand up
nivel-pase-o	- grade crossing
par-o	- pair
jen-e	- thusly; as follows
ĉirkaŭ-aĵ-o	- neighborhood
for-las-i	- to desert, to leave behind

Demandaro:
1. En kiu sezono okazis tiu ĉi aventuro de Onklo Mateo?
2. Kie li promenis?
3. Kiaj reloj estis ĉe la fervojo?
4. Kion tiu ĉi fakto montras?
5. Kiun Onklo Mateo vidis?
6. Kian sakon la nekonatoj portis?
7. Unue, kion faris Onklo Mateo?
8. Kio estis en la sako?
9. Kial la viro ne forkuris?
10. Kial la viro ne ekkriis?
11. Kien la du nekonatoj kuŝigis la ligiton?
12. Laŭ Onklo Mateo, kiun eraron la du nekonatoj faris?

8.45 *La Kvara Internacia Festivalo de la Kino-Arto*

En niaj tagoj, maloftaj estas la filmoj, kiujn oni surekranigas en Esperanto. Tamen, en la jaro *du mil dek*, okazos la kvara Internacia Festivalo de la Kino-Arto, kaj ĉiu filmo uzos la internacian lingvon. Ĉi-sube estas listo de la filmoj premiitaj en la kategorio *klasikaĵo*. Ĉu vi rekonas la filmojn?

La Sep Samurajoj
Militoj Inter La Steloj
Superhomo
La Dolĉa Vivo
Tiom Forblovis La Vento
Dentoj de l' Maro
La Magiisto de Ozo
Belulino kaj la Besto
La Batalŝipo Potemkeno
Spaca Vojaĝego

Ĵurasa Parko
La Mupetoj Konkeras Novjorkon!
Facila ekzameneto, ĉu ne?
Vortolisteto:

kino-arto	- cinematic arts
sur-ekran-ig-i	- to screen (make-on-screen)
premi-it-a	- having won a prize
rekon-i	- to recognize
milit-o	- war
tiom	- that much, so much
for-blov-i	- to blow away
magi-ist-o	- magician, wizard
mupet-o	- a Muppet
konker-i	- to conquer

Noto: Ni rajtas fortranĉi la *a* de *la*, principe en poemoj kaj kantoj, do ni vidis la titolon *"La Dentoj de l' Maro"* anstataŭ *"de la"*.

La Kulturo

8.46 Besides arranging meetings and publishing magazines for Esperantists in general, UEA also supports the so-called *Fakaj Instancoj*, specialized official groups for various professions. These groups, working within an Esperanto milieu, deal with language questions specific to their field of expertise.

The *Universala Medicina Esperanto-Asocio* (UMEA) has as its goal the use of Esperanto in medical affairs. It sponsors international meetings of medical professionals, and encourages the interchange of ideas using Esperanto. The Association publishes the *Medicina Internacia Revuo*.

The *Internacia Scienca Asocio Esperantista* (ISAE) exists to promote exchanges among Esperanto-using scientists, and to encourage other scientists to begin using Esperanto. It publishes *Scienca Revuo*, a review of scientific progress around the world, and sponsors *Terminologia Centro*, a group working to standardize scientific terms in Esperanto.

For professionals in the fields of Biblical Studies, and Near-East Archeology, the *Internacia Asocio de Bibliistoj kaj Orientalistoj* (IABO) publishes the quarterly *Biblia Revuo*. The goals of the Association are to help professionals collaborate across language barriers, to promote the study of ancient Near-Eastern religions and culture, and to publish ecumenical editions of the Bible and other important works.

The *Internacia Asocio de Esperantistaj Matematikistoj* considers its most important contribution to the Esperanto movement to be its work on mathematical terminology. An interesting feature of the Association is its *Problemservo*, which all Esperantists are entitled to use. If you

are faced with an apparently insoluable mathematics problem, the *Problemservo* stands ready to help you. The Assocation will call on its members around the world to offer solutions to your problem. Of course, the Association is probably thinking of higher-level mathematical problems, not a homework assignment in algebra.

Did you see a specialized organization among those above that interested you? If so, contact UEA for the current address. If not, there will be more organizations in the following chapters!

Leciona Vortolisto

abon-i al	- to subscribe to (a newspaper, etc.)
al-port-i	- to bring
anstataŭ	- instead of
antaŭ ol	- before (conjunction)
aspekt-i	- to have the appearance of
baldaŭ	- soon
baz-a	- basic
besto-ĝarden-o	- zoo ("animal-garden")
bon-kor-a	- good-hearted
ĉas-i	- to hunt
ĉe-est-ant-o	- a person present
de-nask-e	- from birth, natively
direkt-o	- direction, heading
ekster-ter-ul-o	- extraterrestrial, alien
esprim-o	- expression
fantom-o	- ghost
far-iĝ-i	- to be made, to become
fin-aĵ-o	- ending; i.e. *grammatical* ending
for-ir-i	- to go away, to depart, to leave
fremd-a	- foreign
fromaĝ-o	- cheese
grav-a	- serious
hejm-e	- at home
hejm-e-n	- homeward
ide-o	- idea
iĝ-i	- to become
intenc-i	- to intend
kelner-o	- waiter
komfort-a	- comfortable

kovr-it-a	- covered
kre-i	- to create
krom	- beside, except for
kulp-a	- guilty
land-lim-o	- border ("land-limit")
lav-i	- to wash
list-i	- to list, make a list
lud-i	- to play
mal-plej...el	- least...of
mal-pli...ol	- less...than
Marso	- Mars
mont-ar-o	- mountain range, mountains
montr-i	- to show
naĝ-kostum-o	- bathing suit
nuntemp-e	- currently
plan-i	- to plan
plej...el	- most...of
pli...ol	- more...than
post-e	- afterwards
praktik-i	- to practice
prez-o	- price
pri-pens-i	- to think about, consider
promen-i	- to walk, stroll
provinc-o	- province ("proh-VEEN-tsoh")
punkt-o	- point
rajd-i	- to ride
rapid-i	- to hasten
re-turn-iĝ-i	- to turn around
salon-o	- living room
sekret-a	- secret
star-ig-i	- to set up, cause to stand
sub-tas-o	- saucer
tag-manĝ-o	- lunch
(la) Tero	- the planet Earth
tuj	- immediately
Venuso	- Venus (the planet)
ver-dir-e	- truthfully, to tell the truth
vetur-i	- to go in a vehicle
vin-o	- wine
volont-e	- gladly, willingly

Angla-lingva traduko de la konversacioj:

8.1 Elena and Alexander, walking in center city, are thinking about lunch.

> E: "What time is it now, Alex?"
>
> A: "It's already a quarter after twelve. Why do you want to know? Are you hungry?"
>
> E: "I feel a small hunger, yes."
>
> A: "So then, don't you want to eat something?
>
> E: "To eat a little, yes. I certainly don't want a big lunch."
>
> A: "Where shall we go, then?"
>
> E: "See that cafe there, on the corner? It seems to me that it is inexpensive."
>
> A: "Let's go there. To tell the truth, I'm very hungry!"

8.2 Elena and Alexander are now sitting at the cafe. The waitress brings a menu.

> K: "Good day, Sir, Ma'am. Here's our menu. Do you want something to drink while you decide?"
>
> E: "Yes, gladly! I'm really thirsty. Bring me a Coca Cola--a big one, please."
>
> K: "And for you, Sir?"
>
> A: "I also am thirsty. I will glady take a glass of iced tea. With lemon, please."
>
> K: "Thank you. I'll be back right away with your drinks."
>
> A: "So, what do you want, Elena? Because you are only a little hungry, I suppose that you intend to order only a salad or something like that."
>
> E: "A salad seems to me a good idea. And afterward, I will order an omlet with cheese and tomatoes. And you, what will you order?"
>
> A: "I like soups and sandwiches, so I'll order vegetable soup and a sandwich of this roast beef they show on the menu."

8.3 Tomorrow, Stuchie and Kannie will visit a zoo for children, where they will see well-known animals.

> S: "Think about it, Kannie! Tomorrow we will see many animals. There will be cows, goats, and sheep..."
>
> K: "And we will pet them all! I certainly will look for the horses and the hens. I like them a lot!"
>
> S: "Do you think that we will find pigs at the zoo?"
>
> K: "Yes, of course! Everyone loves pigs. Think about Porky Pig. And one will have also rabbits and squirrels."
>
> S: "I surely will also see gorillas and whales!"

K: "Oh, Stuchie! What's your home planet like? There won't be gorillas in that zoo, nor whales! Sometimes you are so dumb that I can't believe it!"

8.4 Dr. Kyoshi from Japan is a well-know engineer. The doctor always plans her daily affairs before going to bed. She is now listing these things, thinking about the coming day.

Before noon will be full of business.

Tomorrow at nine, I will meet with the chief engineer of our new project. We will discuss the steps necessary to set up this affair.

At eleven-fifteen, I will have a meeting with the mayor and the city council. I will receive a testimonial for my work with high school students.

At noon, I will lunch with the director of our corporation and the board. He will invite also the mayor and his wife.

The afternoon will be less feverish. I will have to attend a meeting of the school-industry council, where I will lecture about the future needs of American industries.

In the evening, I will eat with Edward at *Tiny Rabbit*. I will to meet him around seven in front of city hall.

Note: Tomorrow will not be cold, so I will not put on my winter coat--I will certainly feel too warm!

9. LA NAŬA LECIO
Konversacioj

9.1 *Ĉe festo, Tereza kaj Nanĝo serĉas konatojn.*

T: "Kiun vi konas ĉi tie, Nanĝo?"

N: "Bedaŭrinde, mi kredas, ke mi konas neniun."

T: "Rigardu tiun strangan viron! Kun kiu li konversacias?"

N: "Evidente, li parolas kun neniu. Mi vidas neniun apud li."

T: "Kiel oni diras, 'li konversacias kun la anĝeloj.'"

N: "Jes, vi pravas. Parenteze, ĉu vi deziras manĝi ion?"

T: "Fakte, jes. Ĝis nun, mi prenis nenion ĉar neniu vizitas la tablegon, kie la manĝaĵoj troviĝas."

N: "Do, venu kun mi. Ĉu estas sandviĉoj?"

T: "Mi vidas nenian sandviĉon, Nanĝo. Ĉu ne plaĉas al vi fromaĝo kun pano?"

N: "Ĉar mi tre malsatas, plaĉas al mi ĉio!"

Vortolisteto:

fest-o	- party
kon-at-o	- acquaintance (being-known-person)
neniu	- no one, none ("neh-NEE-oo")
strang-a	- strange, odd ("STRAHN-gah")
apud	- near
anĝel-o	- angel
parentez-e	- by the way
nenio	- nothing ("neh-NEE-oh")
trov-iĝ-i	- to be found
nenia	- no kind of ("neh-NEE-ah")

9.2 *Ana kaj Vilhelmo diskutas siajn spertojn.*

A: "Vilĉjo, ĉu vi jam ofte skiis en la Rokaj Montoj?"

V: "Mi *neniam* skiis en la Rokaj Montoj! Ĉu vi?"

A: "Ne, neniam. Ĉu vi jam glitkuris sur la lago?"

V: "Ne, Ana, mi neniam glitkuris sur la lago. La vintraj sportoj ne plaĉas al mi. Ne plaĉas al mi malvarmiĝi! Ĉu vi glitkuris sur la lago?"

A: "Kelkfoje, jes. Mi havas glitŝuojn, kiujn mi preskaŭ neniam surmetas. Ne plaĉas al mi kontuziĝi!"

V: "Ĉu vi ofte kontuziĝis, glitkurante?"

A: "Tro ofte, Vilĉjo!"

Vortolisteto:

spert-o	- experience
Vil-ĉj-o	- Bill
la Rokaj Montoj	- the Rocky Mountains
neniam	- never ("neh-NEE-ahm")
glit-kur-i	- to ice skate (to slide-run)
mal-varm-iĝ-i	- to become/get cold
kelk-foj-e	- sometimes
glit-ŝu-o	- (ice) skate
preskaŭ	- almost
kontuz-iĝ-i	- to become/get bruised

9.3 *Ĉe la banko: Veturonte eksterlanden, Sinjorino Agano (A) bezonas vojaĝoĉekojn kaj informojn. Ŝi parolas unue kun la gardisto (GA), poste kun la giĉetisto (GI).*

GA: "Bonan posttagmezon, Sinjorino."

A: "Bonan tagon, Sinjoro."

GA: "Kiel mi helpu vin?"

A: "Baldaŭ mi vojaĝos eksterlanden, kaj mi ne scias, kiajn ĉekojn mi bezonas."

GA: "Mi kredas, ke tiaj estas *vojaĝoĉekoj*, Sinjorino. Nu, bonvolu iri al la giĉeto kvar. Tie oni helpos vin."

A: "Multan dankon, Sinjoro."

GA: "Ne dankinde, Sinjorino."

A: (*nun parolante al giĉetisto*) "Pardonu min, Sinjorino..."

GI: "Jes, certe. Bonan tagon. Kiel mi servu vin, Sinjorino?"

A: "Jen du mil dolaroj. Mi deziras vojaĝoĉekojn por tiu ĉi sumo."

GI: "Ĉu vi vojaĝos ekster Usono?"

A: "Jes. Kial?"

GI: "Nu, ĉu vi preferus ĉekojn en dolaroj aŭ en fremdaj devizoj?"

A: "Kiajn devizojn vi havas?"

GI: "Francajn frankojn, germanajn markojn, italajn lirojn, britajn pundojn, kaj eĉ japanajn enojn."

A: "Kion vi sugestus?"

GI: "Se vi vizitos plurajn landojn, preferaj estas vojaĝoĉekoj en dolaroj. Se vi intencas resti en unu lando, do prefere vi prenus ĉekojn en la loka mono."

A: "Mi preferus vojaĝoĉekojn en usonaj dolaroj do, ĉar mi vizitos multajn eŭropajn landojn. Parenteze, ĉu vi povas ŝanĝi tri cent dolarojn en fremdajn devizojn?"

GI: "Bedaŭrinde ne, Sinjorino. Por eksterlanda mono, vi devas iri al la giĉeto ok. Tie oni informos vin pri la nuna kurzo."

Vortolisteto:

vetur-ont-e	- about to travel
ekster-land-e-n	- (to) outside the country
ĉek-o	- a (bank) check
giĉet-o	- ticket window, teller's window
baldaŭ	- soon
sum-o	- sum, total
prefer-us	- would prefer
fremd-a	- foreign
devizoj	- currency
pund-o	- British pound
en-o	- Japanese yen
sugest-us	- would suggest
rest-i	- to remain
pren-us	- would take
ŝanĝ-i	- to change (here: money)
kurz-o	- rate of (currency) exchange

9.4 *Tonio sidas apud Klara ĉe festeno kaj, konversaciante, trovas ŝin malagrabla.*

T: "Do, ĉu vi ofte venas al festenoj?"

K: "Neniam antaŭe."

T: "Hm! Ĉu plaĉas al vi filmoj?"

K: "Ne, neniu filmo."

T: "Nu, ĉu vi ŝatas sportojn?"

K: "Neniaj sportoj plaĉas al mi. Miaopinie, ili estas seninteresaj."

T: "Kion vi faras kiel ŝatokupon?"

K: "Nenion. Ŝatokupojn mi ne havas."

T: "Kial ne?"

K: "Nenial. Min okupas tro la laboro."

T: "Ho ve! Do, kiel plaĉus al vi nun danci kun mi?"

K: "Kiel? Neniel."

T: "Ho! Kiom da kundancontoj vin atendas do?"

K: "Neniom. Mi ne dancas."

T: "Vidu: vi neniam antaŭe festenis, neniu filmo plaĉas al vi, vi ŝatas neniun sporton, vi faras nenion krom la laboron, kaj vi ne deziras danci kun mi! Kia vivo estas tia?"

K: "Kion vi diris? Mi vere ne atentis."

T: "Ho, Skoĉjo! Mi estas preta je teleportado! Ne ekzistas inteligentaj vivaĵoj sur la planedo!"

K: "Mi tute ne komprenas vin. Vi estas vera strangulo!"

Vortolisteto:

festen-o	- banquet, feast
mal-agrabl-a	- unpleasant, bitterly dull
nenia	- no kind of ("neh-NEE-ah")
sen-interes-a	- without interest, uninteresting
ŝat-okup-o	- hobby (enjoy-occupation)
nenio	- nothing ("neh-NEE-oh")
nenial	- for no reason ("neh-NEE-ahl")
ho ve	- woe is me!
plaĉ-us	- would please
neniel	- in no way ("neh-EE-ehl")
kun-danc-ont-o	- future dancing partners
neniom	- no quantity; none ("neh-NEE-ohm")
Skoĉjo	- familiar for *Skoto* (Scott)

Notoj:

1. Notice the difference between *malinteresa* (boring) and *seninteresa* (without interest). The *mal*-word denotes the *opposite* quality; with *sen*, the speaker is making a personal statement. The film might be interesting, but *for me* it is without interest.

2. *Mi estas preta je teleportado* may seem a bit wordy, and it does use the neologism *teleporti*, but this is one way to say it in Esperanto!

Lernindaj Esprimoj

9.5 *La korpopartoj - tria parto*
  (Parts of the body - part three)
    angio - blood vessel
    arterio - artery
    brovoj - (eye)brows
    fingroungo - fingernail
    frunto - forehead
    galveziko - gallbladder (*gal-veziko*)
    gingivoj - gums
    glandoj - gland
    kalkano - heel
    klaviko - collar bone
    kranio - skull
    maleolo - ankle
    manartiko - wrist (*man-artiko*)
    palpebro - eyelid
    polekso (dikfingro) - thumb ("thick-finger")

220

reno - kidney
spino - spine
stomako - stomach (internal)
ventro - abdomen (external)

9.6 *Manĝilaro kaj trinkujaro* (Utensils and glassware)
forko - fork
kulero - spoon
tekulero - teaspoon
granda kulero - soup spoon
tranĉilo - knife
manĝbastonetoj - chop sticks
telero - plate
bovlo - bowl
subtaso - saucer
taso - cup
glaso - glass

9.7 *Manĝaĵoj kaj trinkaĵoj* (Food and drink)
pano - bread
rostita pano - toast
bulko - roll
butero - butter
sukero - sugar
salo - salt
pipro - pepper
saŭco - sauce
oleo - oil
vinagro - vinegar
mustardo - mustard
kaĉo - hot cereal, porridge, gruel
ovo - egg
mallonge boligita - soft boiled
fritita - fried
kirlfritita - scrambled
sukoj: - juices
oranĝosuko - orange juice
pomosuko - apple juice
kafo kun kremo - coffee with cream
varma ĉokolado - hot chocolate
lakto - milk
teo - tea

glaciteo - iced tea

9.8 Ĉe la Banko (At the bank)

mono - money

devizoj - foreign currency

ĉeko - a check

konto - an account

giĉeto - teller's window

giĉetisto - teller

kurzo - exchange rate

(bank)bileto - paper currency

monero - a coin

ĉek- / ŝpar- kont-o - checking/savings account

9.9 Ĉe la Poŝtejo (At the Post Office)

poŝtisto - post office worker

poŝtmarko - stamp

glumarko - sticker

koverto - envelope

poŝte sendi - to mail (send by post)

(poŝt)ekspedi - to send

La Praktiko

9.10 *Nomu tiun korpoparton!* Jen sugestoj, ĉu vi povas nomi la ĝustan parton de la korpo?

1. Oni vidas per la...
2. Oni tuŝas per la...
3. La...protektas la cerbon.
4. Por fermi la okulojn, ni havas...
5. Ĉe la fingroj kaj la piedfingroj troviĝas...

9.11 *Kiun manĝilon, kiun trinkujon vi bezonas...*

1. por manĝi supon?
2. por trinki kafon?
3. por tranĉi bifstekon?
4. por manĝi karotojn kaj pizojn?
5. por trinki sodakvon?

9.12 *Legu la menuon!*

ĈE LA FIŜKAPTANTA KATO

La Hodiaŭa Menuo

Antaŭmanĝaĵoj:

spicaj salikokoj	sardeloj en mustardo
tomata salato	ostroj sur glacio

Supoj de la Tago: legoma supo, kokina supo

Ĉefmanĝaĵoj: (servitaj kun legomoj kaj bulkoj)

fritita kokinaĵo	bifsteko
bovidaĵo	fiŝo de la tago

Legomoj: terpomoj (bakitaj aŭ frititaj), karotoj, pizoj, florbrasiko

Desertoj: diversaj kukoj, fruktoplenaj tortoj, renversita flano, glaciaĵoj

Vortolisteto:

fiŝ-kapt-i	- to catch fish
antaŭ-manĝ-aĵ-o	- appetizer
salikok-o	- shrimp
sardel-o	- sardine
ostr-o	- oyster
glaci-o	- ice
bulk-o	- a roll
bov-id-aĵ-o	- veal
renvers-i	- to overturn
flan-o	- custard
glaci-aĵ-o	- ice cream

Nun, bonvolu respondi al la kelnero:

1. Ĉu vi deziras antaŭmanĝaĵon?
2. Kiun supon vi preferas, la legoman aŭ la kokinan?
3. Kiel ĉefmanĝaĵon, kion vi mendas, mi petas?
4. Kaj kiujn legomojn vi deziras? Vi rajtas elekti du legomojn.
5. Ĉu vi ankaŭ deziras mendi deserton?
6. Kion vi deziras kiel trinkaĵon?

9.13 *Ĉe la banko: respondu al la demandoj de la giĉetisto:*

1. Ĉu vi deziras vojaĝoĉekojn en usonaj dolaroj aŭ en fremdaj devizoj?
2. Kiel vi pagas la vojaĝoĉekojn?
3. Ĉu vi deziras bankbiletojn en grandaj aŭ malgrandaj biletoj?
4. Ĉu vi nun deziras malfermi ŝparkonton kun la banko?
5. Ĉu vi bezonas ankaŭ ĉekkonton?

La Gramatiko

9.14 We have been using nouns in *-anto/-into/-onto* to name the *person* who does/did/will do an action: *parolanto, falinto, vojaĝonto*. Now, what if that person is the recipient of the action, that is, a *passive* participant? Then we use *-ato, -ito, -oto*:

instruanto - the person who is teaching

instruato - the person being taught

portinto - the person who has carried

portito - the person who has been carried

honoronto - the person who is about to honor (someone)

honoroto - the person who is about to be honored

The passive forms are the same as the active forms, but with the *n* left out: *telefoninto - telefonito*.

9.15 In the same way we used adjectives ending in *-anta/-inta/-onta*, we can create *passive* adjectives in *-ata, -ita, -ota*:

amanta infano - a loving child

amata infano - a child which is loved

parolinta virino - a women who has spoken

parolita lingvo - a language which has been spoken

veturonta trajno - a train which is about to travel

veturota vojo - a road which is about to be traveled

As you can see, the Esperanto forms are often rendered into English as relative clauses. As you read Esperanto, be on the lookout for the suffixes *-nt-* and *-t-*, and the tense-vowels *a* (present), *i* (past), *o* (future).

These adjective forms of verbs are also called *participles*. We can say, then, that the Esperanto verb has six participles, three active and three passive:

scianta - knowing	*sciata* - being known
sciinta - having known	*sciita* - having been known
scionta - about to know	*sciota* - about to be known

9.16 Finally, there are the adverbial forms of the passive participle: *-ate, -ite, -ote*. These are used to refer to an action which happens to the *subject* of the sentence:

Konate de neniu, Ana staris apud la muro.

Being known by no one, Ana stood next to the wall.

Amite, ili bone komprenas viajn sentojn.

Having been loved, they understand your feelings well.

Honorote, S-ro Bruno atendis la prezidenton.

About to be honored, Mr. Bruno waited for the president.

These adverbial participles are widely used in Esperanto, and add greatly to the flexibility of the language.

9.17 Let us now look at some futher affixes which also help to make Esperanto flexible and expressive. The suffix *-ebl-*, meaning "able to be..." is widely used. Here are some adjective forms:

lerni > *lernebla* - learnable
porti > *portebla* - portable
vidi > *videbla* - visible
anstataŭ > *anstataŭebla* - replaceable

There are also adverbial forms in use:

kompreni > *kompreneble* - understandably
plej > *plejeble* - most likely
laŭ > *laŭeble* - possibly

By itself, *-ebl-* is used in the following ways:

eble - perhaps, maybe (*povas esti*)
ebla - doable (*farebla*)
ebleco - possibility ("eh-BLEH-tsoh")
ebligi - to enable
malebla - incapable

Noto: The suffix *-ebl-* shows us what "is able to be...". *Kreebla*, for example, means "able to *be* created;" *farebla*, "able to *be* done." But what if we wish to say "able to create, creative," or "able to do"? One solution is the unofficial suffix *-iv-*: *kreiva, fariva*. Unofficial suffixes are those proposed by Esperantists, but not (yet) approved by the *Akademio de Esperanto*. Many unofficial words enjoy wide use in Esperanto circles.

9.18 One suffix which you have already met in several words is *-estr-*, as in *urbestro*, "mayor." To quote the *Plena Analiza Gramatiko de Esperanto* (Kalocsay-Waringhien, UEA, 1980), "estro signifas *gvidanto, komandanto, ordonanto, direktanto, mastro, ĉefo.*" Look at the following:

ŝipo > *ŝipestro* - captain
ofico > *oficestro* - office manager
vilaĝo > *vilaĝestro* - village leader
imperio > *imperiestro* - emperor
stacio > *staciestro* - station master
poŝto > *poŝtestro* - postmaster
cent > *centestro* - centurion

You will notice that in each case, the *-estro* suffix denotes the "leader" of the root word. Used by itself, *estro* means "boss, leader, chief, head, etc." With the suffix *-aro*, we have *estraro*, "the group of leaders," for example, *la estraro de UEA*. And if we wish to speak of a member of the "leadership," we say *estrarano*, that is, *estr-ar-an-o*.

9.19 Another useful suffix in Esperanto is *-id-*, which means "offspring of":

hundo > *hundido* - puppy
kato > *katido* - kitten
muso > *musido* - baby mouse
arbo > *arbido* - seedling tree
amiko > *amikido* - child of a friend

If we wish to speak of a female offspring, then we add *-ino* to *-id-*: *katidino, ĉimpanzidino*. Remember that *-id-* denotes offspring; *-et-* tells us about the *size*: *hundido*, "puppy," but *hundeto*, "small dog."

Ido by itself means "offspring," and was used by a certain Sinjoro Beaufront as a pseudonym when he created a "reformed" Esperanto in France. Like Dr. Zamenhof's pseudonym, the term Ido became the name for the language. It is interesting that the Esperantist press refers to Ido as *misreformita Esperanto*, revealing the lingering anger at this now defunct project.

9.20 Turning to prefixes, we have two very useful ones: *eks-* and *dis-*. The prefix *eks-* (like English *ex-*) means "the late, former, retired":

eksprezidento - ex-president
eksurbestro - former mayor
eksedzino - divorced woman
eksmoda - out of fashion

As independent words, we have *eksiĝi* (to retire) and *eksigi* (to throw out of office), *eksa* (former, no longer in office), and *eksulo* (a retired person).

According to the *Plena Analiza Gramatiko de Esperanto*, the prefix *dis-* has the meaning of *malkun* (*mal* + *kun*), that is, one of separation, dispersal, breaking apart.

sendi > *dissendi* - to send out
stari > *disstari* - to stand apart
rompi > *disrompi* - to break to bits
tranĉi > *distranĉi* - to cut into pieces
salti > *dissalti* - to jump apart
bati > *disbati* - to beat down

As independent words, we find *disa* (separate), *dise* (separately), and the occasional *disde* (from off of), where *dis-* adds emphasis to the "from" sense of *de*.

9.21 Now here are a few more prepositions:

sen - without (*malkun*)

apud - near, beside, next to

kontraŭ - opposite, facing, against, anti-

malantaŭ - behind (*mal* + *antaŭ*)

malgraŭ - in spite of, despite, notwithstanding

Miko alvenis sen amikoj.

Mike arrived without (his) friends.

Ŝi sidis kontraŭ mi, apud Jano.

She was sitting across from me, next to Yan.

Kiu ne estas por ni, estas kontraŭ ni.

Who(ever) is not for us, is against us.

Ana ne staris ĉe la pordo, sed apud ĝi.

Ana was not standing *at* the door, but near it.

Malgraŭ la pluvo, ni promenis tra la arbaro.

In spite of the rain, we walked through the forest.

9.22 Besides the simple one-word prepositions like those above, Esperanto also uses *compound prepositions*, consisting of more than one word. Here are some examples using *al* (to) as the second part:

dank'al - thanks to

favore al - favorable to, advantageous to

konforme al - in conformance with, according to

proksime al - near

responde al - in response to

rilate al - relating to

And here are some compound prepositions which use *de* (of, from):

malproksime de - far from

aparte de - apart from

depende de - depending on

ekskluzive de - exclusive of

fare de - done by

flanke de - at the side of

helpe de - with the help of

9.24 You have seen the relationship among *kio-tio-ĉio, kiu-tiu-ĉiu*, and so on. We can now add another set to the list, the *nen-words*. Just replace the *k* from any *k-word* with *nen-*:

nenio - nothing ("neh-NEE-oh")

neniu - no one ("neh-NEE-oo")

nenia - no kind of ("neh-NEE-ah")

nenie - nowhere ("neh-NEE-eh")

neniom - no amount ("neh-NEE-ohm")

nenial - for no reason ("neh-NEE-ahl")

neniel - in no way ("neh-NEE-ehl")

In Esperanto, the presence of a *nen-word* means that we do not use *ne* with a verb:

Mi ne vidas ion. I don't see anything.

Mi vidas nenion. I see nothing.

9.25 You will remember that we used *pli* and *plej* with adjectives to express "more" and "most": *pli granda, plej granda*. We use the same words with *adverbs*:

Ili kuras pli rapide ol vi.

They are running more rapidly than you.

Ana rakontas plej amuze.

Ana tells stories most amusingly.

La infano kantas malpli laŭte ol la kato.

The child sings less loudly than the cat.

La stumpa muso dancas malplej gracie.

The stubby mouse dances least gracefully.

9.26 We will now look at another important point about the nominative/accusative distinction in Esperanto. Consider the following two sentences:

Ŝi amas min pli ol vi.

Ŝi amas min pli ol vin.

In the first sentence we have the nominative form *vi* after *ol*, so we know it must mean "She loves me more than you do": *Ŝi amas min pli ol vi (amas min)*. In the second sentence, we have *vin* (accusative), so we know it must mean "She loves me more than she loves you": *Ŝi amas min pli ol (ŝi amas) vin*. Now look at these sentences:

Mi malamas la malpuron same kiel la musoj.

I hate filth as much as the mice (do).

Mi malamas la malpuron same kiel la musojn.

I hate filth as much as (I hate) mice.

Ana traktas min kiel sian infanon.

Ana treats me as her child.

Ana traktas min kiel sia infano.

Ana treats me as her child does.

At first this might seem difficult, but with a bit of practice, you will come to appreciate the flexibility and clarity made possible by the existence of the accusative forms.

Ekzercaro

9.27 Create *-anto* and *-ato* forms from each of the following sentences. *Ekzemple: S-ro Bruno instruas Klaran. > Li estas la instruanto, ŝi estas la instruato.*

1. Maria amas Husenon. *Ŝi estas la..., li estas la....*
2. Sinjorino Hupĉo telefonas Sinjoron Ŝmiton
3. Kanjo helpas Joĉjon.

Now try the same thing using *-into* and *-ito*: *Profesoro Julo dungis sekretariinon. > Li estas la dunginto, ŝi estas la dungito.* (Professor Yul hired a secretary. He was the employer, she was the employee.)

4. Doktoro Frankenŝtajno kreis la monstron.
5. Maria informis Mateon.
6. La knabo vidis Onklinon Klaran.

Finally, use *-onto* and *-oto*: *Generalo Fusko elektos novan adjutanton. > La generalo estas la elektonto, la adjutanto estas la elektoto.*

7. Prezidento Garsia forsendos sian ambasadoron. *La prezidento estas la..., la ambasadoro estas la....*
8. La vendisto maldungos Markon. (*dungi* - to hire; *maldungi* - ?)
9. Mia frato bonvenigos nian kuzinon ĉe la stacidomo.

9.28 Rework each sentence using *-ata, -ita,* and *-ota* in turn. Think about how the meaning changes. *Ekzemple: aĉeti aŭton > La aŭto estas aĉetata, aĉetita, aĉetota.*

1. Vendi domon. *La domo estas....*
2. Legi ĵurnalon.
3. Skribi leteron.
4. Kapti fiŝojn. (Atentu: *-aj*!)

9.29 You saw in the *Gramatiko* how the adverbial participles *-ante,-inte*, and *-onte* can be used to replace a relative clause: *La infano, kiu skribis la leteron, portis ĝin al la poŝtejo. > Skribinte la leteron, la infano portis ĝin al la poŝtejo.*

For the following sentences, replace the relative clause (look for the *kiu*) by a participle in *-nte*. See if the meaning changes, or is impossible, as you use the tense vowel *-a-* (present), *-i-* (past), or *-o-* (future).

1. La instruisto, kiu verkas lernolibron, legos kelkajn paĝojn al sia amiko.
2. La geknaboj, kiuj frue alvenis al la lernejo, ludis kune antaŭ la pordo.
3. La klubestro, kiu ricevas nian leteron, certe respondos al ni.

4. Iliaj gekuzoj, kiuj lastatempe vojaĝis al Japanio, sendis belajn bildkartojn al Sinjoro Kamĉatka. (*bild-kart-o* - picture postcard)

9.30 Here is a chance to use the suffix *-ebla* to build some new adjectives! Think about their meaning.

manĝ-i - to eat
solv-i - to solve
travid-i - to see through
leg-i - to read
esper-i - to hope
transnaĝ-i - to swim across

Now look at these *-ebla* expressions in Esperanto:

Kiam la instruistino rigardis la hejmtaskon de Ana, ŝi trovis la paĝojn nelegeblaj.

La esplorantoj kredis tiujn tri riverojn netransnaĝeblaj.

Mi legis pri la neeviteblaj konfliktoj de la nuna mondo. (*evit-i* - to avoid)

Ni devas konsideri nur la mezureblan koston antaŭ ol jesi aŭ nei la aferon. (*mezur-i* - to measure)

Esperanto estas lingvo fleksebla kaj facile lernebla.

9.31 In this exercise, you can create some words using the suffix *-estro* ("leader"). Think about the English versions.

partio - political party
ĥoro - choir
fajrobrigado - firefighter brigade
domo - house
vagonaro - a train
hotelo - hotel

9.32 You will remember that the suffix *-ido* indicates the offspring of the animal (or plant) indicated by the root word. The English words for such offspring are often less than obvious. For each animal given below, create the name of its offspring in Esperanto, then try to find the English equivalent.

aglo - eagle
angilo - eel
ansero - goose
cervo - deer ("TSEHR-voh")
cigno - swan ("TSEEG-noh")
ĉevalo - horse (and with *-ino*?)
fiŝo - fish

kanguruo - kangaroo
leono - lion
meleagro - turkey
rano - frog
salmo - salmon
strigo - owl
Speaking of animals, we should compare the Esperanto and English words for groups of beasts, such as "herd, band, etc." Below are some Esperanto terms using the suffix -*aro*. What are the English versions?

gorilaro	*cignaro*
kataro	*formikaro* (*formiko* - ant)
elefantaro	*balenaro* (*baleno* - whale)
fiŝaro	*porkaro*
anseraro	*kanguruaro*

9.33 The prefix *eks-* denotes a former state. Use *eks-* with the following words and assign a meaning to each new word.

ĉefministro (prime minister)	*reĝo* (king)
Esperantisto	*amiko*
soldato (soldier)	*lernejestro*
igi (to cause, make)	*iĝi* (to become)

9.34 Answer each of the following questions with the appropriate *nen-* word (*nenio[n], neniam, ktp.*) First use a one-word answer, then try answering in a complete sentence. *Ekzemple: Kion vi faras? 1) Nenion. 2) Mi faras nenion.*

1. Kiun vi vidas?
2. Kiam la turistoj foriros?
3. Kiaj filmoj plaĉas al via onklo?
4. Kiom da mono ili havas?
5. Kie mi povas aĉeti tian muson?

9.36 Complete each of the following sentences using the words suggested in parentheses, first in the *nominative*, then in the *accusative* form. Note the difference in meaning.

1. Mi amas ilin kiel... (miaj fratoj)
2. La knabo traktas la katon kiel... (eta fratino)
3. Ni timas lin pli ol... (vi) (*timi* - to fear)
4. La instruisto kredas min malpli ol... (Marko)
5. Mi laŭdis la laboron anstataŭ... (la laboranto) (*laŭdi* - to praise)

Legaĵoj

9.37 *La Volpo kaj la malmaturaj vinberoj*

Iun tagon volpo promenis en densa arbaro, serĉante ion por manĝi. Horon post horo ĝi pli kaj pli malsatiĝis. Fine, la volpo vidis vinberujon, kiu pendis de alta arbo. Kaj sur la vinberujo estis multaj vinberoj. La volpo ŝmacis la lipojn je la penso de tiuj ĉi bongustaj vinberoj.

Bedaŭrinde, la vinberoj ne estis sufiĉe malaltaj, kaj la volpo devis salti por ilin preni. Do, la volpo saltis...sensukcese. La vinberoj estis tro altaj. La volpo denove saltis, kaj ankoraŭ saltis, kaj eĉ kvaran fojon saltis, sed ĝi ne atingis la vinberojn. Je la kvina fojo, la volpo saltis tiel alte, kiel ĝi povis, kaj...refalis teren sen mankapti la vinberojn!

"Ba!" ekkriis la volpo. "Ne plaĉas al mi tiuj vinberoj! Ili estas certe malmaturaj!" Kaj la volpo foriris, ankoraŭ serĉante ion por manĝi.

Vortolisteto:

volp-o	- fox
matur-a	- mature, ripe
vin-ber-o	- grape
mal-sat-iĝ-i	- to become hungry
vin-ber-uj-o	- grape vine
pend-i	- to hang
alt-a	- high, tall
ŝmac-i	- to smack ("SHMAH-tsee")
kvaran fojon	- for a fourth time
ating-i	- to reach
re-fal-i	- to fall back down
ter-e-n	- to the earth
man-kapt-i	- to catch in the hand

Demandaro:

1. Kion la volpo serĉis?
2. Kie estis la vinberujo?
3. Kiel ni scias, ke la volpo malsategis?
4. Kial la volpo ne povis tuj manĝi la vinberojn?
5. Tial, kion la volpo faris do?
6. Kiom da fojoj la volpo saltis?
7. Kiun opinion la volpo fine havis pri la vinberoj?

9.38 *La volpo, la korvo, kaj la fromaĝo*

Iun belan posttagmezon, brile nigra korvo sidis sur branĉo tenante pecon da fromaĝo en sia oranĝkolora beko. Ĝi forŝtelis la fromaĝeron de farmbieno, kaj nun intencis ĝin manĝi.

Malsupre, volpo alvenis, flarante la fromaĝon, kaj vidis la korvon.

Tre volpe, la besto pensis pri ruzo por havigi al si la manĝaĵon.

"Bonan tagon, kuzo!" diris malsincere la volpo al la korvo. "Vere plaĉas al mi vin vidi!"

La korvo ne komprenis la intencon de la volpo. Ĝi nur grakis.

"Jam delonge mi deziras aŭdi denove vian belan voĉon," diris nun la volpo. "Ĉu vi ne kantos por mi? Laŭdire, vi havas la plej ĉarman voĉon en tiu ĉi arbaro."

Flatate de la sukeraj vortoj de la volpo, la korvo malfermis la bekon por kanti. Sed, je la unua grako de la korvo, la fromaĝo falis el ĝia beko en la buŝon de la atendanta volpo.

Forkurante, la volpo diris al la korvo, "Sciu, kara kuzo, ke ĉiu flatanto vivas je la malprofito de la flatato!"

Kaj la korvo ĵuris, tamen malfrue, ke ĝi ne plu trompiĝos tiumaniere.

Vortolisteto:

korv-o	- crow, raven
fromaĝ-o	- cheese
branĉ-o	- branch
ten-ant-e	- holding
bek-o	- beak
for-ŝtel-i	- to steal away (from)
flar-ant-e	- smelling
ruz-o	- ruse, trick
hav-ig-i	- to cause to have
grak-i	- to squawk
laŭ-dir-e	- according to what is said
flat-at-e	- being flattered
for-kur-ant-e	- running away
flat-ant-o	- flatterer
mal-profit-o	- the loss
flat-at-o	- the person being flattered
ĵur-i	- to swear
tromp-iĝ-i	- to be fooled

Demandaro:

1. Kion la korvo tenis en la beko?
2. Kie la korvo sidis?
3. Kiel okazis, ke la korvo havis la aĵon?
4. Kiel la volpo sciis, kion la korvo havis?
5. Kion la volpo diris, ke li deziris?
6. Kial la korvo kantis?

7. Kiel flatemulo ekzistas? (*flatemulo = persono, kiu kutime flatas aliajn*)

9.39 *Por Mortigi Kokon*

Iu saĝulo donis po unu kokon al du vilaĝanoj. Poste, li diras, ke ili devos mortigi la kokon, nur kie neniu povos vidi.

Tuj, unu el la vilaĝanoj iris malantaŭ muron, kaj ekmortigis la kokon. Tamen, la alia vilaĝano marŝis tien kaj reen dum tuta semajno, sen mortigi sian kokon. Fine, li revenis al la saĝulo. Tiu ĉi demandis, "Kial vi ne sukcesis mortigi la kokon?"

"Aŭskultu min!" respondis streĉe la vilaĝano. "Plenumi vian demandon mi ne kapablas! Kien ajn mi iras, la koko mem daŭre vidas!"

Vortolisteto:

mort-ig-i	- to kill
saĝ-ul-o	- sage, wise man
po	- @, at the rate of
neniu	- no one
mur-o	- wall
tien kaj reen	- back and forth
streĉ-e	- tensely
plen-um-i	- to fulfill
kien ajn	- wherever
mem	- self

Demandaro:

1. Kiom da kokoj la saĝulo donis al ĉiu vilaĝano?
2. Kion la vilaĝanoj devis fari kun la kokoj?
3. *Kie* ili devis fari tion?
4. Kie la unua vilaĝano mortigis sian kokon?
5. Kion faris la alia?
6. Kial la dua vilaĝano ne sukcesis mortigi sian kokon?
7. Kion la dua vilaĝano komprenis, ke la unua ne komprenis?

9.40 *Saĝulo kaj Serpento*

Dum vojaĝo per trajno, saĝa sinjoro sidis apud vilaĝano. Rigardante la vestojn de lia apudulo, la vilaĝano ekkomprenis, ke tiu ulo estis saĝulo.

"Pardonu min, estimata sinjoro," komencis la vilaĝano, "ĉu vi estas *svamo*?" La vilaĝano uzis kutiman vorton por indiki saĝulon, kiu donas instruon pri saĝeco.

"Jes, mia filo, mi estas efektive svamo."

"Do, vi komplete regas viajn sentojn kaj emociojn?"

"Jes, komplete," respondis la saĝulo, kaj rekomencis rigardi la pejzaĝon de la fenestro.

Post kelkaj minutoj, la vilaĝano denove interrompis la saĝulon. "Vi intencas diri, ke vi regas ĉiun emocion vian? Ke viajn sentojn vi regas ankaŭ?"

"Jes, filo, tion mi volas diri."

"Do, se vi sentus vin kolera, vi povus regi la emocion?"

"Jes, certe."

"Kaj se vi sentus vin maltrankvila, vi povus regi ankaŭ ĉi tiun senton?"

"Jes, kiel mi jam diris al vi." Evidente, al la saĝulo ne plaĉis la tedaj demandoj de la vilaĝano.

"Kaj, estimata svamo, se vi enirus vian domon, kaj se vi vidus, ke iu ŝtelisto jam forportis vian tutan havaĵaron, ĉu vi intencas diri, ke eĉ tiam vi povus regi vian reagon?"

"Ho, sufiĉas ja via babilado!" ekkriis la saĝulo. "Ĉu vi ne povas silenti?"

"Ha! Vidu, svamo! Vi malbone regas viajn emociojn! Ha! Vi ne estas..."

"Silentu! Silentu, kaj aŭskultu min!" diris la saĝulo, kaj li komencis rakonti.

"Estis foje vilaĝo apud malnovega templo. Ĉiun tagon la vilaĝanoj emis iri al la templo por servi la diojn, kaj por paroli kun la saĝulo, kiu loĝis tie.

"Iun tagon, serpento venis loĝi en la ĝangalo inter la vilaĝo kaj la templo. Tiu estis granda serpento, kies mordo mortigus plenkreskulon. Kaj multe plaĉis al tiu serpento mordi.

"Kompreneble, la vilaĝanoj rapide lernis pri la serpento, kaj ĉesis iri al la templo. Nu, la saĝulo scivolis pri la foresto de la vilaĝanoj, kaj-- malofta okazo--iris al la vilaĝo. Tie, li ankaŭ lernis pri la timiga serpento, kiu malhelpis la vilaĝanojn en ilia diservo.

"La saĝulo foriris el la vilaĝo kaj serĉis la serpenton en la ĝangalo. Li trovis ĝin volviĝinta en arbotrunko kaj sen timo vokis ĝin al li. La serpento malrapide disvolviĝis, kaj venis antaŭ la saĝulon.

"'Kial vi mordas la vilaĝanojn?' demandis la saĝulo.

'Ĉar plaĉas al mi,' respondis sible la serpento.

'Do, ne mordu plu iun ajn vilaĝanon!' ekkriis la saĝulo, rigardante la serpenton rekte en la okulojn. 'Obeu min, serpento!'

"Kaj la serpento, laŭ la volo de la saĝulo, obeis. De tiu tago, ĝi ne plu mordis iun ajn vilaĝanon. Kaj la vilaĝanoj denove venis al la templo.

"Post tri semajnoj, la saĝulo denove iris al la vilaĝo, ĉifoje por viziti iun malsanulon. Alveninte al la ĉefa vojo de la vilaĝo, li tre surpreziĝis, kiam li vidis plurajn knabojn, kiuj ludis per la serpento. La knaboj svingis la beston per ĝia vosto, ĝin ĵetis unu al la alia, ĝin frapis per bastonoj, kaj ĝin batadis per ŝtonoj. Kaj dume, la serpento nenion faris, nur pacience suferis.

"'Ho, knaboj!" kriis la saĝulo. 'Forlasu tiun kompatindan beston!'

"La knaboj, ridante, forkuris. La saĝulo alproksimiĝis al la serpento kuŝanta en la vojo. 'Ho, serpento, kial vi permesas, ke oni tiel traktas kun vi?'

"La serpento respondis malforte, 'La kulpo estas via! Vi jam ordonis al mi, ke mi ne plu mordu!'

"La saĝulo kompate karesis la serpenton kaj diris, 'Vi pravas, tamen mi ne malpermesis al vi, ke vi siblu.'"

"Do," demandis la saĝulo al la vilaĝano en la trajno, "ĉu vi komprenas?"

La vilaĝano silentis tie, apud la saĝulo, kaj la trajno daŭrigis sian vojaĝon al la malproksima urbo.

Vortolisteto:

apud-ul-o	- person nearby
saĝ-ul-o	- wise man
svam-o	- swami, guru
kutim-a	- common, usual, customary
indik-i	- to indicate

reg-i	- to rule
emoci-o	- emotion
pejzaĝ-o	- countryside
intenc-o	- to mean
sent-o	- feeling
koler-a	- angry
ted-a	- tedious
en-ir-us	- would go into
vid-us	- would see
ŝtel-ist-o	- robber
for-port-i	- to carry away
hav-aĵ-ar-o	- belongings
re-ag-o	- reaction
babil-ad-o	- babbling, chattering
estis foje	- there was once upon a time...
em-i	- to have a tendency to
di-o	- a god
mord-o	- a bite
mort-ig-us	- would cause to die; would kill
plen-kresk-ul-o	- adult (full-grow-person)
ĉes-i	- to cease
for-est-o	- absence (away-being)
tim-ig-a	- fearful (fear-causing)
mal-help-i	- to hinder
di-serv-o	- religious observance (god-serving)
volv-iĝ-int-a	- having curled up
arbo-trunko	- tree trunk
tim-o	- fear
vok-i	- to call
dis-volv-iĝ-i	- to uncurl
sibl-e	- with a hiss
iu(n) ajn	- any one at all
rekt-e	- directly
ĉi-foj-e	- at this time
al-ven-int-e	- having arrived
surprez-iĝ-i	- to become surprised
plur-aj	- several
sving-i	- to swing ("SVEEN-ghee")
vost-o	- tail
ĵet-i	- to throw
bat-ad-i	- to beat

ŝton-o	- a stone ("SHTOH-noh")
dum-e	- during this, meanwhile
nenio	- nothing ("neh-NEE-oh")
pacienc-e	- patiently
for-las-i	- to leave behind, alone
kompat-ind-a	- pityful
trakt-i	- to deal with, to treat
kulp-o	- guilt, blame
sibl-i	- to hiss

9.41 *Kio estas Universala Kongreso? Por respondi, jen "Sennoma universo" — mallongigo de artikolo el* **Heroldo de Esperanto (N-ro 11-12 1878-9)** *pri lastatempa universala kongreso de UEA:*

La vorto "kongreso" jam delonge maltaŭgas por difini niajn universalajn jarajn kunvenojn, ĉar ĝi--la vorto--elvokas nur labor-kunsidojn, debatojn, rezoluciojn, ĝuste tion, kion multaj homoj ne multe ŝatas. Feliĉe, la realo estas alia, kiel denove montriĝis en Valencio dum la jam historiaj datoj: 24-a - 31-a de julio...

Fakte, la programoj de la 78-a UK montris ses diversajn ĉefajn facetojn, sendependajn unu de la alia, kaj kelkajn aliajn kromajn satelitajn aspektojn. Ĉio kune formis originalan kongreson de kongresoj aŭ festivalon aŭ sennoman universon, en kiu *mil okcent sesdek kvar* homoj el *sesdek kvin* landoj kaj el ĉiuj sociaj tavoloj dum unu semajno kunvivis, komunikis inter si, diskutis kaj kulture riĉiĝis uzante unu solan komunan lingvon. Kiuj estas la menciitaj ses ĉefaj aspektoj de la *ducent* kongresaj programeroj? Jen ili:

Sennoma universo

La vorto "kongreso" jam delonge maltaŭgas por difini niajn universalajn jarajn kunvenojn, ĉar ĝi – la vorto – elvokas nur labor-kunsidojn, debatojn, rezoluciojn, ĝuste tion, kion multaj homoj ne multe ŝatas. Feliĉe, la realo estas alia, kiel denove montriĝis en Valencio dum la jam historiaj datoj: 24-a - 31-a de julio 1993.

Fakte, la programoj de la 78-a UK montris ses diversajn ĉefajn facetojn, sendependajn unu de la alia, kaj kelkajn aliajn kromajn satelitajn aspektojn. Ĉio kune formis originalan kongreson de kongresoj aŭ festivalon aŭ sennoman universon, en kiu 1864 homoj el 65 landoj kaj el ĉiuj sociaj tavoloj dum unu semajno kunvivis, komunikis inter si, diskutis kaj kulture riĉiĝis uzante unu solan komunan lingvon. Kiuj estas la menciitaj ses ĉefaj aspektoj de la 200 kongresaj programeroj?

Jen ili :

1. **La diskutoj en labor-grupoj kaj en pleno pri la kongresa temo "Klerigo por la XXI-a jarcento".** La tuto majstre kunordigita de Prof-ro Duncan Charters (Usono).

2. **La Internacia Kongresa Universitato (IKU)** , en kiu naŭ profesoroj kaj fakuloj lekciis en la internacia lingvo pri sciencaj temoj, ekde astronomio ĝis biokemio. La sesion de IKU prezidis Prof-rino Maria Rafaela Urueña (Hispanio).

3. **La artaj kaj kulturaj aranĝoj,** inter kiuj elstaras kvar teatraĵoj (neforgesebla Georgina Almanza el Kubo), kvar koncertoj, originala kantato (muziko de Pedro Villaroig; versoj de Miguel Fernández), folklora vespero kaj kabareto de Emily Barlaston.

4. **La kunsidoj de la komitato kaj de la Estraro de UEA,** sub la gvido de Prof-ro John Wells (Britio).

5. **La kunvenoj de dekoj da fakaj asocioj** (bedaŭrinde kelkaj el la kunvenoj estis malzorge preparitaj kaj karakterizigis kiel amatoraj formalaĵoj).

6. **La samtempa Infana Kongreseto** en la apuda urbeto Albaroche. Iniciatinto: Christopher Fettes el Irlando.

Apud la supraj kernaj trajtoj, menciendas ankaŭ satelitaj aranĝoj *dumkongresaj* (Ekumena diservo, Cseh-kursoj, konversacia rondo, internacia ekzamenoj, seminario pri etnaj lingvoj en Hispanio, junularaj programoj, libro-servo, gazetara servo, fakaj vizitoj, publikaj forumoj, ekskur-

Ĉiuj tutnovaj abonantoj

Ĉiuj **tutnovaj** abonantoj el landoj kun plena kotizo, kiuj **nun** pagos abonon al 'Heroldo de Esperanto' por 1994, ricevos **senpage la lastajn numerojn de 1993** ĝis elĉerpiĝo. La oferto validas ĝis la 31-a de decembro 1993!

1. La diskutoj en labor-grupoj kaj en pleno pri la kongresa temo "Klerigo por la *Dudek-unua* jarcento."
2. La Internacia Kongresa Universitato (IKU), en kiu naŭ profesoroj kaj fakuloj lekciis en la internacia lingvo pri sciencaj temoj, ekde astronomio ĝis biokemio.
3. La artaj kaj kulturaj aranĝoj, inter kiuj elstaras kvar teatraĵoj, kvar koncertoj, originala kantato, folklora vespero kaj kabareto.
4. La kunsidoj de la komitato de la Estraro de UEA.
5. La kunvenoj de dekoj da fakaj asocioj.
6. La samtempa infana Kongreseto en la apuda urbeto Albaroche (*albaroĉe*).

Apud la supraj kernaj trajtoj, menciendas ankaŭ satelitaj aranĝoj *dumkongresaj*: Ekumena diservo, Cseh-kursoj, konversaciaj rondoj, internaciaj ekzamenoj, seminario pri etnaj lingvoj en Hispanio, junularaj programoj, libro-servo, gazetara servo, fakaj vizitoj, ktp.

Noto: Cseh-kurso (pro. "ĉe"), estas kurso tute en Esperanto (instruado per rekta metodo), nomita por S-ro Cseh, la kreinto de la kurso.

Vortolisteto:

sen-nom-a	- nameless
mal-long-ig-o	- a shortening, an abridgement
lasta-temp-a	- recent
mal-taŭg-i	- to be unfitting, unsuitable
difin-i	- to define
vort-o	- word
el-vok-i	- to evoke, call forth
real-o	- reality
montr-iĝ-i	- to be shown
ĉef-a	- chief, principle
facet-o	- facet
sen-depend-a	- independent
krom-a	- additional (<*krom*)
satelit-a	- satellite
form-i	- to form (something)
soci-a	- social
tavol-o	- layer, stratum
kun-viv-i	- to live together
riĉ-iĝ-i	- to become rich, to be enriched
sol-a	- single, sole
menci-it-a	- mentioned
program-er-o	- parts of the program

en plen-o	- in plenary session, as a committee of the whole
tem-o	- theme
kler-ig-o	- education-and-culture
jar-cent-o	- century
fak-ul-o	- expert, specialist
lekci-i	- to lecture
biokemi-o	- biochemistry
art-a	- pertaining to the arts
el-star-i	- to stand out, be outstanding
teatr-aĵ-o	- a play (theater-piece)
kantat-o	- cantata
folklor-a	- pertaining to folklore
kabaret-o	- cabaret
estr-ar-o	- group of leaders
sam-temp-a	- simultaneous, at the same time
kern-a	- core, essential
trajt-o	- trait, feature
menci-end-as	- it must be mentioned
ekumen-a	- ecumenical
di-serv-o	- religious service (God-service)
rond-o	- circle
etn-a	- ethnic
jun-ul-ar-a	- pertaining to young people

Demandaro:
1. Kion elvokas la vorto "kongreso"?
2. Kial--laŭ la skribanto--la vorto "kongreso" vere ne taŭgas por la internacia kunveno de Esperantistoj?
3. Kiom da diversaj ĉeferoj montriĝis ĉe la kongreso?
4. Kiom da homoj partoprenis la kongreson? El kiom da landoj? Kaj parolante kiom da lingvoj *dumkongrese*?
5. El la ses nomitaj ĉef-facetoj, kiu(j) interesas vin? Kiu(j) ne interesas vin?

La Kulturo

9.42 UEA also provides its organizational experience to other specialized interests. For example, the *Ligo Internacia de Blindaj Esperantistoj*, for blind Esperantists, works with UEA in promoting the use of Esperanto among its members, and in encouraging the blind to learn the international language.

There is also the *Internacia Naturista Organizo Esperantista* for naturalists who love both the international language and walking about in the buff. The organization's offical publication, *Naturista Vivo*, extolls the wonders of unclothed candor, and contains the appropriate photos with Esperanto captions.

Probably the two groups have never met, but the *Naturista Organizo* has a rival when it comes to appreciating nature: *Ornitologia Rondo Esperantista*, the birdwatchers of the international language community. It publishes *La Mevo* (The Gull) three times a year, and encourages members to contact each other.

Finally, the *Muzika Esperanto-Ligo* works to maintain a standardized musical terminology in Esperanto, and to encourage discussion about music in international circles.

9.43 Not all Esperanto organizations accept UEA as the only voice of the movement. The *Sennacieca Asocio Tutmonda* (SAT), the "Worldwide Without-Nationality Association," was founded in 1921 to make Esperanto the language of the proletariat, a tool for political revolution. Over the years the strident socialism of the association has muted somewhat. Today SAT remains an umbrella organization for leftward-leaning Esperantists. Oddly enough for such a politically-charged group, SAT's contribution to the Esperanto movement has been its publishing program, a program dedicated to linguistics. SAT has printed several editions of its *Plena Vortaro de Esperanto*, and its impressive *Plena Ilustrita Vortaro de Esperanto*, which contains 1,300 pages with 15,000 entries representing over 150,000 words (when the affixes are used). Definitions are, of course, in Esperanto. This helps to maintain a unity of usage throughout the world.

Organizations such as SAT are not in the mainstream of the Esperanto movement, but represent concrete examples of the ideal of the free use of the language by people everywhere. To contact SAT, write to:

Sennacieca Asocio Tutmonda
67, avenue Gambetta
F-75020 Paris
France
(tel. 47-97-87-05)

9.44 Dr. Zamenhof did not wish the development of Esperanto to be subject to the whims of one man, so he refused to be the sole arbiter of correctness. Dr. Zamenhof created *La Akademio de Esperanto* (The Esperanto Academy) as the body which would deal with such questions. Today, as in the past, the Academy's forty plus members do not *control* the development of the language so much as comment upon it. Dr. Zamenhof believed that usage could be trusted to smooth out the rough areas of Esperanto; he was willing to allow several competing viewpoints to co-exist, trusting that the speakers of Esperanto would eventually make the choice by their acceptance or rejection of proposed forms.

The members of the Academy, all experts in one phase or another of the language, come from different countries and professions.

Leciona Vortolisto

adjutant-o	- aide ("ahd-yoo-TAHN-toh")
antaŭ-e	- previously
antaŭ-manĝ-aĵ-o	- appetizer
atent-i	- to pay attention
bank-bilet-o	- paper money
bedaŭrind-e	- unfortunately
bild-o	- picture, image
bon-ven-ig-i	- to welcome (someone)
ĉef-manĝ-aĵ-o	- main course
dis-	- apart, separate (prefix)
dung-i	- to hire ("DOON-ghee")
ebl-a	- possible
eĉ	- even
eks-	- former (prefix)
ekster	- outside of
elekt-i	- to choose
estr-o	- leader
eŭrop-a	- European
evident-e	- apparently
fakt-e	- in fact, as a matter of fact
for-send-i	- to send away, dismiss
gard-ist-o	- a guard
general-o	- general (military officer)
giĉet-ist-o	- teller (at a bank)
hejm-task-o	- homework (from school)
id-o	- offspring
inform-o	- information
jes-i	- to agree, say yes
klub-estr-o	- club president/leader

242

ESPERANTO POR KOMENCANTOJ

konversaci-i	- to have a conversation
kost-o	- the cost
lag-o	- lake
land-o	- country
lok-a	- local
mia-opini-e	- in my opinion
mon-o	- money
ne-i	- refuse, say no
nun-a	- current
okup-i	- to occupy, keep busy
plur-aj	- several
post-tag-mez-o	- afternoon
prefer-a	- preferable
prefer-e	- preferably
rajt-i	- to be entitled to, have the right
serv-i	- to serve
sport-oj	- sports
staci-dom-o	- railroad station ("STAH-tsee-DOH-mo")
strang-ul-o	- weirdo, strange person
ŝpar-kont-o	- savings account
tuŝ-i	- to touch
viv-aĵ-o	- living thing
vojaĝo-ĉek-o	- traveler's check

Angla-lingva traduko de la konversacioj:

9.1 At a party, Theresa and Nanjo are looking for people they know.

T: "Whom do you know here, Nanjo?"

N: "Unfortunately, I believe I know no one."

T: "Look at that strange man! With whom is he conversing?"

N: "Evidently, he is speaking with no one. I don't see anyone next to him."

T: "As they say, 'he's conversing with the angels.'"

N: "Yes, you are right. By the way, do you want to eat something?"

T: "In fact, yes. Until now, I have taken nothing because no one is visiting the long table where the food is."

N: "Then come with me. Are there sandwiches?"

T: "I see no kind of sandwich, Nanjo. Don't you like cheese and bread?"

N: "Because I am very hungry, I like everything!"

9.2 Ana and William are discussing their experiences.

243

A: "Bill, have you often skied in the Rocky Mountains?"

V: "I have never skied in the Rocky Mountains. And you?"

A: "No, never. Have you skated on the lake?"

V: "No, Ana, I have never skated on the lake. I don't like winter sports. I don't like to get cold! Have you skated on the lake?"

A: "Occasionally, yes. I have skates that I almost never put on. I don't like getting bruised!"

V: "Have you often gotten bruised while skating?"

A: "Too often, Bill!"

9.3 At the bank: About to travel out of the country, Mrs. Agano needs traveler's checks and information. She speaks first with the guard, afterward with the teller.

GA: "Good afternoon, Madam."

A: "Good day, Sir."

GA: "May I help you?"

A: "Soon I will be traveling abroad and I don't know, what kind of checks I need."

GA: "I believe that those checks are traveler's checks, Madam. Now, please go to window four. There they will help you."

A: "Many thanks, Sir."

GA: "You're welcome, Madam."

A: "Excuse me, Madam..."

GI: "Yes, of course. Good day. How may I serve you, Madam?"

A: "Here's two thousand dollars. I want traveler's checks for this sum."

GI: "Will you be traveling outside of the U.S.?"

A: "Yes. Why?"

GI: "Well, would you prefer checks in dollars or in foreign currencies?"

A: "What kinds of currencies do you have?"

GI: "French francs, German marks, Italian lire, British pounds, and even Japanese yen."

A: "What would you suggest?"

GI: "If you will visit several lands, traveler's checks in dollars are preferable. If you intend to stay in one land, then you would be better off taking checks in the local money."

A: "I would prefer checks in U.S. dollars, then, because I will visit many European lands. By the way, can you change three hundred dollars into foreign currencies?"

GI: "Unfortunately not, Madam. For foreign money, you have to go to window eight. There they will inform you about the current exchange rates."

9.4 Tony is sitting next to Clara at a banquet and, during the conversation, finds her unpleasant.

T: "Well then, do you often come to banquets?"

K: "Never before."

T: "Hum! Do you like movies?"

K: "No, no film."

T: "Well, do you like sports?"

K: "No kind of sport interests me. They are uninteresting.

T: "What do you do as a hobby?"

K: "Nothing. I don't have hobbies."

T: "Why not?"

K: "For no reason. Work keeps me too busy."

T: "Woe is me! Well, how would you like to dance with me now?"

K: "How? In no way!"

T: "Oh! How many dance partners are waiting for you then?"

K: "None. I do not dance."

T: "Look: you have never before been to a banquet, you don't like any movie, you enjoy no sports, you do nothing besides work, and you would not like to dance with me! What kind of life is that?"

K: "What were you saying? I really wasn't paying attention."

T: "Oh, Scotty! Beam me up! There is no intelligent life on this planet!"

K: "I don't understand you at all. You are a real oddball!"

10. LA DEKA LECIONO
Konversacioj

10.1 *Konsultante usonan kuraciston, Sinjoro Ĉitakorno de Tajlando parolas pri siaj simptomoj.*

K: "Bonan vesperon, Sinjoro. Kiel vi statas?"

Ĉ: "Ho, mi vere sentas min malsana, Doktoro."

K: "Kio misas?"

Ĉ: "Mi estas ĉiam laca. Ŝajnas al mi, ke ĉio lacigas min: labori, skribi, eĉ legi. Krom tio, mi ankaŭ ne dormas bone."

K: "Ĉu vi havas febron?"

Ĉ: "Tion mi ne scias. Tamen, mi sentas mian kapon varma. Mi havas ankaŭ oftan kapdoloron."

K: "Unue mi notu vian temperaturon..."

Ĉ: "Ho! Kial vi enŝovas tion en mian orelon?"

K: "Ĉar estas efika kaj rapida metodo scii la temperaturon. La kuracistarto ĉiam progresas, ĉu ne? Ho! Vi ne havas febron. Via temperaturo estas je tridek-sep gradoj, do tute normala."

Vortolisteto:

Tajland-o	- Thailand
simptom-o	- symptom
mis-i	- from *mis-*: to be awry, to be not right
lac-a	- tired ("LAH-tsah")
lac-ig-i	- to tire (someone)
febr-o	- fever
kap-dolor-o	- headache
en-ŝov-i	- to insert, slide in
efik-a	- effective
kurac-ist-art-o	- the physician's art (medicine)

Demandaro:

1. Kiel nomiĝas la Tajo?
2. Kial li konsultas kuraciston?
3. Kiel li sentas sin?
4. Ĉu S-ro Ĉitakorno sentas sin energia kaj forta? (*energia - energetic; forta - strong*)
5. Kiel li dormas?
6. Ĉu S-ro Ĉitakorno bone scias, ĉu li havas febron?
7. Kiajn dolorojn li havas?
8. Kien la kuracisto enmetas la termometron?

9. Ĉu vi konkordas kun la kuracisto, ke la medicino ĉiam iras progresante? (*iras progresante = progresadas*)
10. Kiu estas la normal homa temperaturo? Ĉu estas la sama, kiel la temperaturo de hundoj? (*sama - same*)

10.2 *Sinjoro Nalo (N) vizitas sian filon, Zefo (Z), kaj lian edzinon, Manja (M), ĉe ilia nova apartamento.*

M: "Bopatro! Kia plezuro! Envenu, mi petas. Ho, Zefo! Via patro ĵus alvenis."

Z: "Mi venos tuj, Paĉjo! Sidiĝu do."

M: "Zefo parolas telefone kun sia oficestro."

N: "Bone. Via apartamento ŝajnas al mi tre granda."

M: "Mi kredas, ke ĝi estas la plej granda el la apartamentoj en nia bloko. Vere plaĉas al mi vivi en nia propra ejo. Vidu, jen nia salono."

N: "Ha! Mi vidas, ke vi ne forĵetis mian malnovan sofon!"

Z: "Certe ne, Paĉjo. Kaj ni gardis ankaŭ la malnovan fotelon, kiun vi donis al ni. Paŝu antaŭen kaj vi vidos nian manĝoĉambron."

N: "Kies tablo estas tiu?"

M: "Ĝi estas la tablo de mia onklino. Kaj du el la seĝoj estas de mia avino."

Z: "Kies estas la aliaj tri seĝoj, karulino? De via kuzino?"

M: "Ne, ties seĝoj estis terure malnovaj."

N: "Kiom da dormoĉambroj vi havas?"

M: "Du, Bopaĉjo. La pli granda estas maldekstre, kaj la alia estas tie, apud la banĉambro."

N: "Ĉu vi ankoraŭ havas la liton, kiun donis al vi la patro?"

M: "Jes. Ĝi estas tamen iomete eksmoda. Mia patro aĉetis ĝin por sia geedziĝo antaŭ tridek jaroj."

Z: "Do, kion vi opinias, Paĉjo? Ĉu nia propra apartamento plaĉas al vi?"

N: "Via *propra* apartamento? Nu, kiel oni diras, 'Ĉies propra hejmo estas la plej komforta'!"

Notoj:

1. The little word ĵus is used like the English "just" in "he's just arrived": *Li ĵus alvenis.* It indicates an action which has just recently occurred.

2. *Tuj* refers to an action which will occur very shortly: *Ŝi tuj retelefonas*, "She is calling back right away.

3. To emphasize possession, we use the adjective *propra*: *mia propra mono*, "my own money;" *iliaj propraj infanoj*, "their own children." This word can only mean "(one's) own;" it does not have a subsidiary

meaning of "clean." That would be *pura*.

4. Did you notice how S-ro Nalo said "Ĉu vi ankoraŭ havas la liton, kiun donis al vi *la* patro"? He could have said *via patro*, but the use of *via* was unnecessary here, since the meaning was clear. The use of *la* for one of the possessives (*mia, via, lia, ktp.*) is common when no ambiguity would result.

5. For a discussion of *kies, ties, ĉies*, see section 10.20 below.

Vortolisteto:

bo-patr-o	- father-in-law
ĵus	- just now, just recently
tuj	- right away, immediately
blok-o	- block; apartment house
propr-a	- (one's) own
for-ĵet-i	- to throw away
gard-i	- to guard, to keep
fotel-o	- armchair (*brakseĝo*)
kies	- whose ("KEE-ehs")
ties	- that one's ("TEE-ehs")
iom-et-e	- a little bit
ge-edz-iĝ-o	- marriage (husband-and-wife-becoming)
ĉies	- everyone's ("CHEE-ehs")

Demandaro:

1. Kie la novaj geedzoj loĝas?
2. Kia estas ilia nova apartamento?
3. Kial S-ro Nalo rekonas la sofon?
4. Kies fotelo estas en la salono?
5. Ĉu la geedzoj aĉetis novan manĝotablon?
6. Kies estas la seĝoj ĉirkaŭ la manĝotablo?
7. Kial Manja ne volis la seĝojn de sia kuzino?
8. Kiom da dormoĉambroj estas en la apartamento?
9. Kiel estas la lito, kiun la patro de Manja donis al ili?
10. Kion signifas la popoldiro "Ĉies propra hejmo estas la plej komforta"? (*popol-dir-o* - popular saying)

10.3 *En lernejo, S-ro Noguĉi (N) intervjuas la lernantojn pri ĉi ties celoj kaj estontaj profesioj. Respondas Akiko (A), Hideki (H), Motohiro (M), kaj Ŝitomi (Ŝ).*

N: "Do, en la estonteco, kiaj profesioj interesos vin?"

A: "Mi deziras labori kiel fajrobrigadano! Ne, kiel brigadestro!"

H: "Kaj min interesas la laboro de flegisto! Mi laboros en urba malsanulejo..."

N: "En *hospitalo*, do."

H: "Jes, ĝuste, en urba hospitalo."

M: "Instruisto! Mi celas iĝi fizikisto kaj eltrovi novajn fontojn de energio."

Ŝ: "Bonege! Mi bezonos tian energion, ĉar mi fariĝos rok-muzika idolo kaj uzos multegajn lumĵetilojn!"

Vortolisteto:

ĉi ties	- these ones' (their)
cel-o	- goal
est-ont-a	- future
mal-san-ul-ej-o	- hospital (ill-person-place)
hospital-o	- hospital (more formal word)
ĝust-e	- that's correct
cel-i	- to aim at; to have for a goal
el-trov-i	- to discover
font-o	- source
rok-muzik-a	- rock music
idol-o	- idol
lum-ĵet-il-o	- flood-light (light-throw-tool)

Demandaro:

1. Kiu estas verŝajne Sinjoro Noguĉi? (*verŝajne* - probably, "true-seemingly")
2. Kia profesio interesos Akikon? Kiel li repensis sian respondon?
3. Kiun profesion Hideko deziras?
4. Kion signifas *hospitalo* alivorte? (*alivorte* - in other words)
5. Kion celas Motohiro? Kion li deziras eltrovi?
6. Kial Ŝitomi bezonos la eltrovaĵon de Motohiro?

10.4 *Ĉu plaĉas al vi desegni? Malgraŭ tio, bonvolu legi la sekvajn priskribojn kaj poste fari la desegnaĵojn, kion oni pentris por vi per vortoj!*

1. En dormoĉambro estas unu granda lito. Apud la lito estas malfermita fenestro. Sur la lito estas skatolo, en kiu sidas nigra kato. Krom la skatolo, estas ankaŭ kvar gazetoj sur la lito.

2. En la kuirejo malgranda hundo kuŝas antaŭ fridujo. Malantaŭ la fridujo estas monstro! Maldekstre de la fridujo estas tablo, sub kiu sin kaŝas eta knabino kun martelo en mano.

3. Sur kafotablo en iu salono estas travidebla bovlo. En la bovlo estas tri orfiŝoj. Ekster la bovlo estas du aliaj orfiŝoj, unu sur la tablo kaj unu sur la planko. Apud la fiŝo sur la planko estas du musoj, kiuj ĵus alvenis en ambulanco. Ili donas akvon al la aere dronanta fiŝo!

Vortolisteto:

desegn-i	- to draw, sketch
sekv-a	- following
pri-skrib-o	- description ("concerning-write")
post-e	- afterwards
pentr-i	- to paint
skatol-o	- box
frid-uj-o	- refrigerator (*glaciŝranko*)
kaŝ-i	- to hide (something, someone)
martel-o	- hammer
tra-vid-ebl-a	- transparent ("through-see-able")
bovl-o	- bowl
or-fiŝ-o	- goldfish
plank-o	- floor
aer-e	- by air
dron-ant-a	- drowning

Lernindaj Esprimoj

10.5 *Laboro - okupoj* (Work - Occupations)
advokato - lawyer
apotekisto - pharmacist
ĉarpentisto - carpenter ("chahr-pehn-TEE-stoh")
dentisto - dentist
fajrobrigadano - firefighter
fervojisto - railroad worker
fizikisto - physicist
flegisto - nurse (*fleg-i*, to nurse - medical)
historiisto - historian ("hee-stoh-ree-EE-stoh")
inĝeniero - engineer
instruisto - teacher
ĵurnalisto - journalist
kemiisto - chemist
komputeristo - computer specialist
kontisto - accountant
kuracisto - physician
muzikisto - musician
piloto - pilot
plombisto - plumber
policano - police officer

policisto - police officer
poŝtisto - post office worker
psikologo - psychologist ("psee-koh-LOH-goh")
registo - member of the government
ŝipestro - captain of a ship

10.6 *Ĉambroj de la domo* (Rooms in the house)
salono - living room, parlor
manĝoĉambro - dining room
familia ĉambro - family room
dormoĉambro - bedroom
banĉambro - bathroom
necesejo - toilet, water closet
kuirejo - kitchen

10.7 *Mebloj kaj Aparatoj* (Furniture and Appliances)
fotelo - armchair
lavmaŝino - washing machine
libroŝranko - bookshelf
lito - bed
murŝranko - wall cabinet
seĝo - chair
sofo - sofa
tablo - table
televidaparato - television set
vestoŝranko - clothes closet

10.8 *Malsanoj* (Diseases, Health Problems)
doloro - pain
   en la dorso - back pain
   en la gorĝo - throat pain
haŭtveziko - blister (skin-bubble)
infekto - infection
malvarmumo - a cold
morbilo - measles
naŭzo - nausea
raŭkeco - hoarseness
rubeolo - German measles
trancvundo - a cut (cut-wound)
tuso - a cough
varicelo - chicken pox
viruso - a virus

La Praktiko

10.9 Below is a list of most of the simple prepositions in Esperanto. Use this list as you read the instructions that follow, and make a sketch corresponding to what you have read.

al - to, toward	*per* - by means of
antaŭ - in front of	*por* - for
apud - near	*post* - after
ĉe - at	*preter* - beyond
ĉirkaŭ - around	*pri* - concerning
de - of, from	*pro* - because of
ekster - outside of	*sen* - without
el - out of	*sub* - under
en - in, inside	*super* - above
inter - between, among	*sur* - on
kontraŭ - against, opposite	*tra* - through
kun - with	*trans* - across
malantaŭ - behind	

1. *Antaŭ la domo estas ĝardeno, en kiu estas du dometoj inter la floroj. Malantaŭ la dometoj estas tri grandaj arboj, super kiuj oni vidas bluan ĉielon.*

2. *Maria kaj Kanjo sidas sur du etaj seĝoj sur granda tablo. Sub la tablo estas krokodilo. En la manoj de Maria estas hundido. En la buŝo de la krokodilo estas kato.*

3. *Rivero fluas tra la valo. Kontraŭ la bordo, kie ni staras, ni vidas densan arbaron kaj, preter tiu ĉi arbaro, alta kastelo, malantaŭ kiu leviĝas neĝe kovritaj montoj.*

Try writing such descriptions for yourself. Think about the proper preposition to use.

10.10 Remember that Esperanto makes a distinction between *where* something is (*dekstre*, on the right), and the *direction in which* something is headed (*dekstren*, *to* the right). Use the suggested root in each sentence, first with *-e*, then with *-en*, and consider how the meaning changes.

1. La kanguruo saltis...de nia aŭto. (*maldekstr-*)
2. La balenoj naĝas...de la ŝipo. (*malsupr-*)

Now decide which of the two suggested words is correct for each sentence.

3. Ni rigardis la baloneton, kiu flosis.... (*malsupre, malsupren*)
4. Puŝita de la vento, la flugdrako flosis..., super niaj kapoj.

(*supre, supren*) (*flugdrako* - kite)

10.11 *Kiu estas mia profesio?* Jen informoj pri la agado de diversaj personoj. Ĉu vi povas diveni ĉies profesion? (*diveni* - to guess; *ĉies* - each one's)

1. Kiam ekflamas brulego, ni tuj saltas sur nian pumpkamionon kaj rapidas al la minacata loko.
2. Mi zorgas pri malsanuloj, kaj kunlaboras kun kuracistoj. Tiuj ĉi fidas je mia kompreno de siaj instrukcioj.
3. Mi ankaŭ laboras kun kuracistoj, sed, sekvante iliajn preskribojn, mi preparas kuracilojn por la malsanuloj.
4. Se iam via bano restos plena da akvo, vi certe telefonos min!
5. Mi laboras antaŭ la tribunalo, farante belajn diskursojn al la ĵurio, kaj parolante respekteme al la juĝisto.

10.12 *En kiu ĉambro ni estas?* Se ni mencius la meblojn, ĉu vi povus nomi la ĉambron? Ni vidu!

1. En tiu ĉi ĉambro, ni trovas du komfortajn seĝojn, grandan liton, kaj noktovestojn en vestoŝranko.
2. Tie ĉi oni preparas la tagajn manĝojn, kaj ni vidas la fridujon kaj la kuirfornon.
3. La granda tablo de ĉi tiu ĉambro bonvenigas gastojn al bongustega manĝo!
4. En ĉi tiu ĉambro la familio sidas vespere, legante, konversaciante, ridante. Aŭ, la familio restas silentema, rigardante distrajn televidaĵojn.

10.13 *Vizito ĉe kuracisto: respondu al la demandoj de Doktoro Fridmano:*

1. Kio dolorigas vin? (*dolor-ig-i* - to cause pain, to hurt)
2. Kiu organo estas en la kapo?
3. Kiam vi portas grandegajn skatolojn, kio doloriga vin?
4. Kiam vi ofte ludas tenison, kio doloriga vin?
5. Kiam la suno brilas kaj vi estas ekster la domo, kion la suno bruligas?
6. Nomu la korpopartojn ĉe la kapo.

La Gramatiko

10.14 You have been using the suffix -*aĵ*- to refer to a "concrete manifestation of the root": *bluaĵo*, something blue. There is another suffix which has the opposite sense, creating *abstractions* from the root. This suffix is -*ec*- ("ehts"), and represents a *quality*, a *state*: *blueco*, blueness, that abstract quality of being the color blue. Below are some examples of *-ec-* in use:

amik-o > *amikeco* - friendship
infan-o > *infaneco* - childishness
bon-a > *boneco* - goodness
inteligent-a > *inteligenteco* - intelligence
jun-a > *juneco* - youth
oft-e > *ofteco* - frequency
unu > *unueco* - unity
ĉiam > *ĉiameco* - permanence
dis > *diseco* - scatteredness

We have created *nouns* with *-eco*, but other forms also occur. For example, *patreco* (paternity) from *patro* can be used as an adjective: *patreca proceso*, a paternity lawsuit. Or consider the expression *infanecaj agoj*, childish actions.

Once again, you have witnessed the simple regularity of Esperanto, especially if you consider the complexity of abstract-noun formation in English!

10.15 A useful suffix for deriving adjectives from verbs is *-ema*, "having the inclination to..., tending to...". *Parola* means "spoken," but *parolema* means "talkative, tending to speak." Often there is little connection between the verb and the adjective in English. Consider the following:

ag-i > *agema* - active
batal-i > *batalema* - pugnacious
elekt-i > *elektema* - choosy
labor-i > *laborema* - industrious
nask-i > *naskema* - prolific
projekt-i > *projektema* - scheming
rimark-i > *rimarkema* - observant

The starting-point of *ema*-adjectives may also be nouns:

pac-o, peaceful > *pacema* - mild-mannered
ord-o, order > *ordema* - fastidious

A person who has the quality denoted in a *ema*-adjective, is an *-emulo*:

dormemulo - sleepy-head
pensemulino - thoughtful woman
timemuleto - little scaredy cat

And the noun-form is *-emo*: *trinkemo*, the tendency to drink; *dormemo*, sleepiness.

10.16 This seems to be the lesson for suffixes! Here we consider the suffix *-ind-*, "worthy of...". As an adjective, *-inda* tells us that something is "worthy of being...-ed." Here are some examples of adjectives derived from verbs:

am-i, to love > *aminda* - loveable

mir-i, to be amazed > *mirinda* - wonderful

rid-i, to laugh > *ridinda* - ridiculous

Now you can understand the composition of *ne dankinde* (*dank-ind-e*), "not worthy of being thanked," *bedaŭrinde* (*bedaŭr-i*, to regret), "worthy of being regretted," and *kompatinda knabo*, "poor boy" (*kompati*, to have compassion for, to pity), "worthy of being pitied."

The *person* who embodies the quality of an *inda*-adjective, is an *-indulo*: *amindulo*, a person worthy of loving, a loveable person. A *concrete example* of an *inda*-adjective uses the suffix *-aĵo*: *konsiderindaĵo*, a thing worthy of being considered.

10.17 Not to be confused with *-ind-* is another useful suffix, *-end-*, "which *must* be...-ed." Compare these expressions:

legota artikolo - an article which will be read

leginda artikolo - an article worthy of being read

legenda artikolo - an article which must be read

sekvota sugesto - a suggestion which will be followed

sekvinda sugesto - a worthwhile suggestion

sekvenda sugesto - a suggestion which must be followed

Of the three choices, *-ota* denotes intention (what one intends to do), *-inda* makes a judgement (what is *worth* doing), and *-enda* leaves no room for doubt (what *must* be done). Often the word *nepre* (without fail) is associated with *-enda: La letero estas nepre legenda.*

10.18 As you are well aware by now, Esperanto makes switching words from one category to another a simple affair. We can also create nouns and such from the suffixes themselves! Here are some examples:

em-i - to tend to

ind-i - to be worthy

end-i - to be compulsory

Ĵako emas tro paroli.

Jacques tends to talk too much.

Sareva malemas dormi.

Sareva seems never to sleep.

Tiu letero indis lian tujan respondon.

That letter deserved his quick response.

"Ni tute ne indas!" *(krio de junuloj el la filmo "La Mondo de Ŭejno")*
We are not worthy!
Endas, ke vi tuj venu.
You must come immediately.

10.19 You have met the *k*-series (*kiu, kio, kiam, ktp.*), the *t*-series (*tiu, tio, tiam, ktp.*), the *ĉ*-series (*ĉiu, ĉio, ĉiam, ktp.*) and the *nen*-series (*neniu, nenio, neniam*). The only thing left is to consider the meanings when there is no initial consonant. We will call this the *i*-series, since all the words will now begin with *i*. The basic idea is "some" or "any", an *indefinite* sense:

iu(j)(n) - some, someone, anyone
ia(j)(n) - some kind of
io(n) - something, anything
ie(n) - somewhere, anywhere
iam - sometime, anytime
iom - some quantity, somewhat
iel - somehow, in some way
ial - for some reason

The invariable word *ajn* is often associated with this series. It adds the sense of "any whatsoever" to the *i*-word: *iu ajn*, "anyone at all, anyone whatsoever." We also find *ajn* associated with the *k*-series: *Kiam ajn ili alvenos, mi bonvenigos ilin!* "Whenever they arrive, I will welcome them!"

10.20 We now have one final ending to add to the various series (*kiu, tiu, ĉiu, neniu, iu*): *-es*. The basic meaning is that of *possession*:

kies - whose
ties - that one's
ĉies - everyone's
nenies - no one's
ies - someone's, anyone's
Kies libro estas tiu?
Kiu unue eniros, ties sangon mi trinkos!
Esperanto estas ĉies lingvo.
La kompatinda hundo estas nenies besto.
Mi vidas ies aŭton antaŭ nia domo.

If you find these forms daunting, you may use *de kiu, de tiu, ktp.*: *Tiu estas la libro de kiu? Kiu unue eniros, mi trinkos la sango de tiu!*

Of these forms, *kies* is probably the most often used. In the sense of "the latter's", *ties* may be used to simplify a sentence: *Ana vizitis sian amikinon kaj la patrinon de sia amikino*, becomes *Ana vizitis sian amikinon kaj ties patrinon*. (Ana visited her friend and her--the latter's--mother.)

10.21 If we wish to turn adjectives into nouns, we have several nuances among which to choose. The basic form simply replaces the adjectival *-a* with the noun-ending *-o*: *bono* (goodness), *verdo* (the color green). If what we have in mind is a "concrete manifestation" of the adjectival quality, then we use *-aĵo*: *bonaĵo* (a good thing, something good), *verdaĵo* (a green thing, something green). If, on the other hand, we wish to refer to the abstract idea inherent in the adjective, we will use *-eco*: *boneco* (the abstract quality of goodness), *verdeco* (greenness). From this quick sample, you can further appreciate the flexibility and richness of the Esperanto vocabulary.

10.22 By using the two verbal suffixes *-igi* (cause, make) and *-iĝi* (become), we can create verbs from adjectives:

blu-a > *bluigi*	- to make something blue
> *bluiĝi*	- to become/turn blue
bel-a > *beligi*	- to beautify
> *beliĝi*	- to become beautiful
grand-a > *pligrandigi*	- to enlarge
> *pligrandiĝi*	- to become bigger

These verbs can then yield further adjectives, once more enriching the vocabulary without imposing a strain on the memory. For example, from the adjective *kontenta* (happy, satisfied) we can create the verb *kontentigi* (to make happy, to satisfy), and from this verb, we can derive the adjective *kontentiga* (satisfying). Compare these examples:

kontenta kato - a satisfied cat

kontentiga rezulto - a satisfying result

ĝoja kanto - a joyful song

ĝojiga kanto - a song which causes joy

As you read in Esperanto, try to acquire the habit of noticing the affixes which add nuances to the words.

10.23 An excellent way to build up your vocabulary is to make full use of Esperanto's remarkable system for deriving words from other words. You can create verbs from prepositions and prefixes, for example, by using the suffixes *-i*, *-igi* and *-iĝi*:

per > *peri* - to act as go-between

sub > *subigi* - to make...submit

trans > *transigi* - to send across

> *transiĝi* - to go across

dis- > *disigi* - to separate something
　　　> *disiĝi* - to come apart
eks- > *eksigi* - to dismiss from office
　　　> *eksiĝi* - to retire, take leave

10.24 Now here are some compound prepositions which use *kun*:

kompare kun - compared with
kune kun - together with

The use of *kune* is the standard expression for "together." Compare *ili kunlaboras*, they collaborate, and *ili laboras kune*, they work together.

10.25 And the following are further compound prepositions using *al* or *de*:

fronte al - in the face of
vidalvide al - vis-à-vis
inkluzive de - inclusive of
kondiĉe de - on the condition of
okaze de - at the occurrence of
rezulte de - with the result of
sekve de - pursuant to, following from

Ekzercaro

10.26 Using the following words, form abstract nouns with *-eco*. Compare the straightforward nature of word-building in Esperanto with the more complicated English forms.

1. patrino
2. reĝo (king)
3. ano (member)
4. pasinta (past)
5. libera (free)
6. maljuna
7. riĉa
8. sola (alone)
9. klera (cultured)
10. blanka

10.27 Using *-em-* (tend to), create three words from the following roots: an adjective (*-ema*), a noun (*-emo*), and a noun for the person who embodies these qualities (*-emulo/-emulino*). Now for the fun part: see if you can find English equivalents for each creation!

1. *help-* (help)
2. *kompren-* (understand)
3. *fid-* (trust)
4. *festen-* (banquet)
5. *ŝerc-* (joke)
6. *pac-* (peace)

10.28 Here are some words which were created using the suffix *-inda* (worthy of being...). See if you can find an English version for each one.

1. *vidindaĵo* (vid-ind-aĵ-o)
2. *respektindulo* (respekt-ind-ul-o)
3. *atentindaĵaro* (atent-ind-aĵ-ar-o) (*atenti* - to pay attention)
4. *mirindulineto* (mir-ind-ul-in-et-o) (*miri* - to be amazed, to marvel at)
5. *aĉetinda* (aĉet-ind-a)
6. *farindaĵo* (far-ind-aĵ-o)

10.29 Now try a similar exercise which uses words with the suffix *-end-* (must be...). Think about how we would say each word in English.

1. *farendaĵoj* (far-end-aĵ-o-j)
2. *skribenda letero* (skrib-end-a)
3. *memorendaĵo* (memor-end-aĵ-o) (*memori* - to remember)
4. *lernendaj reguloj* (lern-end-a-j) (*regulo* - a rule)
5. *mencienda proverbo* (menci-end-a) (*mencii* - to mention, "mehn-TSEE-ee")

10.30 We mentioned before the distinction among the suffixes *-ota* (is to be...), *-inda* (worth being...), and *-enda* (must be...). Here is an example:

farota laboro - work which is to be done
farinda laboro - work which is worth doing
farenda laboro - work which must be done

Now try creating all three forms from the suggestions below. Add *-ota(j)*, *-inda(j)*, and *-enda(j)* to each of the verb-roots given. Think about the English version.

1. *lern-- leciono*
2. *memor-- reguloj*
3. *uz-- ekvacio* (*ekvacio* - equation)
4. *aĉet-- lernolibroj*

10.31 Using words from the *i*-series (*iu, ial, iam, ktp*), answer the following questions.

1. *Kiu* skribis tiun ĉi frazon? (*frazo* - sentence)
2. *Kion* Marko aĉetis?
3. *Kiam* vi vidos Elizabeton?
4. *Kiuj* libroj estas malnovaj?
5. *Kiel* ni veturos al Tokio?
6. *Kies* hundo estas tiu?

10.32 Using *kies* (whose), reword each of the following questions. *Ekzemple: De kiu estas tiu ĉi libro > Kies libro estas tiu ĉi?*

1. De kiu estas tiu krajono?

2. De kiu estas tiuj ĉi pluvombreloj?
3. De kiu Katerina estas la fratino?
4. De kiu vi estas la amiko?
5. De kiu viaj lernantoj estas la gefiloj?

Now reword each of the following statements using *ties* in the sense of "the latter's". *Ekzemple: Ni iris al kinejo kun Marko kaj la amiko de Marko > Ni iris al kinejo kun Marko kaj ties amiko.*

1. Susa parolis telefone kun Jano kaj la fratino de Jano.
2. Onklo Mateo vojaĝos kun sia fratino kaj la edzo de sia fratino.
3. Mia frato konas la urbestron kaj la tri infanojn de la urbestro.
4. La prezidanto de la kunveno kontraŭdiris la membrojn kaj la gastojn de la membroj.

10.33 In Esperanto, we can create useful verbs from adjectives by using *-igi* (make, cause) and *-iĝi* (become): *granda > grandigi* (to make big), *grandiĝi* (to become big). Create two verbs from each adjective below and give an English version. Note that *pli* plus an adjective is written as one word in the verb form: *pligrandiĝi*, "to grow bigger."

1. *interesa*   4. *malsana*
2. *pli bela*   5. *eksedza*
3. *pli bona*   6. *alia*

10.34 To each of the following prepositions add the suggested suffixes, then think about the English translation.

1. *el* - out of (*-igi, -iĝi*)
2. *kun* - with (*-ulo, -igi, -iĝi*)
3. *sen* - without (*-igi, -iĝi, -eco*)

Legaĵoj

10.35 *Solvenda problemo*

Laborante en laktejo, vi devas porti *kvar litrojn* da lakto al la laboratorio por kontroli la kvaliton. Malantaŭ vi estas la granda laktujo, kiu entenas ducent litrojn. Bedaŭrinde, vi havas nur du ujojn: unu je *tri* litroj, kaj la alia je *kvin* litroj. Do, kiel vi procedu por havigi al la kontrolistoj tiujn kvar litrojn? (*Unu* respondon vi trovos ĉe 11.46. Eblas, ke vi eltrovos eĉ pli elegantan solvon!)

Vortolisteto:

solv-i	- to solve
litr-o	- a liter
kontrol-i	- to check, examine

kvalit-o	- quality
en-ten-i	- to contain
proced-i	- to proceed ("proh-TSEH-dee")
hav-ig-i	- to provide (cause to have)

10.36 *Eksplikenda situacio*

Viro haltas antaŭ ruĝa konstruaĵo. "Mi estas tute ruinita!" li krias. Kial? (La respondon vi trovos ĉe 11.47. Bonvolu pripensi la aferon, antaŭ ol rigardi!)

Vortolisteto:

eksplik-i	- to explain
situaci-o	- situation, state of affairs
halt-i	- to stop
konstru-aĵ-o	- building (< *konstrui*, to build)
ruin-it-a	- ruined, wiped out

10.37 Difinoj el la *Plena Ilustrita Vortaro*

Ĉi tiu vortaro estas verkita de s-roj Grosjean-Maupin, Grenkamp-Kornfeld, kaj Waringhien, kaj eldonita de SAT, 67, Avenue Gambetta, Paris 750020, Francio.

La difinoj ĉi-sube devenas rekte el la vortaro, kaj donos al vi iun ideon de la difinarto en Esperantujo.

ambasadoro - Oficiala, plej alta reprezentanto, konstanta aŭ ne, de iu regno ĉe alia regno. *Ambasadorejo*. 1. Palaco de *ambasadoro*.

2. Administrejo de *ambasadoro*: *la ambasadorejoj posedas diplomatian eksterlandecon (eksterteritoriecon)*.

biblioteko - 1. Kolekto da libroj. 2. Ŝranko por libroj. 3. Ejo, ĉambro en kiu oni konservas librojn.

ĉesi (ntr) - Ne esti plu, ne agi plu, ne daŭri plu, interrompiĝi: *la kurso, pluvo, bruo ĉesis; li ĉesis paroli, esperi, labori*.

generalo - Militestro supera al kolonelo, kiu komandas brigadon, divizion, korpuson aŭ armeon. *Ĉefgeneralo*. Plej supera *generalo*, kiu komandas la tutan militistaron.

ĝenerala - Rilatanta senescepte al tuto aŭ al la plej granda parto en personoj aŭ objektoj; neaparta, neindividua: *ĝenerala kunveno, regulo, opinio; ĝeneralaj ideoj*.

hejmo - Propra aparta domo aŭ loĝejo, kie oni vivas konstante kaj mastre; familia restadejo.

ĥoro - aro da personoj, kiuj akorde kaj samtakte dancas, movas la membrojn, kantas aŭ parolas. *ĥoraĵo*. Kanto speciale verkita por esti kantata de *ĥoro. ĥorestro*. Gvidanto kaj direktanto de *ĥoro*.

insekto - Multspeca klaso de senskeletaj sespiedaj bestetoj, kiuj preskaŭ senescepte ricevas la definitivan formon nur post pluraj metamorfozoj

pulo - Sangosuĉa parazita insekto, kiu moviĝas per altaj saltoj

Vortolisteto:

konstant-a	- permanent
regn-o	- state, realm, kingdom
ekster-land-ec-o	- extraterritoriality
ŝrank-o	- shelf
ag-i	- to act
ne...plu	- no longer
milit-o	- war
korpus-o	- corps (military)
milit-ist-ar-o	- military establishment
sen-escept-e	- without exception
akord-e	- working together, in harmony

sam-takt-e	- in the same time (music)
spec-o	- species
sang-o	- blood ("SAHN-goh")
suĉ-i	- to suck

10.38 *Miskompreno en la Metroo*

Iun tagon dum la pasinta vintro mia kara onklo Mateo devis veturi al Parizo pro siaj aferoj. Kompreneble, li ne vojaĝis per aŭto, sed per trajno.

Alveninte la urbon, Onklo Mateo prenis la faman parizan *metroon*, ĉar la stratoj de la franca ĉefurbo estas ĉiam plenaj da veturiloj. Ne plaĉis al mia onklo la vagonaroj de ĉi tiu subtera fervojo, sed ili ja estis rapidaj.

Dum la veturado, Onklo Mateo, ĉirkaŭrigardante, rimarkis la urbanojn kun intereso. Kontraŭ li staris bone vestita viro, evidente ne malriĉa. Tiu ĉi viro kaŝis sin en la ĵurnalo, rigardante neniun.

Post kelkaj minutoj, la trajno haltis ĉe stacio kaj la bone vestita viro eliris. Ĵus antaŭ ol la pordoj fermiĝus, Onklo Mateo rimarkis ganton sur la planko de la vagono. Estis bela ganto de mola ledo.

"Ho tie!" ekkriis Onklo Mateo al la elirinta sinjoro. "Vian ganton vi forgesis!"

Sed la eminentulo ne aŭdis mian onklon, atinginte la rulŝtuparon. Ne sciante kion fari alie, Onklo Mateo forte ĵetis la luksan ganton el la vagono sur la kajon. Tuj poste, la pordoj sible fermiĝis kaj la trajno ekiris.

Onklo Mateo smilis, supozante, ke li bone faris. Tiam li rimarkis, ke viro ĉe la alia flanko de la pordoj lin rigardis. Tiu ĉi viro ŝajnis malkontenta.

"Kion do vi rigardas?" demandis Onklo Mateo al la nekonato. "Kion vi volas?"

"Mi nur scivolus," respondis la viro, "kial vi ĵetis *mian* ganton for de la trajno?"

Vortolisteto:

metro-o	- the *Métro* (subway system)
afer-oj	- business
ĉef-urb-o	- capital city
vagon-ar-o	- train
kaŝ-i	- to hide
staci-o	- station ("stah-TSEE-oh")
ferm-iĝ-us	- would become closed
gant-o	- glove
plank-o	- floor

mol-a	- soft
led-o	- leather
eminent-ul-o	- distinguished man
aŭd-i	- to hear
ating-int-e	- having reached
rul-ŝtup-ar-o	- escalator ("rolling collection of steps")
sci-ant-e	- knowing
ali-e	- otherwise
luks-a	- luxurious
kaj-o	- station platform
smil-i	- to smile
ne-kon-at-o	- unknown person
for	- away

Demandaro:

1. Kial Onklo Mateo devis veturi al Parizo?
2. Kiel li vojaĝis? Kial do?
3. Kian opinion Onklo Mateo havis de la subtervojo?
4. Priskribu la sinjoron, kiu sidis kontraŭ Onklo Mateo.
5. Kiam Onklo Mateo vidis la ganton?
6. Kion li pensis?
7. Ĉu la riĉulo sin returnis pro la krio de Onklo Mateo?
8. Kion do Onklo Mateo faris?
9. Kial la alia sinjoro en la vagono rigardis Onklon Mateon?
10. Imagu la respondon de Onklo Mateo!

10.39 *La mulao Nasredeno Hoĝa kaj la letero*

Laŭ la *Plena Ilustrita Vortaro, mulao* estas "pia viro, kiu dediĉas sin al la studado de Islamo." La pieco de Nasredeno Hoĝa ofte surprezas nin. Vivinte dum la trideka jarcento en Turkio, li estas unu el la plej famaj roluloj en islamaj popol-rakontoj. Ofte, ju pli stulta li ŝajnas, des pli saĝa li estas! Jen rakonto pri tiu ĉi piulo:

Iun tagon afabla virino venis ĉe Hoĝa, alportante leteron. La virino deziris, ke Hoĝa legu por ŝi la mesaĝon. Nu, Hoĝa estis tiam tute analfabeta, sed li ne volis malkontentigi ŝin. Do, li prenis la leteron, ĝin tenante antaŭ la vizaĝo, kaj laŭte legis, "Estimata kaj amata belulino! Mi pensas nur pri viaj..."

"Ne povas esti tiel!" diris la virino. "Mi scias, ke tiu ĉi letero venas de viro, al kiu mia edzo ŝuldas granda sumon."

Fikse rigardante la plendantinon, Hoĝa demandis, "Kial vi ne diris tion unue, por ke mi povu *ĝuste* legi tiun ĉi leteron?"

Vortolisteto:

mula-o	- mullah

pi-a	- pious
dediĉ-i	- to dedicate
pi-ec-o	- piety
jar-cent-o	- century
rol-ul-o	- character (role-possessor)
popol-o	- a people
popol-rakont-o	- *folklora rakonto*
ju pli...des pli	- the more...the more...
al-port-i	- to bring
analfabet-a	- illiterate
laŭt-e	- loudly, out loud
ŝuld-i	- to owe
fikse rigardante	- staring at
plend-ant-in-o	- the complaining woman
ĝust-e	- correctly

Demandaro:

1. Kio estas *mulao*?
2. Kiam Nasredeno Hoĝa vivis?
3. Kion la virino deziris, veninte ĉe Hoĝa?
4. Kian malfacilaĵon la mulao spertis? (*sperti* - to experience)
5. Kial la mulao ne konfesis sian analfabetecon?
6. Evidente, kian ideon la mulao havis pri la letero?
7. Kiel la virino ĝustigis la mulaon?
8. Kiel la mulao montris, ke la kulpo estis tiu de la virino?

10.40   *De Esperantolanda kuirejo: recepto!*

POREA SUPO KIEL ĈE NI

bongustega kaj saniga dum malvarma vetero

Ingrediencoj: Kunigu

kvin grandajn terpomojn ruĝbrunajn

tri aŭ kvar grandajn poreojn

tri aŭ kvar tasojn da akvo (sufiĉe por kovri la legomojn)

unu tason kaj duonon (1 1/2) da senkrema lakto

duonon de tekulero da karviaj semoj

du supkulerojn da aneto

unu tekuleron da salo (aŭ laŭ gusto)

pipron freŝe muelitan (laŭ gusto) ("moo-eh-LEE-tahn")

kiel garnaĵo: surmetu hakitan aneton aŭ petroselon, kaj, se vi
deziras, peceton da butero

Notu: Por viando-manĝantoj, aldonu kokinan buljonon anstataŭ akvon.

Metodo:

Senŝeligu la terpomojn. Metu ilin en la akvon kun salo.

Lavu la poreojn kaj haku ilin en malgrandajn pecojn. Ne uzu la malmolajn verdaĵojn! Metu la aliajn pecojn kun la terpomoj.

Kuiru la legomojn dum duonhoro, aŭ ĝis kiam ili estas molaj.

Aldonu la lakton, karviajn semojn, aneton, plus salon kaj pipron laŭ gusto.

Boletigu la supon dum ankoraŭ dek kvin ĝis dudek minutoj, ĝis kiam la supo estas dika, kaj la terpomoj pecetiĝas.

Servu al viaj gastoj! Vi havas supon sufiĉan por kvar ĝis ses personoj.

Vortolisteto:

kuir-ej-o	- kitchen ("cook-place")
recept-o	- recipe ("reh-TSEHP-toh")
pore-o	- leek ("poh-REH-oh")
kiel ĉe ni	- like at our house
bon-gust-eg-a	- really good tasting
san-ig-a	- healthful
veter-o	- weather
kun-ig-i	- to put together; to assemble
ruĝ-brun-a	- russet ("red-brown")
duon-o	- a half
sen-krem-a	- fat-free ("without cream")
lakt-o	- milk
te-kuler-o	- teaspoon
karvio	- caraway ("kahr-VEE-oh")
semo	- seed
sup-kuler-o	- soup spoon; tablespoon
anet-o	- dill
sal-o	- salt
laŭ	- according to, following
gust-o	- taste
pipr-o	- pepper
freŝ-e	- freshly
muel-it-a	- ground, milled
garn-aĵ-o	- garnish
sur-met-i	- to put on (*sur*, on)
hak-it-a	- chopped
petrosel-o	- parsley
se	- if
pec-et-o	- little piece ("peh-TSEH-toh")
buter-o	- butter
buljon-o	- broth ("bool-YOH-noh")
anstataŭ	- instead of ("ahn-STAH-tow")

sen-ŝel-ig-i	- to peel (without-covering-make)
lav-i	- to wash
hak-i	- to chop
pec-o	- piece
mol-a	- soft
kuir-i	- to cook (something)
duon-hor-o	- half an hour
al-don-i	- to add
bol-et-ig-i	- to simmer (something)
dik-a	- thick
pec-et-iĝ-i	- to become little pieces
gast-o	- guest

Demandaro:

1. Kiam oni preparu tiun ĉi supon?
2. Kiajn terpomojn oni aĉetu?
3. Kiom da akvo necesas?
4. Ĉu vi preferas kreman aŭ senkreman lakton por la supo?
5. Kiu kulero estas granda, tekulero aŭ supkulero?
6. Kiajn spicojn oni havu por la supo?
7. Oni uzas muelitan pipron. Kio estas ankaŭ *muelita*?
8. Por fari la supon, ni senŝeligas la terpomojn. Kion oni ankaŭ senŝeligas?
9. Kiel longe oni kuiru la legomojn?
10. Por kiom da personoj estos sufiĉa la supo?

▼▲▼▲▼▲▼▲▼▲▼▲▼▲▼▲

Aperis Pasporta Servo: 900 adresoj

Aperis la nova eldono de Pasporta Servo la populara gastiga reto de TEJO (Tutmonda Esperantista Junulara Organizo). En la ĉijara listo aperas en 72 landoj pli ol 900 adresoj de gastigantoj, kiuj pretas akcepti vojaĝantajn Esperanto-parolantojn. Oni notas la rezultojn de fervora varbado por disvastigado de PS: kreskis kaj la nombro da gastigantoj kaj la nombro da landoj. Informoj ĉe Rob Keetlaer, Postbus 2310, NL-1000 CH Amsterdam, Nederlando.

10.41 *Artikoletoj el **Heroldo de Esperanto:***
Aperis Pasporta Servo: Naŭcent Adresoj

Aperis la nova eldono de Pasporta Servo, la populara gastiga reto de TEJO (Tutmonda Esperantista Junulara Organizo). En la ĉijara listo aperas en sepdek du landoj pli ol naŭcent adresoj de gastigantoj, kiuj pretas akcepti vojaĝantajn Esperanto-parolantojn. Oni notas la rezultojn de fevora varbado por disvastigado de PS: kreskis kaj la nombro da gastigantoj kaj la nombro da landoj. Informoj ĉe Rob Keetlaer, Postbus 2310, NL-1000 CH Amsterdam, Nederlando.

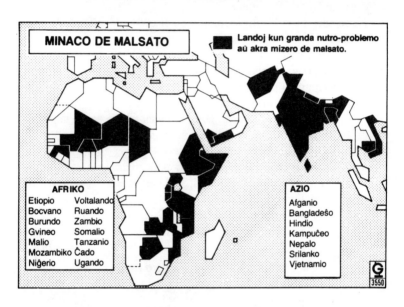

Vortolisteto:

artikol-o	- an article
aper-i	- to appear
el-don-o	- edition
gast-ig-a	- hosting
ret-o	- net; network
jun-ul-ar-o	- youth; young people
ĉi-jar-a	- *de tiu ĉi jaro*
pret-i	- to be ready
fevor-a	- zealous
varb-ad-o	- working for a cause
dis-vast-ig-ad-o	- enlarging, spreading out

kresk-i   - to grow

Mallonge:

Sonorilo karte. Eldonejo kaj librejo "Sonorilo" pretigis novajn plifaciligojn por la ĝisnunaj kaj ontaj klientoj. Ekde nun Esperantajn librojn, kasedojn kaj revuojn oni povas mendi ankaŭ per telefakso (n-ro 32 / 3 / 8272405). Krome, la mendaĵoj pageblas ankaŭ per pluraj kreditkartoj (kiel ekz. Visa, Eurocard, American Express kaj multaj aliaj), nur indikante en la mendo la nomon de la karto kaj ĝian numeron.

Kontraŭ la malsato. La informiloj de "Monda Fonduso de solidareco kontraŭ la Malsato" estas eldonata en la lingvoj Esperanto, franca kaj hispana. Informoj: *Monda Solidareco, B.P. 5, F-49750 Saint Lambert du Lattay, Francio.*

Vortolisteto:

mal-long-e	- in brief
sonor-il-o	- bell
kart-e	- by card
el-don-ej-o	- publishing house
pret-ig-i	- to make ready
pli-facil-ig-o	- easier way
ĝis-nun-a	- up until now; current
ont-a	- future (-*ont*-!)
kased-o	- (audio/video) cassette
krom-e	- furthermore
pag-ebl-i	- to be able to be paid
mal-sat-o	- hunger
inform-il-o	- information folder/broshure
fondus-o	- fund
solidar-ec-o	- joint responsibility; solidarity
el-don-at-a	- being published

Demandaro:

1. Kiom da adresoj nun aperas en *Pasporta Servo*?
2. Kaj en kiom da landoj estas tiuj ĉi adresoj?
3. Aperis la adresoj de kiuj personoj?
4. Por gasti ĉe ano de *Pasporta Servo*, kio necesas?
5. Kial la nombro da adresoj plimultiĝis?
6. Kio estas "Sonorilo"?
7. Kion oni povas mendi de tiu ĉi ejo?
8. Kiel oni povas pagi la mendaĵojn?
9. Kion oni povas fari kontraŭ la malsato?

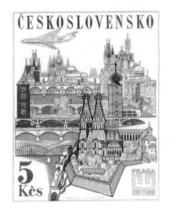

La Kulturo

10.42 The *Internacia Poŝtista kaj Telekomunikista Esperanto-Asocio*, for postal and telecommunications professionals, has as its goals increasing the use of Esperanto in international communications, and aiding in the exchange of documents and expertise among professionals of different countries. It organizes a yearly international meeting during the *Universala Kongreso* of UEA. UEA offices in Rotterdam will have up-to-date addresses.

10.43 For those of you interested in amateur radio, the *Internacia Ligo de Esperantistaj Radio-Amatoroj* (ILERA) is open to ham operators who can use Esperanto. The *Ligo* is continually expanding the number of stations broadcasting in Esperanto. Throughout the world, there are several commercial radio stations with Esperanto programming, among them Vatican Radio, Radio China, and Brazilian Radio. During the *Universala Kongreso*, ILERA sets up an official amateur radio station. Write to UEA for further information.

10.44 The main goals of the *Skolta Esperanto-Ligo* are threefold: to disseminate the ideals of Scouting by means of Esperanto, to encourage Scouts throughout the world to learn Esperanto, and to create a Scout literature in Esperanto. The *Ligo* continually strives to have Esperanto officially recognized and used by the international Scouting movement. The address is:

Skolta Esperanto-Ligo
Postbus 433
1500 EK Zaandam
The Netherlands

10.45 *Geonkloj Esperantistaj*

Not really a club, "Esperanto Aunts and Uncles" is a plan to help young Esperantists (up to the age of 16) use the language in correspondence with adult speakers of the language. Often, when children write to children, their knowledge of Esperanto is not sufficient to allow them to maintain the flow of correspondence. The system has a list of "Aunts and Uncles" from many countries who are ready to serve. UEA will have the latest information.

Leciona Vortolisto

ag-ad-o	- action, activity
ali-vort-e	- in other words

balen-o	- whale
balon-o	- ball
balon-et-o	- balloon
bon-ven-ig-i	- to welcome (someone)
bo-paĉj-o	- dad-in-law (endearing term)
bo-patr-o	- father-in-law
bord-o	- riverbank, shore
bril-i	- to shine
brul-eg-o	- a (house) fire, conflagration
brul-ig-i	- to burn (something)
ĉiel-o	- sky
dens-a	- dense, thick
diskurs-o	- discourse, speech, oration
distr-a	- entertaining, distracting
diven-i	- to guess
divers-a	- diverse, different
ek-flam-i	- to burst out in flames
en-ven-i	- to come in
fid-i	- to trust, have faith in
flos-i	- to float
flu-i	- to flow
flug-drak-o	- kite ("flying dragon"); also: *kajto*
gast-i	- to stay as a guest
hom-a	- human
instrukci-o	- instruction ("een-strook-TSEE-oh")
juĝ-ist-o	- a judge
ĵuri-o	- jury
ĵus	- has just
kastel-o	- castle
kuir-forn-o	- stove, range (for cooking)
kurac-il-o	- medicine ("cure-instrument"), drug
malgraŭ	- in spite of
menci-i	- to mention
minac-i	- to menace, threaten
neces-i	- to be necessary ("neh-TSEH-see")
nepre	- without fail
nokto-vest-o	- nightclothes
organ-o	- organ (of the body)
pli-mult-iĝ-i	- to become more numerous
preskrib-o	- prescription
profesi-o	- profession

pump-kamion-o	- fire truck ("pump-truck")
puŝ-i	- to push
respekt-em-e	- respectfully
sam-a	- same
sang-o	- blood
sekv-i	- to follow
sid-iĝ-i	- to be seated, to sit down
skatol-o	- a box
tenis-o	- tennis
tribunal-o	- court of justice
tuj	- immediately
val-o	- valley
ver-ŝajn-e	- probably, seemingly true
zorg-i	- to care for

Angla-lingva traduko de la konversacioj:

10.1 Consulting an American physician, Mr. Chitakorn from Thailand is speaking about his symptoms.

K: "Good evening, Sir. How are you?"

Ĉ: "Oh, I really feel ill, Doctor."

K: "What's wrong?"

Ĉ: "I am always tired. It seems to me that everything tires me: working, writing, even reading. Besides that, I also do not sleep well."

K: "Do you have a fever?"

Ĉ: "That I don't know. However, I feel my head (to be) warm. I also have frequent headaches."

K: "First, let me record your temperature..."

Ĉ: "Oh! Why are you slipping *that* into my ear?"

K: "Because it's an effective and quick way of knowing your temperature. The physician's art is always progressing, don't you agree? Oh! You don't have a fever. Your temperature is thirty-seven degrees, so completely normal."

10.2 Mr. Nalo is visiting his son, Zefo, and his (the son's) wife, Manya, at their new apartment.

M: "Father-in-law! What a pleasure! Come in, please. Oh, Zefo! Your father has just arrived."

Z: "I'll be right there, Dad! Just have a seat."

M: "Zefo is talking on the phone with his office manager."

N: "Very well. Your apartment seems very big to me."

M: "I believe it is the biggest of the apartments in the building. It really pleases me to be living in our own place. Look, here's our living room."

N: "Ah! I see that you did not throw out my old sofa!"

Z: "Of course not, Dad. And we also kept the old armchair that you gave us. Step forward and you will see our dining room."

N: "Whose table is that?"

M: "It is the table of my aunt. And two of the chairs are from my grandmother."

Z: "Whose are the other three chairs, sweetheart? From your cousin?"

M: "No, that one's chairs were horribly old."

N: "How many bedrooms do you have?"

M: "Two, Father-in-Law. The bigger one is to the left, and the other is there, next to the bathroom."

N: "Do you still have the bed which your father gave you?"

M: "Yes. It is however a bit out of style. My father bought it for his marriage thirty years ago."

Z: "So, what do you think, Dad? Does our own apartment please you?"

N: "Your *own* apartment? Well, as they say, 'Everyone's own home is the most comfortable'!"

10.3 In school, Mr. Noguchi is interviewing the students about their goals and future professions. Akiko, Hideki, Motohiro, and Shitomi answer.

N: "So, in the future, what kinds of professions will interest you?"

A: "I want to work as a firefighter! No, as a fire chief!"

H: "And the work of a nurse interests me! I will work in an urban ill-person-place..."

N: "In a hospital, then."

H: "Yes, that's right, in an urban hospital."

M: "Teacher! I aim to become a physicist and discover new sources of energy.

Ŝ: "Great! I will need such energy, because I will become a rock music idol and will use a great many floodlights!"

10.4 Do you like to draw? Despite this, please read the following descriptions and afterwards make the drawing that they painted for you in words!

1. In a bedroom there is a big bed. Near the bed is an open window. On the bed there is a box in which a black cat is sitting. Besides the box, there are also four magazines on the bed.

2. In the kitchen a small dog is lying in front of a refrigerator. Behind the refrigerator there is a monster! To the left of the

refrigerator there is a table, under which a small girl is hiding with a hammer in her hand.

3. On a coffee table in a living room there is a transparent bowl. In the bowl there are three goldfish. Outside of the bowl there are two other fish, one on the table and one on the floor. Near the fish on the floor there are two mice, who have just arrived in an ambulance. They are giving water to the fish drowning in air!

11. LA DEK-UNUA LECIONO
Konversacioj

11.1 *Ĉe internacia kunveno de instruistoj, Petro Jankavic konversacias kun du alilandanoj: Maŭ Mej-lino kaj Ludoviko Calerno.*

P: "Saluton! Mi nomiĝas Petro Jankavic, kaj mi estas de Slovakio."

M: "Estas plezuro, Sinjoro. Mi estas Maŭ Mej-lino de la Ĉina Popola Respubliko. Ĉu vi jam konas Sinjoron Calernon?"

P: "Bedaŭrinde ne."

L: "Ludoviko Calernon, de Germanio."

P: "Multe plaĉas al mi koni vin, Sinjoro. De kie vi estas en Germanio?"

L: "Mi estas de Munĥeno, Sinjoro. Kaj vi?"

P: "Mi naskiĝis en Prago, sed nun mi loĝas en Bratislavo. Kaj vi, Fraŭlino Maŭ, de kie en Ĉinio vi estas?"

M: "Mi estas de Ŝanhajo, Sinjoroj, granda urbo en la suda parto de mia lando."

Vortolisteto:

ali-land-an-o	- foreigner
Ĉina Popola Respubliko	- People's Republic of China
Munĥeno	- Munich
Ŝanhajo	- Shanghai

Demandaro:

1. Kie Petro konversaciis kun la alilandanoj?
2. De kie estis Petro? Ĉu li naskiĝis tie?
3. De kie estis Fraŭlino Maŭ?
4. Ĉu Sinjoro Calerno estis aŭstriano?
5. En kiu germana urbo loĝis Sinjoro Calerno?
6. En kiuj landoj troviĝas Ŝanhajo, Tokio, kaj Bankoko?
7. Kiaj urboj estas Ŝanhajo kaj Prago?

11.2 *En trinkejo, Maria parolas kun amikoj pri iliaj socia stato: edziĝintaj aŭ ne.*

M: "Ana, ĉu vi estas ankoraŭ edziniĝinta?"

A: "Kompreneble! Fakte, nia kvara geedziĝa datreveno okazos ĉi-lunde."

M: "Gratulojn! Kie vi geedziĝis?"

A: "Ĉi tie, en la urbo. Nia geedziĝo ne okazis en preĝejo, sed en publika ĝardeno."

276

M: "Kaj vi, Stefano, ĉu vi estas ies edzo?"

S: "Ho, tute ne, Maria! Mi estas ankoraŭ fraŭlo!"

A: "Ĉu vi ne havas fianĉinon?"

S: "Ne, nur koramikinon. Ĝis nun ni ne diskutis eĉ la fianĉiĝon, sen paroli pri eventuala geedziĝo!"

A: "Kaj vi, Maria, vi estas edziniĝinta, ĉu ne?"

M: "Jes, kaj hodiaŭ mem estas la datreveno de tiu terura tago! Fakte, mi scias, ke miaj bogepatroj atendas min ĉe la domo kun mia kara edzo. Estas la kialo, ke mi sidas ĉi tie kun vi!"

S: "Kial via edziĝa tago estis terura?"

M: "Ĉar la geedziĝo okazis subĉiele dum pluvema tago. Ni ĉiuj tramalsekiĝis! Kaj poste, la plejparto de la gastoj komplete ebriiĝis. Ho ve! Kia malsukceso!"

A: "Tamen vi estas ankoraŭ edziniĝinta. Jam de kiom da jaroj?"

M: "Jam de dek-kvin jaroj. Vi pravas, Ana. Pardonu min, mi devas nun hejmeniri."

Noto - words about marriage: In Esperanto, we must always keep in mind that *edzo* is "husband," so *edziĝi* means "to become a *husband.*" For a woman, we would say *edziniĝi* (to become a *wife*). The general term will use the prefix *ge-* (of both sexes): *geedziĝi*, "to become husband-and-wife." For the adjective, many speakers will use *edziĝa*, although *geedziĝa* is more precise. "Married" will be either *edziĝinta* or *edziniĝinta* depending on the person concerned, husband or wife.

Vortolisteto:

trink-ej-o	- bar, "watering hole"
socia stato	- social status
edz-in-iĝ-int-a	- married (for women)
ge-edz-iĝ-a	- pertaining to marriage
dat-re-ven-o	- anniversary
gratul-oj	- congratulations
ge-edz-iĝ-i	- to get married
preĝ-ej-o	- church ("pray-place")
fraŭl-o	- unmarried man
fianĉ-(in)-o	- fiancé(e)
eventual-a	- possible
terur-a	- awful
kial-o	- reason (<*kial*)
sub-ĉiel-e	- outdoors (under the sky)
pluv-em-a	- rainy
tra-mal-sek-iĝ-i	- to become thoroughly wet
la plej-part-o	- to most part

gast-o   - guest
ebri-iĝ-i   - to become inebriated

Demandaro:
1. Pri kio Maria parolis al siaj amikoj?
2. Kie troviĝis tiuj ĉi amikoj?
3. Kiun datrevenon Ana festos la venontan lundon?
4. La geedziĝo de Ana okazis en mondfama malnova preĝejo, ĉu ne?
5. Kiam Stefano edziĝis?
6. Ĉu Maria estas edziniĝinta?
7. Laŭ Maria, kia tago estis ŝia geedziĝa tago?
8. Kia estis la vetero, tiun geedziĝan tagon?
9. Ĉu la gastoj ĉe la geedziĝa festo estis abstinuloj? (*abstin-ul-o* - teetotaler, non-drinkers)
10. Kial Ana opiniis, ke la geedziĝo de Maria ne estis malsukceso?

11.3 *Ĉe hotelo, Purma kaj Maliki deziras lui ĉambron. Ili parolas al la hotelisto.*

H: "Bonan tagon, Sinjorinoj! Kiel mi servu vin?"
P: "Ni dezirus ĉambron, Sinjoro."
H: "Certe. Por kiom da personoj?"
P: "Ni estas du."
H: "Kaj por kiom da noktoj?"
M: "Por tri noktoj."
H: "Ĉu vi preferus duoblan liton aŭ du unupersonajn litojn."
P: "Du litojn ni preferus, Sinjoro. Kaj banĉambron kun duŝo."
H: "Ni havas du ĉambrojn disponeblaj: unu sur la dua etaĝo, kaj unu sur la deka etaĝo. Inter ni, mi sugestu tiun de la deka; la vidaĵo de tie estas mirinda."
M: "Ĉu estas lifto?"
H: "Jes, certe."
M: "Do ni preferus la ĉambron sur la deka, kiel vi sugestis."

Noto: What is the difference between *ni havas du ĉambrojn disponeblaj* and *ni havas du ĉambrojn disponeblajn*? Right! The first is "We have two rooms (which are) available," and the second is "We have two available rooms."

Vortolisteto:
lu-i   - to rent
duŝ-o   - shower
dispon-ebl-a   - available
etaĝ-o   - floor (of a building)
inter ni   - (just) between us

vid-aĵ-o	- the view
lift-o	- elevator

Demandaro:

1. Kion la sinjorinoj deziris lui?
2. Kiom ili estis?
3. Kiom da noktoj ili intencis gasti ĉe la hotelo? (*intenci* - to intend; *gasti* - to stay as a guest)
4. Kian liton ili preferis?
5. Sur kiu etaĝo estis ĉiu ĉambro?
6. Kial Maliki elektis la ĉambron sur la deka etaĝo?

11.4 *Kion vi dezirus fari? Alekso, Maĉiko, kaj Nunja priparolas siajn ideojn por la vespero.*

A: "Do, kion vi dezirus fari ĉi tiun vesperon?"

M: "Ĉi-vespere mi volonte irus vidi filmon en kinejo."

N: "Eble ni povus tion fari. Ĉu vi havas ĵurnalon?"

A: "Ne, sed mi povus telefoni la kinejojn por scii, kion oni surekranigas."

N: "Aŭ ni povus iri al dancejo."

M: "Mi preferus iri al kinejo. Ne plaĉas al mi la dancejoj."

A: "Eble interesus vin butikumi en la nova komerceja centro?"

N: "Tio certe plaĉus al mi, tamen estas sabato, kaj la vendejoj fermiĝos je la sesa."

M: "Se ni ne iros al kinejo, ni restu do hejme kaj ni rigardu filmon sur kasedon."

A: "Bona ideo! Estus malpli koste, kaj mi povus mendi du, tri picaojn."

N: "Ĉu vi ne preferus krevmaizon?"

M: "Ni povus havi ambaŭ, ĉu ne?"

Vortolisteto:

pri-parol-i	- to discuss, talk about
vol-ont-e	- willingly, gladly
sur-ekran-ig-i	- to show on the screen
butik-um-i	- to go shopping
kased-o	- cassette
pica-o	- pizza
krev-maiz-o	- popcorn
ambaŭ	- both

Demandaro:

1. Kion Maĉiko dezirus fari ĉi-vespere?
2. Kial Nunja volis tralegi ĵurnalon?
3. Kiel Alekso povus scii kiujn filmojn oni surekranigos?

279

4. Kiu preferus iri al *diskoklubo*?
5. Kial Maĉiko neis tiun ĉi sugeston?
6. Kion Alekso trovus interesa?
7. Laŭ Nunja, kial tio estus neebla?
8. Kial Alekso aprobis la sugeston vidi filmon sur kasedo? (*aprobi* - to approve)
9. Kion ili decidis manĝeti dum ili rigardos la filmon?

Noto pri picao: Standard dictionaries give *itala pasteĉo* (Italian pastry) for "pizza." This seems to miss the point. Since there is no other Esperanto word with the form *p-i-c-a*, and since this *is* one of the world's most widely known foods, we should hope that *picao* will catch on.

Lernindaj Esprimoj

11.5 In the matter of nationalities (*nacieco*), remember that in some cases we add *-ano* to the country name (*Kanadano*), and in other cases the country name is formed from the basic nationality-name (*Franco*). Whether or not to capitalize the names of nationalities is still a matter of personal preference. Some people feel that writing *Italo* (an Italian) is clearer than writing *italo*, and helps the word stand out in the sentence. The most important thing is to be consistent. Here are some further words about nationalities:

alilandano - a foreigner (other-land-member)
samlandano - a fellow citizen (same-land- member)
franca - French, i.e., of the French people
francuja - French, i.e., of the French state (*francia*)
rusa - Russian, of the Russian people
rusia - Russian, of the Russian state
rusuja - of the Russian state
ruslanda - of the Russian state
rusa kutimo - a custom of the Russian people
ruslanda kutimo - a custom of Russia

Noto: For "foreigner," we also encounter *fremdulo*, "foreigner, stranger," a slightly less neutral term than *alilandano*.

11.6 In speaking of someone's social status (*socia stato*), we encounter the following terms:

fraŭlo - single man, bachelor
fraŭlino - single woman
edziĝinto - married man (*edzo*)

edziniĝinto - married woman (*edzino*)
ekzedziĝinto - divorced man (*eksedzo*)
eksedziniĝinto - divorced woman (*eksedzino*)
vidvo - widower
vidvino - widow

For those who wish to avoid the traditional terms of conventional society, we also have:

geedza paro - marital pair (man-and-woman)
edza paro - marital pair (unspecified sex)
doma paro - domestic partnership
kunvivanto - a person living together with another

Whatever *your* situation and preference, rest assured that Esperanto has the words to express exactly what you mean!

11.7 *Ĉe hotelo:*

Mi dezirus unu ĉambron.
I would like one room.
Por kvar noktoj.
For four nights.
Por du personoj.
For two persons.
Ĉu la ĉambroj estas klimatizitaj?
Are the rooms air conditioned?
Mi preferus vidaĵon surstratan.
I would prefer a view on(to) the street.
Mi preferus banĉambron kun bano.
I would prefer a bathroom with a bathtub.
Mi preferus banĉambron kun duŝo.
I would prefer a bathroom with a shower.
Mi volus ĉambron kun duobla lito.
I would like a room with a double bed.
Mi volus ĉambron kun unupersona lito.
I would like a room with a single bed.
Mi volus havi la matenmanĝon en mia ĉambro.
I would like to have breakfast in my room.
Mi deziras paroli kun la hotelestro.
I want to speak with the hotel manager.

(Note the use of *deziras* in this last sentence. This shows you are serious. To use *dezirus* would sound too hesitant.)

11.8 In speaking of possessing, we have recourse to two verbs: *havi* and *posedi*. Of these two, *havi* has the more general sense of "have"; *posedi* means "to possess."

Li havas multajn amikojn.

Li posedas multajn hundojn.

The adjective form *-hava* is widely used to mean "provided with":

harhava vizaĝo - a hairy face

flugilhava besto - a winged animal

ŝtonhava vojo - a stone-strewn road

11.9 Verbs ending in *-us* are used to make a more polite, less direct statement, and to ask more polite questions (see 11.14-18):

Mi volus iri kun vi. I would like to go with you.

Li preferus glaciaĵon. He would prefer ice cream.

Ĉu vi bonvolus rigardi? Would you be so kind as to look?

La Praktiko

11.10 *Tre konataj de nia tempo estas la telefonaj respondiloj. Nu, kian mesaĝon surbendigi? Jen du ekzemploj:*

1. "Saluton! Vi ja atingis la familion Jurĉar. Ne povante respondi al vi, ni petas, ke vi lasu vian numeron kaj mallongan mesaĝon. Ni retelefonos vin kiel eble plej baldaŭ. Ĝis!"

2. "Vin salutas la familio Jurĉar! Bonvolu surbendigi mesaĝon! Dankon!"

Noto: The expression *kiel eble plej...* means "as...as possible": *kiel eble plej baldaŭ*, as soon as possible; *kiel eble plej ofte*, as often as possible.

Vortolisteto:

konat-a	- known
respond-il-o	- answering machine
sur-bend-ig-i	- to record (*bendo* - tape)
ating-i	- to reach
las-i	- to leave
salut-i	- to greet
bon-vol-u	- please be so kind as to

11.11 *Datrevenoj:*

1. Kiam okazas la datreveno de via edziĝo/naskiĝo? (Use the *accusative* form for your answer.)

2. Kiam okazas la datreveno de Georgo Vaŝingtono?

3. Kiam okazas la naskiĝa datreveno de D-ro Martin- Lutero King?

4. Kiam okazas la naskiĝaj datrevenoj de viaj diversaj parencoj? (*parencoj* - relatives)

11.12 Use the correct expression (*edziĝi/edziniĝi, vidviĝi/vidviniĝi, ktp.*)

to complete each of the following sentences:
1. La edzo de Maria mortis. Do, ŝi....
2. Marko deziris Suzanan kiel fianĉinon. Ŝi akceptis, do Marko...kun Suzana. (*fianĉ-*)
3. Ho, Petro! Kiam vi...? (*edz-*)
4. Post multaj jaroj de bataloj, Ana...disde Julo. (*eksedz-*) (*disde* - apart from)

11.13 *Nun, bonvolu respondi al la demandoj de la hotelisto!*
1. Kiom da personoj vi estas?
2. Ĉu vi jam rezervis ĉambron?
3. Kiom da noktoj vi restos kun ni?
4. Kian ĉambron vi deziras?
5. Ĉu vi preferas matenmanĝi en la ĉambro aŭ en nia manĝejo?
6. Ĉu vi preferas ĉambron kiu frontas la straton aŭ nian ĝardenon?

La Gramatiko

11.14 The verb forms ending in *s* that we have been using so far (*skribas, skribis, skribos*) have contained information about the *time* of the action (present, past, future). There is one more *s*-form, this one concerned about the *hypothetical nature* of the action, that is, what *would happen* if some other action *would occur*. This form ends in *-us*: *mi parolus*, "I would speak if...". It is called the *conditional* (*la kondicionalo*, in Esperanto). Here are some examples:

ami amas amis amos amus - would love
iri iras iris iros irus - would go
krii krias kriis krios krius - would shout

The *us*-form is not concerned with the *time* of the action; it presents an action as supposed, fictive, imagined. The time of this action may be inferred from the context.

11.15 In forming *conditional sentences*, the word *se* (if) introduces the *hypothesis*. In both parts of the sentence (hypothesis and result), we use the *conditional* form of the verb. Look at the following sentences, where *se* means "if":

Se mi estus riĉulo, mi ne plu laborus.
If I were a rich person, I would no longer work.
Se la knabinoj kantus, tre plaĉus al ni.
If the girls would sing, it would please us.
Ili tuj venus, se ili scius, ke vi estas kun ni.
They would come right away if they knew you were with us.

Note that in the last example, English uses "were," but Esperanto uses the accurate tense, *estas*, "are."

11.16 The word *kvazaŭ* (as if) is often followed by the conditional form: *Li kantis kvazaŭ li scius la muzikon*, "He sang as if he knew the music." Where English uses a past form, Esperanto opts for the conditional since we are speaking of a fictitious action (he did *not* know the music).

11.17 The conditional form is also used to express a desired action one sees as (currently) unrealizable: *Ho, ke mi nur bone parolus Esperanton!*, "If only I spoke Esperanto well!"

11.18 We may use the conditional form to make a polite request, or to make a more polite statement.

> *Ĉu mi povas vidi ĝin?* May I see it?
> *Ĉu mi povus vidi ĝin?* Could I please see it?
> *Ŝi deziras la libron.* She wants the book.
> *Ŝi dezirus la libron.* She would like the book.
> *Ni volas panon.* We want some bread.
> *Ni volus panon.* We would like some bread.

11.19 In the case of *devi, povi,* and *voli,* the conditional form can mean that the obligation, ability, or desire are there, but that one is not acting upon them.

> *Li devus studi.* He had to study (but did not). He should have studied.
> *Ni povus foriri.* We could have left.
> *Ŝi volus kanti.* She wanted to sing.

With these verbs, it is English which causes the confusion. The Esperanto forms are regular and predictable.

11.20 You have already seen the three *active participles* of the Esperanto:

> **present** *amanta* - loving
> **past** *aminta* - having loved
> **future** *amonta* - about to love

We can combine these participles with the various forms of the verb *esti* to express a whole range of compound tenses. The form of *esti* depends upon the speaker's perspective: *mi estas parolinta*, "I exist right now as having spoken = I have spoken;" *mi estis parolinta*, "I existed then as having spoken = I had spoken;" *mi estos parolinta*, "I shall exist as having spoken = I shall have spoken."

You will see that the Esperanto forms are logical and clear. If we write *ili estis honorontaj*, we can easily deduce the sense: "they existed as about-to-honor = they were about to honor." Esperanto then has a capability for expressing fine nuances that goes beyond what most "natural" languages can provide. Note also that if the subject is plural, the participles will also have a plural form in -*aj*. They behave like adjectives.

These forms should be used sparingly, though; in most cases, the simple -*as, -is, -os* forms will do. It is not recommended to get carried away with the compound forms; they make a sentence more ponderous than necessary.

11.21 Using *esti* in the conditional form, we may create a *past conditional*, that bitter-sweet expression of what might have been:

Se mi estus alveninta plifrue, mi estus vidinta ŝin.

If I would have arrived earlier, I would have seen her.

Note: As an example of the continuing development of the language, we may mention the form in -*intus: alvenintus*. This verb form is clearly analyzable into *al-ven-int-us*, and is a more compact version of *estus alveninta*. The longer form is perhaps more common, especially in speech, but the -*intus* form is immediately transparent to all speakers of Esperanto:

Se mi vidintus ilin, mi tuj dirintus al vi.

Se mi estus vidinta ilin, mi tuj estus dirinta al vi.

If I would have seen them, I would have told you immediately.

11.22 Perhaps you would like to read about something other than verbs? Good, because now we must consider the last of the number-suffixes, -*op*-. The basic meaning of -*op*- is "at a time, taken together." It can end in -*e, -a, -o*, or form a verb in -*igi* or -*iĝi*:

triope - three together, three at a time

triopa - three-pronged, three-at-a-time

triopo - a triad, triplet

triopigi - to form into groups of three

triopiĝi - to come together into a group of three

We can further form the question *kiomope*, "how many at a time?", and the adverb *ope*, "collectively." Consider the following examples to see the distinction between -*obla* and -*opa*:

duobla - double, twice as much

duopa - two-by-two, paired

11.23 A preposition often used with numbers is *po*, "at the rate of": *La porkoj manĝis po kvar pomojn*, "The pigs ate four apples apiece." Note that *po* applies to the *number* only; *pomojn* is the direct object of *manĝis*. To make this clearer, we could have written *La porkoj manĝis pomojn po du*. Here are some more examples of *po*:

Ili veturis po sepdek kilometrojn en ĉiu horo.
They traveled at the rate of seventy kilometers per hour.
Mi aĉetis tri librojn po kvin dolaroj.
I bought three books for five dollars each.
(**But:** *Mi aĉetis tri librojn por kvin dolaroj* = "I bought three books for five dollars total.")
Ŝi pagis po ok dolarojn por la bluzoj.
She paid (the rate of) eight dollars each for the blouses.

If you find the use of *po* confusing, you can always avoid it by changing the sentence around: *Ŝi pagis ok dolarojn por ĉiu el la bluzoj*, "She paid eight dollars for each one of the blouses." Many Esperantists do this, since the proper use of *po* and the use of the accusative after it are matters of heated debate to this day.

11.24 Remember the preposition *je*? We use it where no other preposition seems quite right. There is also a *suffix* that plays the same role, helping us to derive a meaning related to a root without being too closely tied to the original sense. This suffix is *-um-*. Take, for instance, the word *akvo*, water. If we want to say, "Yul waters the flowers," it will not do to force *akvo* into *akvi*. We sense that something more is needed. In this case, that something more is *-um-*: *akvumi*. So we have *Julo akvumas la florojn*.

Warning! Do not attach *-um-* to every word you meet. The meaning of *-um-* may be rather fuzzy, but it should not be overused. Here are some common words of which *-um-* has become a fixed part:

> *amindumi* - to court, woo (*am-ind-um-i*)
> *brulumo* - an inflammation (*brul-um-o*)
> *butikumi* - to go shopping (*butik-um-i*)
> *cerbumi* - to rack one's brain (*cerb-o*)
> *foliumi* - to leaf through (*foli-o*)
> *gustumi* - to taste something (*gust-o*)
> *malvarmumo* - a cold (*mal-varm-o*)
> *plenumi* - to fulfill (*plen-a*)
> *proksimume* - approximately (*proksim-a*)

As a further example of how Esperanto suffixes work to provide several words from one root, let us look at *plen-*, which has the basic meaning of "full":

> *plena* - full
> *pleno* - a fulness

plenigi - to fill something
plenigi - to become full, be filled
plenumi - to fulfill (a promise, etc.)
plenumo - the fulfillment

11.25 Besides the offical prefixes, Esperanto uses some roots as prefixes. Among these are *ĉef-* (chief, head), and *plen-* (full):

ministro > *ĉefministro* - prime minister
artikolo > *ĉefartikolo* - headline article
juĝejo > *ĉefjuĝejo* - supreme court
ŝlosilo > *ĉefŝlosilo* - master key
brako > *plenbrako* - an armful
glaso > *plenglaso* - a glassful
luno > *plenluno* - the full moon
tago > *plentago* - a 24-hour day

11.26 Suppose that Ana were going to the movies with her her cousin, her cousin's friend, and her cousin's friend's sister; admittedly, this is a somewhat complicated situation--at least in English. In Esperanto, however, we have recourse to *sia, lia/ŝia,* and *ties* (that person's), so the sentence would read:

Ana iras al la kinejo kun sia kuzino, ŝia amiko, kaj ties fratino.

The use of *sia* clearly means Ana's, since *sia* can only refer to the *subject* of the sentence. Similarly, *ŝia* cannot refer to the subject, so must mean the cousin's friend. And finally, *ties* can be used to refer to a third person's sister. It often seems to Esperanto speakers that the language has amazing structures built into it just waiting to be discovered.

11.27 Now let us look at a few more simple prepositions:

per - by means of
preter - beyond, straight past
super - above
tra - through
trans - across, on the other side of

When we add *-anto* to *per*, we get *peranto*, an agent. This is the source of the Esperanto saying *Esperanto, edzperanto*, "Esperanto (is) a matchmaker." Many Esperantists have found more than just a convenient solution to the world's language problems while attending meetings and congresses!

Preter and *trans* may be followed by the nominative or the accusative, with the usual distinction in meaning: *Li kuris preter la arbaro*, "He ran (in a place) beyond the woods;" *li kuris preter la arbaron*, "He ran (*to* a place) beyond the woods." *Ni promenis trans la rivero*, "We walked (in a place) across the river;" *ni promenis trans la ponton*, "We walked across the bridge."

Super and *tra* are not followed by the accusative. In the case of *super*, the idea of *place where* is foremost. *Tra* already has the sense of *motion toward* in it, so the accusative would be superfluous.

11.28 Here are some further compound prepositions using *de*:

    malproksime de - far from
    aparte de - apart from
    (mal)dekstre de - on the right (left) of
    depende de - depending on
    ekskluzive de - exclusive of
    fare de - done by
    fine de - at the end of
    flanke de - at the side of
    helpe de - with the help of

11.29 Prepositions show the relationship of *nouns* to each other and to the sentence. *Conjunctions* serve to relate parts of the sentence to one another. Below are examples using *ĉar* (because), *kvankam* (although), and *por ke* (in order that):

    Li studas Esperanton ĉar li intencas vojaĝi.
He is studying Esperanto because he intends to travel.
    Kvankam mi estis laca, mi ellitiĝis.
Although I was tired, I got out of bed.
    Ŝi skribis mesaĝon por ke vi ne forgesu.
She wrote a note so that you would not forget.

(Note the use of the *u*-form; *por ke* contains the idea of a wish or desire in it.)

The connector *ke* can be used to create further conjunctions: *krom ke*, besides (the fact that), *supoze ke* (supposing that), and so on.

    Krom ke li ne naĝas, al li ne plaĉas la marbordo.
Besides (the fact that) he does not swim, he just does not like the seashore.
    Montru al mi la poŝtkarton, supoze ke vi ankoraŭ havas ĝin.
Show me the postcard, supposing that you still have it.

11.30 Prepositions also occur as verbal prefixes. Taking the basic verb *veni*, we have the forms *kunveni* (to meet), *reveni* (to come back), *alveni* (to arrive), *deveni* (to come from, originate in), *elveni* (to come out), *interveni* (to intervene), and so on.

These verbs with a preposition as a prefix can then take an

amikinon kaj la patrinon de sia amikino, becomes *Ana vizitis sian amikinon kaj ties patrinon*. (Ana visited her friend and her--the latter's--mother.)

10.21 If we wish to turn adjectives into nouns, we have several nuances among which to choose. The basic form simply replaces the adjectival *-a* with the noun-ending *-o*: *bono* (goodness), *verdo* (the color green). If what we have in mind is a "concrete manifestation" of the adjectival quality, then we use *-aĵo*: *bonaĵo* (a good thing, something good), *verdaĵo* (a green thing, something green). If, on the other hand, we wish to refer to the abstract idea inherent in the adjective, we will use *-eco*: *boneco* (the abstract quality of goodness), *verdeco* (greeness). From this quick sample, you can further appreciate the flexibility and richness of the Esperanto vocabulary.

10.22 By using the two verbal suffixes *-igi* (cause, make) and *-iĝi* (become), we can create verbs from adjectives:

blu-a	> *bluigi*	- to make something blue
	> *bluiĝi*	- to become/turn blue
bel-a	> *beligi*	- to beautify
	> *beliĝi*	- to become beautiful
grand-a	> *pligrandigi*	- to enlarge
	> *pligrandiĝi*	- to become bigger

These verbs can then yield further adjectives, once more enriching the vocabulary without imposing a strain on the memory. For example, from the adjective *kontenta* (happy, satisfied) we can create the verb *kontentigi* (to make happy, to satisfy), and from this verb, we can derive the adjective *kontentiga* (satisfying). Compare these examples:

kontenta kato - a satisfied cat
kontentiga rezulto - a satisfying result
ĝoja kanto - a joyful song
ĝojiga kanto - a song which causes joy

As you read in Esperanto, try to acquire the habit of noticing the affixes which add nuances to the words.

10.23 An excellent way to build up your vocabulary is to make full use of Esperanto's remarkable system for deriving words from other words. You can create verbs from prepositions and prefixes, for example, by using the suffixes *-i, -igi* and *-iĝi*:

per	> *peri*	- to act as go-between
sub	> *subigi*	- to make...submit
trans	> *transigi*	- to send across
	> *transiĝi*	- to go across

dis- > *disigi* - to separate something
　　　 > *disiĝi* - to come apart
eks- > *eksigi* - to dismiss from office
　　　 > *eksiĝi* - to retire, take leave

10.24 Now here are some compound prepositions which use *kun*:

kompare kun - compared with
kune kun - together with

The use of *kune* is the standard expression for "together." Compare *ili kunlaboras*, they collaborate, and *ili laboras kune*, they work together.

10.25 And the following are further compound prepositions using *al* or *de*:

fronte al - in the face of
vidalvide al - vis-à-vis
inkluzive de - inclusive of
kondiĉe de - on the condition of
okaze de - at the occurrence of
rezulte de - with the result of
sekve de - pursuant to, following from

Ekzercaro

10.26 Using the following words, form abstract nouns with *-eco*. Compare the straightforward nature of word-building in Esperanto with the more complicated English forms.

1. patrino
2. reĝo (king)
3. ano (member)
4. pasinta (past)
5. libera (free)
6. maljuna
7. riĉa
8. sola (alone)
9. klera (cultured)
10. blanka

10.27 Using *-em-* (tend to), create three words from the following roots: an adjective (*-ema*), a noun (*-emo*), and a noun for the person who embodies these qualities (*-emulo/-emulino*). Now for the fun part: see if you can find English equivalents for each creation!

1. *help-* (help)
2. *kompren-* (understand)
3. *fid-* (trust)
4. *festen-* (banquet)
5. *ŝerc-* (joke)
6. *pac-* (peace)

10.28 Here are some words which were created using the suffix *-inda* (worthy of being...). See if you can find an English version for each one.

accusative:
Ili suriras la ĉevalon.
They get on the horse.
Ni eniris la ĉambron.
We entered the room.
The preposition *el* often has the sense of "completely, thoroughly, etc.":
La porkoj elmanĝis la pomojn.
The pigs ate the apples all up.
Jano ellaboris la planon.
Yano worked out the plan.
Eltrinku, kamaradoj!
Drink up, comrades!
11.31 On occasion it will be necessary to use more than one preposition at a time. In this case, each preposition is written as a separate word:
Ni elektis nian estron el inter la laborantoj.
We elected our leader from among the workers.
La kanguruo saltis ĝis super niaj kapoj.
The kangaroo jumped (to a place) above our heads.
At times, we will also use a preposition twice, once as a verbal prefix and once as a preposition:
Mi kunlaboras en la lernejo kun aliaj profesoroj.
Ili alvenis al la urbo tre malfrue.

Ekzercaro

11.32 Below you will find some statements. Put *se* in front of each one, changing the verb to the *conditional* form, then imagine the rest of the sentence. *Ekzemple: Tiu ĉi knabino neniam purigas sian ĉambron! > Se tiu ĉi knabino purigus sian ĉambron, mi donus al ŝi vortaron Esperanto-anglan!*
1. La hundo neniam silentas!
2. La najbaroj neniam invitas min vespermanĝi kun ili.
3. Vi neniam pagas kiam ni iras al restoracio.
4. La kato neniam vidas la musojn en la subteretaĝo. (*sub-ter-etaĝ-o* - basement)
11.33 Now try completing these sentences using *kvazaŭ* and the *conditional*. *Ekzemple: Ili dancas > Ili dancas kvazaŭ ili ŝatus danci!*
1. Li aspektas... (*aspekti* - to have the appearance)
2. Vi parolas...

3. La monstro atakis...

4. Ŝi kisis la hundidojn...

11.34 Below are some requests and statements made in a rather bald fashion. Rewrite them using the *conditional* to form more polite statements.

1. Karlo volas rigardi la fotojn.
2. Ni aĉetas tiujn ĉi fruktojn.
3. Mi povas malfermi la fenestron.
4. Onklo Mateo klarigas tion por vi. (*klar-ig-i* - to explain)
5. Mia fratino deziras konatiĝi kun vi. (*kon-at-iĝ-i* - to become acquainted)

11.35 Here are some sentences with verbs in the simple past form (*-is*). Replace this by a compound form using *esti* and *-inta*. Try using *estas*, *estis*, and *estos* to test the different meanings. *Ekzemple: Mi legis > Mi estas/estis/estos leginta.*

1. Ana preparis la manĝon.
2. La gefratoj ludis en la ĝardeno.
3. La trajno alvenis frue.
4. La najbaroj foriris ĉi-matene.
5. Kiu vidis la akcidenton?

11.36 As you know, the combination of *estus* and *-inta* describes one of those bitter-sweet contrary to fact conditions so popular with songwriters and novelists. Here are some conditional sentences where the possibilities are still open. Change them to regretful laments! *Ekzemple: Se ŝi venus, Karlo kisus ŝin > Se ŝi estus veninta, Karlo estus kisinta ŝin! Ho ve!*

1. Se vi lernus Esperanton, vi povus paroli kun Ana.
2. Se la sinjoro prenus la buson, li vidus sian amatinon.
3. La nacioj de la Tero komprenus unu la alian, se ili uzus Esperanton.
4. Mi gajnus la unuan premion, se mi ĉeestus la kunvenon.

11.37 If that last exercise left you depressed, why not try forming number-compounds with *-ope*? Then think about the meaning ("at a time, together").

1. unu	4. kvin
2. dek	5. ses
3. dudek	6. mult-a

11.38 Now figure out how many of each thing each person or animal had. Use *po* in your answer.

1. Kvar knaboj manĝis dek-du sandviĉetojn. Kiom da sandviĉetoj

ĉiu knabo manĝis, se ĉiu knabo manĝis la saman kvanton?
2. Ok katoj manĝis dek-ses ratojn. Se ĉiu kato manĝis la saman kvanton, kiom da ratoj ĉiu kato elmanĝis?
3. Tri sinjoroj aĉetis naŭ botelojn da vino por kvardek-kvin dolaroj. Do, kiom da boteloj ĉiu sinjoro aĉetis, se ili samkvante aĉetis, kaj kiom da mono ĉiu elspezis, se ĉiu samkvante elspezis? (*samkvante* - at the same quantity; *el-spez-i* - to spend)

11.39 Try using the suffix *-um-* to create nouns and verbs from the following words.
1. *kolo* - neck > collar?
2. *mano* - hand > cuff?
3. *palpebro* - eyelid > to blink?
4. *brako* - arm > to embrace?
5. *butono* - button > to button up?
6. *sapo* - soap > to lather up?

11.40 Starting with the following basic verbs, add the prepositions suggested in parentheses as prefixes, then consider how the meaning changes.
1. *iri* - to go *(al, sub, en, for, kun)*
2. *teni* - to hold *(re, de, sub)*
3. *diskuti* - to discuss *(re, pri, kun, el)*
4. *spezi* - to transfer money *(el, en)*
5. *meti* - to put *(sur, de, sub, re, kun)*
6. *ĵeti* - to throw *(re, sur, dis, al, de)*

Note that the verb *spezi* has no exact English version. The basic idea is "to transfer money," either into (*en-*) or out of (*el-*) an account. A club might hear a report about *enspezoj* (money received) and *elspezoj* (money spent).

Legaĵoj

11.41 Jen kelkaj proverboj, kiuj eble ŝajnos al vi iom strangaj!
1. *Rulanta ŝtono ne postlasas adreson.*
2. *Ni bruligos tiun ponton, kiam ni tien alvenos.*
3. *Birdo ĉe danco, sciuro en tranco.*
4. *Se hodiaŭ vi ne sukcesas, faru morgaŭ ion alian.*
5. *Guton post guto subakviĝas la ŝafo.*
6. *Sufiĉe estas jam tro.*

Nun, jen pli kutimaj diroj:

7. *Belaj rakontoj trans la montoj...* (Tion oni diras, kiam temas pri io, kion oni ne povas konfirmi.)
8. *Eĉ guto malgranda, konstante frapante, traboras la monton granitan.* (Persisteco havos rezulton.)
9. *En la tago de Sankta Neniamo...* (Oni ne kredas, ke tio okazos.)
10. *Estas tubero en la afero.* (Oni vidas malfacilaĵon.)

Kaj, fine, jen kelkaj el la *Maksimoj* de la Franco, La Rochefoucauld (*la roŝfuko*):

11. *Nin hontigus niaj plej belaj faroj, se la mondo vidus la motivojn ilin produktintajn.*
12. *Pli honta estas malfidi je niaj amikoj, ol trompiĝi de ili.*
13. *La menso estas ĉiam la trompito de la koro.*

Vortolisteto:

rul-ant-a	- rolling
post-las-i	- to leave behind
brul-ig-i	- to set on fire, to burn
pont-o	- bridge
sciur-o	- squirrel
gut-o	- a drop
ŝaf-o	- a sheep
tro	- too much
tra-bor-i	- to bore through
granit-a	- made of granite
neniam-o	- < neniam, "never"
tuber-o	- lump, bump
hont-ig-i	- to shame (someone)
far-o	- a deed, an action
hont-a	- shameful
mal-fid-i	- to distrust
tromp-iĝ-i	- to be fooled
mens-o	- the mind
tromp-it-o	- the fool, the tricked one

11.42 *La Sciuro kaj la Volpo*

Foje sciuro loĝis en la sama loko kun tre fama volpo. Tagon post tago, la sciuro vidis la aliajn volpojn, kiuj iris vespermanĝi kun la fama volpo. Kaj tagon post tago, la sciuro deziris ankaŭ invitiĝi.

Fine, dum sezono, kiam la ĉasaĵo mankis, la fama volpo lernis pri la deziro de la sciuro. Sekve, la volpo eksciis, kiel li provizus la ĉi-vesperan manĝon.

Tre ĝoje la sciuro ricevis la invitkarton de la volpo. Tamen, ĝi baldaŭ komprenis, ke ĝi invitiĝis, ne al la tablo, sed por la tablo.

Ofte tiu, kiu nove alvenas, ne komprenas ĉiujn regulojn kaj kutimojn, per kiuj oni ordigas la ludon.

Vortolisteto:

sciur-o	- squirrel ("stsee-OO-roh")
volp-o	- fox
invit-iĝ-i	- to become invited
ĉas-aĵ-o	- game (animals)
mank-i	- to be lacking
sekv-e	- consequently
ek-sci-i	- suddenly know
proviz-i	- to provide
nov-e	- newly, recently
regul-o	- rule
kutim-o	- custom
ord-ig-i	- to put in order, organize
lud-o	- a game

Noto: Kiam oni deziras diri "day after day," "hour after hour," oni uzas la *akuzativan formon* antaŭ post: *tagon post tago, horon post horo.*

Demandaro:

1. Kia volpo loĝis samloke kun la sciuro?
2. Kial aliaj volpo iradis ĉe la fama volpo? (*ir-ad-i* - to go frequently, to keep on going)
3. Kion volis la sciuro?
4. Kial fine la volpo malfacile provizis manĝaĵon al siaj invititoj? (*provizi* - to provide)
5. En kiu sezono la ĉasado estus malfacila?
6. Kian karton la sciuro ricevis de la volpo?
7. Kial la sciuro invitiĝis?

11.43 Ĉu la Ĉevalo Scipovos Paroli?

Dum la reĝado de la franca reĝo Ludoviko Dek-kvara, estis negrava noblulo, kiun oni akuzis pri ŝtelado. Post mallonga proceso, li estis kondamnita al morto.

La timoplena ŝtelisto petis la helpon de ĉiuj siaj amikoj, por ke li ne mortu sub la gilotino. Fine, riĉa noblulo propetis por li kun la reĝo, kaj la kondamnito vokiĝis antaŭ Ludoviko.

"Reĝa Moŝto," komencis la kompatinda--sed malsincera--ŝtelisto, "se vi akceptus ne mortigi min, mi promesas ke, post unu jaro, mi instruos la parolarton al via plej amata ĉevalo!"

"Kio?" ekkriis la reĝo. "Neniu ĉevalo ĝis nun neniam sukcesis paroli. Ĉu vi estas ankaŭ sorĉisto?"

"Neniel, Reĝa Moŝto!" tuj respondis la kondamnito. "Mi deziras nur daŭre vivi ĝis natura--kaj ne tro baldaŭa--morto."

"Do, mi akceptas vian proponon. Instruu la parolarton al mia ĉevalo, por ke, post unu jaro, ĝi povu paroli en bona franca lingvo, kaj mi pardonos vin, redonante al vi vian mizeran vivon."

"Koran dankon, Reĝa Moŝto," la ŝtelisto diris kiel li malantaŭen paŝis el la reĝa salono.

"Ĉu vi estas frenezulo?" demandis lia nobla amiko al la ŝtelisto, kiam ili estis denove en la koridoro. "Vi neniam povos instrui la parolarton al ĉevalo!"

"Kiu povas antaŭvidi la estontecon?" responde demandis la ŝtelisto. "Dum tiu ĉi jaro, eble mi mortos, aŭ la reĝo mortos, aŭ--kiu scias?--la ĉevalo lernos kiel paroli!"

SEMINARIA SUBTEMO:

Ĉu esperanto povas esti minaco kontraŭ la malgrandaj lingvoj?

Vortolisteto:

reg-ad-o	- reign
reĝ-o	- king
Ludoviko Dek-kvara	- Louis XIV
nobl-ul-o	- nobleman
ŝtel-ad-o	- theft, stealing
proces-o	- trial ("proh-TSEH-soh")
timo-plen-a	- fearful
pet-i	- to petition, seek
gilotin-o	- *franca mortigilo*
kondamn-it-o	- condemned person
vok-iĝ-i	- to be summoned
moŝt-o	- general honorific title
parol-art-o	- art of speech
sorĉ-ist-o	- sorcerer, magician
propon-o	- proposal
antaŭ-vid-i	- to foresee

Demandaro:

1. Pri kio oni akuzis la noblulon?
2. Kaj tio okazis dum la reĝado de kiu reĝo?

3. Kiel rezultis la proceso?
4. Kiel la kondamnito devus morti?
5. Kion la ŝtelisto proponis al la reĝo?
6. Kial la propono estis ŝoka? (*ŝoka* - shocking)
7. Kion decidis la reĝo?
8. Laŭ la kondamnito, kio povos okazi?

11.44 *Hundo kaj Osto*

Iun matenon, malgranda hundo feliĉe trotis laŭ arbara vojo. En la buŝo ĝi havis viandan oston, kaj ĝi pensis nur pri tiu. Post iom da tempo, la hundo venis al rivereto. Rigardante maldekstren, ĝi vidis etan ponton, kiu transiris la fluantan akvon.

Nu, la ponto estis el ligno konstruita, krute arkante super la rivereto. La hundo marŝis sur la ponton kaj supreniris ĝis ties centro. Tie, la hundo paŭzis, kaj rigardis en la klaran akvon.

Ho! Kio estis tie, en la akvo? Ĉu ne estis *alia* hundo, kun *alia* alloganta osto? Kaj ĉu *tiu* osto ne estis pli vianda, pli bongusta, ol la osto, kiun la hundo nun havis en la buŝo? Certe jes! Do, kiel ĝin akiri? Nur per la plej hunda maniero!

Senaverte, la hundo laŭte ekbojis kontraŭ la hundo en la akvo. Sed bedaŭrinde, kiam la surponta hundo ekmalfermis la buŝon por boji, ĝi lasis fali la enbuŝan oston. Plaŭde la vianda osto subakviĝis, ĉiame perdita.

La hundo, ne komprenante, kio okazis, rigardis dum kelkaj minutoj la grandiĝantajn rondojn sur la supraĵo de la rivereto. Poste, ĝi fortrotis, ankoraŭ pensante al tiu osto bongusta.

Vortolisteto:

ost-o	- bone
trot-i	- to trot along
viand-a	- meaty
flu-ant-a	- flowing
lign-o	- wood
krut-e	- steeply
ark-ant-e	- arcing
al-log-ant-a	- attractive
akir-i	- to acquire
sen-avert-e	- without warning
boj-i	- to bark
sur-pont-a	- *kio estas sur la ponto*
las-i fal-i	- to drop (let fall)
en-buŝ-a	- *kio estas en la buŝo*
plaŭd-e	- with a splash

sub-akv-iĝ-i	- *malaperi sub la akvon*
ĉiam-e	- forever
perd-it-a	- lost
supr-aĵ-o	- surface

Demandaro:
1. Kie trotis la hundo?
2. Kion ĝi kunportis?
3. Kia ponto transiris la rivereton?
4. Kion la hundo vidis en la akvo?
5. Kian oston tiu ĉi alia hundo havis?
6. Kiel la surponta hundo reagis? (*re-agi* - to react)
7. Kio okazis, kiam la hundo malfermis la buŝon?
8. Ĉu la hundo komprenis, kio okazis?

11.45 *La mulao Nasredeno Hoĝa kaj la Viandrostisto*

Iun posttagmezon, la benita mulao Nasredeno Hoĝa promenis tra mallarĝaj stratetoj de la centra vendoplaco, parolante kun siaj multaj konatoj kaj ĝuante la belan veteron. Subite, li aŭdis kriojn de la proksima stratangulo, kaj alkuris por scii, kio okazis.

Tie, malriĉulon manfrapis viandrostisto antaŭ sia vendejo, laŭte kriante, "Fiviro! Malbona ŝtelisto!"

La kompatinda malriĉulo defendis sin kiel li povis kontraŭ la batopluvo, sed la rostisto daŭrigis sian atakon.

Alveninte al la loko, Hoĝa ekkaptis la manon de la frapanto. "Kial vi batas tiun ĉi fraton?" Hoĝa demandis.

La viandrostisto, retirante sian manon, respondis, "Tiu ĉi viraĉo estas ŝtelisto! Li meritas la punon!"

"Ŝtelisto?" demandis Hoĝa. "Kion li ŝtelis?"

"Aŭskultu, mulao," diris la viandrostisto, "ĉiun tagon, tiu ĉi viro venas kaj staras antaŭ mia vendejo. Kaj, starante ĉi tie, en la strato, li daŭre *flaras* la aromon de la rostaĵ viandoj."

"Mi...mi nur flaras ĉar mi ne havas la monon por aĉeti viandaĵon," eksplikis la surtera malriĉulo.

"Ha! Nun vi ŝuldas al mi la koston de via flarado!" kriis la viandrostisto.

Nun Nasredeno Hoĝa pripensis la aferon, rigardante jen la viandrostiston, jen la malriĉulon. Post kelkaj minutoj, li diris, "Mi havas nur unu demandon, viandrostisto: ĉu la malriĉulo rajtas gustumi la viandon, kiun li flaris?"

"Certe ne!" diris la viandrostisto.

"Do, jen mia decido: Vi ja pravas, viandrostisto, ke tiu ĉi malriĉulo ŝuldas al vi pro sia flarado."

"Ha! Mi sciis, ke mi pravis! Dankon, mulao! Vi estas honorinda kaj saĝa!"

"Sed mi ne havas monon!" diris la malriĉulo.

"Jen por vi," diris Hoĝa, donante etan monujon al la viro. "Ĝi enhavas monerojn sufiĉajn por pagi vian ŝuldon."

Hoĝa frapis la monujon per la mano kaj la moneroj tintis alloge.

Avare, la viandrostisto etendis la manon por preni la monerojn. Tiam, Nasredeno Hoĝa frapis lian manon. "Atendu, mi petas!" diris la mulao al la viandrostisto. "Kiel vi diris vi mem, ĉi tiu viro ne rajtis gustumi la viandon, kiun li flaris. Do vi ankaŭ ne rajtas tuŝi la monerojn. Vi rajtas nur aŭskulti ties tintadon!"

La spektantoj ĉiuj ridis, kaj la viandrostisto malaperis en la vendejon. Nasredeno Hoĝa donis la duonon de la moneroj al la malriĉulo kaj foriris, laŭdante Alahon.

Vortolisteto:

ben-it-a	- blessed
mal-larĝ-a	- narrow
ĝu-ant-e	- enjoying
aŭd-i	- to hear
al-kur-i	- to run toward
mal-riĉ-ul-o	- poor man
man-frap-i	- to strike with the hand
viand-rost-ist-o	- a meat-roaster
fi-vir-o	- reprehensible man!
bato-pluv-o	- rain of blows
re-tir-ant-e	- pulling back
vir-aĉ-o	- beastly man, scoundrel
pun-o	- punishment
flar-i	- to smell (something)
arom-o	- odor, aroma
jen...jen	- now (one)...now (the other)
gust-um-i	- to taste (something)
tint-i	- to jingle
al-log-e	- attractively
avar-e	- greedily
etend-i	- to stretch out
laŭd-ant-e	- praising

Demandaro:

1. Kiaj estis la stratoj de la urbo, en kiu loĝis Hoĝa?
2. Kion faris la mulao?
3. Kion li aŭdis?

4. Kiam la mulao alvenis antaŭ la vendejo, kion li vidis?
5. Kion la malriĉulo estis farinta?
6. Kion la rostisto deziris?
7. Ĉu la malriĉulo rajtis gustumi la flaritan viandon?
8. Do, kion rajtis la rostisto?

11.46 *Respondo de "solvenda problemo" (10.32)*
Procedu jene: Unue, plenigu la kvinlitran ujon. Poste, verŝu en la trilitran ujon. Kompreneble, du litroj restos en la kvinlitrujo. Tiam malplenigu la trilitrujon--verŝu la lakton denove en la grandan laktujon--kaj verŝu la du litrojn el la kvinlitrujo en la trilitrujon. Nun replenigu la kvinlitrujon el la granda laktujo. Fine, plenigu la trilitrujon--kiu ja entenas du litrojn de lakto--el la kvinlitrujo. Restos *kvar litroj* en la kvinlitra ujo!

Vortolisteto:

proced-i	- to proceed
plen-ig-i	- to fill
kvin-litr-a	- five-liter
verŝ-i	- to pour ("VEHR-shee")
mal-plen-ig-i	- to empty
en-ten-i	- to contain

11.47 *Solvo de "Eksplikenda situacio) (10.33)* La viro ludis je *Monopolo*, populara ludo.

La Kulturo

11.48 Not all Esperanto organizations are neutral in their approach to using the language; some have definite ideologies as part of their programs. This is the way Dr. Zamenhof thought of Esperanto. He gave it to the world as a tool for international cooperation, and accepted the notion that not everyone who used Esperanto would be strictly non-dogmatic. The organizations listed in the following sections work under the umbrella of UEA, but are listed as *neneŭtralaj organizoj*.

11.49 The *Bahaa Esperanto-Ligo* (pro. "bah-HA-ah") was formed by the international Bahá'í movement, a religious group whose beliefs are based on the teachings of Bahá'u'lláh (1817-1892). Among the chief beliefs of Bahá'ís is that the world needs a universal auxiliary language, and Esperanto is specifically mentioned in the Bahá'í writings. To contact this group, write to:

Bahaa Esperanto-Ligo

c/o 2947 Tilden St. NW,
Washington, DC 20008

11.50 For Buddhists, the *Budhana Ligo Esperantista* is working to translate major works into Esperanto, and to encourage Esperantists to read the teachings of the Buddha. The Buddhist ideals of tolerance and peacefulness find easy acceptance in Esperantist circles. The *Ligo* publishes the *Budhana Kuriero*. Contact them at: Pf. 1252, D-7822 St. Blasien, Germany.

11.51 The *Internacia Katolika Unuiĝo Esperantista* and the *Kristana Esperantista Ligo* represent the interests of both the Catholic church and the evangelical Protestant denominations. For the *Unuiĝo*, the central office is at Via Francesco Berni 9, I-00185 Roma, Italy. The *Ligo* can be contacted at Weerdestein 43, 6714 CJ Ede (Gld.), The Netherlands. Both organizations aim at spreading Christian thought and teachings using Esperanto.

SCIENCO POR LA PACO:

Sen prospero, neniu paco; sen scienco, neniu prospero

11.52 There is also a *Kvakera Esperantista Societo*, representing the Religious Society of Friends (Quakers). Through correspondence, literature, and meetings, the *Societo* attempts to widen knowledge about Quakerism. An up-to-date address is available through UEA.

11.53 Se plaĉas al vi kanti, lernu do kelkajn kantojn en Esperanto! Poste, vi estos pli kuraĝa, kiam vi parolos, kaj vi ankaŭ amuziĝos! Sekvas du kantoj, kies melodioj estas eble konataj de vi. La unua kanto venas el la latina lingvo; la dua, el la angla.

Ĝoju, fratoj! (**Gaudeamus igitur**)

Tiu ĉi kanto, nomita *Kanto de Studentoj*, troviĝas en la *Fundamenta Krestomatio*, la unua kolekto de literaturaj ekzemploj, kiun faris Doktoro Zamenhof. Ĝi devenas de malnova latina trink-kanto, antaŭe amata de universitataj studentoj. Ĝia melodio troviĝas ankaŭ en la *Uverturo por*

Akademia Festivalo de Brahms (*Academic Festival Overture*).

Ĝoju, fratoj, ĝoju ni,
Dum ni junaj estas!

Post plezura estanteco,
Post malgaja maljuneco,
Sole tero restas! (*dufoje*)

Vivo nia kuras for,
Kuras ne tenate.
Kaj subite morto venos
Kaj rapide ĉiun prenos,
Ĉiun senkompate! (*dufoje*)

Vivu la Akademi',
Kaj la profesoroj!
Vivu longe kaj en sano
Ĉiu akademiano!
Vivu sen doloroj! (*dufoje*)

Vortolisteto:

goj-i	- to rejoice
est-ant-ec-o	- the present
sol-e	- only
ter-o	- earth, ground
rest-i	- to remain
for	- away
ten-at-e	- being held
subit-e	- suddenly
sen-kompat-e	- without compassion
viv-u	- long live!
akademi-o	- Academia, the University
dolor-o	- pain

Klementin' (Clementine)

En kaverno, en kanjono
Laborante en la min'
Estis patro, vere mastro
De filino Klementin'.

(*rekantaĵo*)
Mia kara, mia kara,
Mia kara Klementin'!
Vi perdiĝis nun ĉiame,
Bedaŭrinde, Klementin'!

Anasidojn al la akvo

Ŝi kondukis laŭ rutin',
Falis glite, kaj subite
Subakviĝis Klementin'!

Bobelsone el la buŝo
Ŝi nun kriis, "Helpu min!"
Mi kuraĝas, sed ne naĝas
Tiel dronis Klementin'

En la sonĝoj si aspektas
Tre ampleksa marvirin'
Faras geston, kissugeston,
Sed ne dankon, Klementin'!

Vortolisteto:

kavern-o	- cave, cavern
kanjon-o	- canyon
min-o	- a (gold, coal) mine
mastr-o	- master
kar-a	- dear, beloved
perd-iĝ-i	- to become lost
ĉiam-e	- forever
re-kant-aĵ-o	- a refrain
anas-id-o	- duckling
konduk-i	- to lead
rutin-o	- routine
fal-i	- to fall
glit-e	- by slipping
sub-akv-iĝ-i	- to go under water, submerge
bobel-son-e	- making bubble-sounds
kuraĝ-i	- to be courageous
dron-i	- to drown
sonĝ-o	- a dream (during sleep)
aspekt-i	- to have the appearance
ampleks-a	- extensive, more-than-ample
mar-vir-in-o	- mermaid
gest-o	- a gesture
kis-sugest-o	- the suggestion of a kiss

Leciona Vortolisto

abstin-ul-o	- teetotaler, non-drinker
akcident-o	- accident, mishap
aprob-i	- to approve
atak-i	- to attack
bend-o	- a tape
ĉe-est-i	- to attend, be present at
dat-re-ven-o	- an anniversary ("date-come-back")
disko-klub-o	- discotheque ("record-club")
el-labor-i	- to work out (a plan, etc.)
el-manĝ-i	- to eat up
el-trink-i	- to drink up
flug-il-o	- a wing
gajn-i	- to win
gast-i	- to stay as a guest
-hav-a	- equipped with, having
intenc-i	- to intend
ir-ad-i	- to keep on going (-ad-)
klar-ig-i	- to explain, make clear
kon-at-iĝ-i	- to become acquainted
kvankam	- although
kvant-o	- quantity
kvazaŭ	- as if, as though
lac-a	- tired
mal-long-a	- short, brief
najbar-o	- neighbor
-op-	- at a time, taken together (with numbers)
per-ant-o	- agent
pica-o	- a pizza
po	- at the rate of; each
poŝt-kart-o	- postcard
premi-o	- a prize
prepar-i	- to prepare
pur-ig-i	- to clean
respond-il-o	- answering machine
restoraci-o	- restaurant
sam-a	- same
son-bend-o	- audio tape ("sound-tape")
spez-i	- to transfer money
sub-ter-etaĝ-o	- basement
sur-bend-ig-i	- to record on tape
ŝok-a	- shocking

ŝton-o	- stone
-um-	- suffix of indefinite meaning
unu la alia(n)	- one another
uz-i	- to use
voj-o	- road, way
vort-ar-o	- dictionary ("word-collection")

Angla-lingva traduko de la konversacioj:

11.1 At an international meeting of teachers, Peter Yankavits is conversing with two foreigners: Mao Mei-Lin and Ludwig Zalern.

P: "Hello! My name is Peter Yankavits, and I am from Slovakia."

M: "It's a pleasure, Sir. I am Mao Mei-Lin from the People's Republic of China. Have you met Mr. Zalern?"

P: "Unfortunately not."

L: "Ludwig Zalern, from Germany."

P: "I am pleased to meet you, Sir. From where in Germany do you come?"

L: "I am from Munich, Sir. And you?"

P: "I was born in Prague, but now I am living in Bratislava. And you, Miss Mao, from where in China do you come?"

M: "I am from Shanghai, Sirs, a large city in the southern part of my country."

11.2 In a bar, Maria is speaking with friends about their social status: married or not.

M: "Ana, are you still married?"

A: "Of course! In fact, our fourth wedding anniversary will occur this Monday."

M: "Congratulations! Where did you get married?"

A: "Here, in the city. Our wedding did not take place in a church, but in a public park."

M: "And you, Steven, are you someone's husband?"

S: "Oh, not at all, Maria! I am still a bachelor!"

A: "Don't you have a fiancée?"

S: "No, only a girlfriend. Up until now, we have not even discussed getting engaged, let alone speaking of a possible wedding!"

A: "And you, Maria, you are married, right?"

M: "Yes, and today, actually, is the anniversary of that terrible day! In fact, I know that my in-laws are waiting for me at home with my dear husband. That's why I am sitting here with you!"

S: "Why was your wedding day terrible?"

M: "Because the wedding took place outside during a rainy day. We were all soaked! And afterwards most of the guests got completely drunk. Woe is me! What a failure!"

A: "Nevertheless, you are still married. How many years already?"

M: "Fifteen years already. You're right, Ana. Excuse me, I have to go home now."

11.3 At a hotel, Purma and Maliki want to rent a room. They are talking to the hotelkeeper.

H: "Good day, ladies! How may I serve you?"

P: "We would like a room, Sir."

H: "Certainly. For how many people?"

P: "There are two of us."

H: "For how many nights?"

M: "For three nights."

H: "Would you prefer a double bed or two singles?"

P: "We would prefer two beds, Sir. And a bathroom with a shower."

H: "We have two rooms available: one on the second floor, and one on the tenth floor. Just between us, let me suggest the one on the tenth floor; the view from there is marvelous."

M: "Is there an elevator?"

H: "Yes, of course."

M: "Then we would like the room on the tenth floor, as you suggested."

11.4 What would you like to do? Alex, Machiko, and Nunya discuss their ideas for the evening.

A: "So, what would you like to do this evening?"

M: "Tonight, I would gladly go to see a film at the movies."

N: "Perhaps we could do that. Do you have a newspaper?"

A: "No, but I could call the theaters to find out what they're showing."

N: "Or we could go to a dance."

M: "I would prefer to go to the movies. I don't like discotheques."

A: "Perhaps it would interest you to go shopping in the new mall."

N: "It would certainly please me, however it's Saturday, and the shops will be closing at six."

M: "If we will not go to the movies, let's stay at home then and let's watch a film on cassette."

A: "Good idea! It would be less expensive, and I could order two or three pizzas."

N: "Wouldn't you prefer popcorn?"
M: "We could have both, right?"

12. LA DEK-DUA LECIONO
Konversacioj

12.1 *Aldo kaj Katerina, turistoj, petas informojn de preterpasanto (P).*

A: "Pardonu min, Sinjoro..."

P: "Jes, kiel mi povu helpi vin?"

K: "Ni estas vizitantoj en via urbo, kaj ni ne povas trovi nian hotelon."

A: "Fakte, ni estas serĉintaĵ ĝin en la tuta kvartalo, ĉiam sensukcese."

P: "Kiel do ĝi nomiĝas?"

K: "Hotelo *Magnolio*"

P: "Bone, ni vidu, se mi povas klarigi la ĝustan vojon. Unue, vi devas sekvi tiun ĉi straton ĝis la tria stratangulo.

A: "Jen nia urbomapo. Ĉu vi bonvolus montri la vojon?"

P: "Kun plezuro. Vidu, vi estas tie ĉi, inter la stacidomo kaj la centra vendoplaco. Laŭ mia memoro, via hotelo estas en la strato Jarĉik. Do, vi devas marŝi ĝis la strato Markovo--tie ĉi sur la mapo--kaj poste iru maldekstren laŭ tiu ĉi strato. Transiru la ponton--tie--kaj turniĝu tuj poste sur la straton Komercistoj."

K: "Ĉu dekstren aŭ maldekstren?"

P: "Tion mi ne memoras, nur, ke via hotelo troviĝas ie tie. Iuokaze, kiam vi alvenos al tiu strato, vi povos denove demandi la vojon."

A: "Multan dankon, Sinjoro!"

P: "Ho, tute ne dankinde! Bonan vojaĝofinon!"

Vortolisteto:

preter-pas-ant-o	- a passerby
kvartal-o	- quarter, section of a city
sekv-i	- to follow
urbo-map-o	- city map
staci-dom-o	- railroad station
iu-okaz-e	- in any case
vojaĝo-fin-o	- end-of-your-trip

Demandaro:

1. Al kiu la du turistoj petis informojn?
2. Kion la turistoj serĉadis?

3. Kie ili jam serĉadis?
4. Kiel nomiĝis la hotelo?
5. Kiel la urbano montris la vojon al ili?
6. En kiu strato estis la hotelo?
7. Kion la turistoj devis transiri?

12.2 *En granda stacidomo, Onklo Mateo rakontas al sia nevo Petro sian aventuron dum ili serĉas la ĝustan trajnon.*

P: "Kajo ses, kajo ses...kie diable *estas* tiu ĉi kajo ses?"

M: "Kiun kajon ni serĉas?"

P: "Ses, Onklo, ses! La trajno por Budapeŝto foriros de la kajo ses."

M: "Tiu ĉi stacidomo estas tro granda! Vidu, jen kajo tridek-du!"

P: "Ho ve! Ni estas ĉe la malĝusta flanko de la stacidomo! Ek! Ni marŝu pli rapide, Onklo!"

M: "Mi sekvas vin, Petro. Ho, parenteze, ĉu mi iam rakontis al vi pri mia unua vojaĝo de Parizo al Romo?"

P: "Ne, Onklo, jen *unu sola* rakonto, kiun mi aŭdis neniam antaŭe."

M: "Nu, mi alvenis al la stacidomo precize kiam la trajno estis eliranta. Do, mi saltis en vagonon kaj via onklino ĵetis mian valizon post mi. Nun, tiu ĉi estis noktotrajno, kaj mi tial dormis dum la vojaĝo. La sekvantan matenon, kiam la trajno estis enirinta vastan stacidomon, mi supozis, ke mi estis alveninta Romon."

P: "*Kajo dudek*. Bone, paŝu rapide, Onklo."

M: "Bone. Elvagoniĝinte, mi demandis al iu fervojisto, kie troviĝas la hotelo Tibero. 'En Romo, Sinjoro,' respondis tiu ĉi bonulo. *Kompreneble, li estas idioto*, mi pensis. Tamen, farinte la saman demandon al tri aliaj Italoj, kaj ricevinte la saman respondon, mi komencis kredi ke ĉiuj Romanoj estis idiotoj!

"Fine, iu kafejisto demandis al mi, 'Kie vi pensas, ke vi estas, Sinjoro?' 'En Romo!' mi kriis. Tiam ili ĉiuj ekridis, kaj la kafejisto eksplikis al mi, ke mi estis en Florenco."

P: "Kio? Ĉu vi trafis la malĝustan trajnon?"

M: "Tute ne! Dum la nokto, oni disigis la vagonojn en du trajnojn, unu por Romo kaj la alia por Florenco. Evidente, estis anonctabuloj sur la vagonoj, sed mi tiel malfruis, ke mi ne havis la tempon ilin legi. Do mi hazarde elektis vagonon, kiu iris al Florenco."

P: "Interesa aventuro, Onklo. Nun vidu, jen nia kajo! Ni suriru la trajnon!"

M: "Bone, sed unue ni legu la anonctabulon!"

Vortolisteto:

kaj-o	- (train) platform
kie diabl-e	- where the devil
flank-o	- side
antaŭ-e	- previously
preciz-e	- precisely
el-ir-ant-a	- leaving
ĵet-i	- to throw
valiz-o	- suitcase
la sekvantan matenon	- the next morning
en-ir-int-a	- having entered
vast-a	- huge, vast
el-vagon-iĝ-int-e	- having gotten off the coach
fer-voj-ist-o	- railroad worker
far-int-e	- having made
kaf-ej-ist-o	- cafe worker
traf-i	- to hit the mark, catch (a train, bus, etc.)
dis-ig-i	- to separate
anonc-tabul-o	- a sign
hazard-e	- by chance
sur-ir-i	- to get on (a train)

Demandaro:

1. Kion Onklo Mateo kaj lia nevo serĉis?
2. Kiun kajon ili devis trovi?
3. Apud kiu kajo ili staris komence de la serĉo?
4. Kien la trajno estas veturonta?
5. Ĉe kiu flanko de la stacidomo ili troviĝis?
6. Laŭ la respondo de Petro, ĉu vi opinias, ke Onklo Mateo ofte rakontis siajn aventurojn?
7. Kion faris la trajno, kiam Onklo Mateo estis alvenanta?
8. Kien alvenis Onklo Mateo la sekvantan matenon?
9. Kie li kredis, ke li troviĝis?
10. Kion la fervojistoj estis farintaj dum la nokto?
11. En kiu vagono Onklo Mateo hazarde vojaĝis?
12. Kion sugestis Onklo Mateo, ke ili faru, antaŭ ol suriri la trajnon?

12.3 *Ĉe flughaveno: Latiŝa alvenas sufiĉe frue por sia flugo, sed--kie estas la aviadilo? Vidante neniun ĉe la indikita pordo, ŝi iras paroli al* *deĵoranto de la aerlinio (D).*

L: "Pardonu min, mi petas."

D: "Jes, kiel mi servu vin?"

L: "Mi havas bileton por la flugo naŭcent-sep, ekflugonta je la deka kaj kvindek. Oni indikis al mi la pordon dek-ses, kaj jen mi, sed mi vidas neniun. Estas nur la deka kaj duono, do mi scias, ke mi ne malfruas."

D: "Permesu, ke mi vidu vian bileton, Sinjorino. Ĉu vi konfirmis vian rezervon?"

L: "Jes, tio estas, ke mi konfirmis ĵus antaŭ mia eliro de Bostono. De post tiam, ne."

D: "Hm. Mi rigardas nun la komputeran ekranon, kiu surhavas niajn hodiaŭajn flugojn, kaj mi ne vidas vian flugon. Ho, jes! Jen la flugo. Ĝi ekflugis je la sepa kaj kvindek. Okazis ŝanĝo en la flughoroj. Ĉu oni ne kontaktis vin pri tio?"

L: "Tute ne! Kiam estos alia flugo por Bostono?"

D: "Mi vidu...ne antaŭ la tria posttagmeze. Ĉu vi dezirus, ke mi serĉu flugon kun alia aerlinio?"

L: "Jes, mi petas. Tre gravas, ke mi reiru al Bostono kiel eble plej frue."

D: "Do, estas flugo kun Aer-Plezuro je la dek-unua, surteriĝonta je la tagmezo kaj dek. Ĉu tio konvenas?"

L: "Jes! Jes! Kien mi iru?"

D: "Jen via nova bileto, kaj nun mi telefonu por anonci vian alvenon. Estas la pordo dudek, do ne tro malproksime. Fakte, jen du stevardinoj, kiuj iris tien. Bonvolu iru kun ili."

L: "Dankon pro via helpo!"

Vortolisteto:

deĵor-i	- to be on duty
flug-o	- a flight
aviad-il-o	- aircraft
indik-it-a	- indicated
pord-o	- door, gate
aer-lini-o	- airline
bilet-o	- ticket
ek-flug-ont-a	- about to take off
konfirm-i	- to confirm
reserv-o	- reservation
komputer-a	- computer (adjective)
ekran-o	- screen
ŝanĝ-o	- change

flug-hor-o	- flight time
kiel eble plej frue	- as early as possible
sur-ter-iĝ-ont-a	- which will be landing
konven-i	- to be suitable, acceptable
stevard-in-o	- stewardess

Demandaro:

1. Ĉu Latiŝa alvenis malfrue al la flughaveno?
2. Kiun ŝi vidis antaŭ la indikita pordo?
3. Al kiu do ŝi parolis?
4. Kiun flugon Latiŝa estis prenonta?
5. Sur kiu ekrano la deĵoranto serĉis informojn?
6. Kiam la flugo devis ekflugi? Kiam ĝi tion faris?
7. Kian flugon la deĵoranto serĉis?
8. Ĉu estis alia flugo al Bostono?

Notoj:

1. *Flughaveno* might seem an odd choice for "airport," given the international nature of the latter. In fact, one often hears *aeroporto* in Esperanto. Dr. Zamenhof's Rule 15 states that "foreign words, which...languages have taken from one source, undergo no change [in Esperanto]...beyond conforming to its orthography." So we are entitled to use *aeroporto*. Some people have suggested a compromise with *aerhaveno*, yet *flughaveno* is the traditional term, and there is something oddly attractive about the word.

2. *Deĵoranto*, "a person on duty," is a very useful word. *Kiu deĵoras ĉi-vespere*, is a way of asking who is on duty tonight.

3. For *aviadilo* ("instrument for aviation"), aircraft, we also meet *aeroplano* and the older, charmingly archaic *flugmaŝino*. As you can see, Esperanto is a living, changing language.

Lernindaj Esprimoj

12.4 *Urbaj konstruaĵoj* (Urban buildings)

    nubskrapulo - skyscraper (<*nubo*, cloud + *scrap-ulo*, scraping-one)

    urbodomo - city hall, town hall

    oficeja turo - high-rise office building

    oficeja bloko - office building

    stadiono - stadium

    muzeo - museum

    teatro - theater

koncertejo - concert hall
noktoklubo - nightclub
komerceja centro - a mall
12.5 *La flughaveno kaj la aviadiloj*
   aviadi - *aerveturi*, to go by plane
   aviadilo - airplane, aircraft
   aviadistaro - crew
   aerlinio - airline
   aermalsano - airsickness
   stevard(in)o - steward, stewardess
   piloto (flugestro) - pilot
   jeto - a jet ("YEH-toh")
   flughaveno, aerhaveno, aeroporto - airport
12.6 *La stacidomo kaj la trajnoj*
   kajo - platform
   vagono - train coach
   trajno/vagonaro - a train
   rapida vagonaro - an express train
   manĝovagono - dining car
   litvagono - sleeping car
   sidloko - a seat ("sit-place")
   Ĉu tiu sidloko estas okupata? - Is that seat taken?
12.7 *La Mondo de Elektronikaj Informoj*
   (The World of Electronic Information)
   komputero - computer
   IBM-PC kongrua - IBM-PC compatible ("ee-boh-moh-poh-tsoh")
   klavaro - keyboard
   klavo - (individual) key
   ekrano - screen
   "musumo" - a mouse (*mus-um-o*)
   indikilo - a pointing device
   e-poŝto - electronic mail (*e* = *elektronika*)
   (tele)fakso - fax machine

La Praktiko

12.8 Think about places someone might want to reach near where you live. Using the following directions, help the visitor get there.
   (iru) rekte antaŭen - go straight ahead
   (iru) (mal)dekstren - turn right (left)

transiru - cross
la duan stratangulon - at the second corner
unue - first of all
kaj poste - and then
fine - finally

12.9 *Jen respondoj al viaj demandoj. Nu, kiun demandon vi jam faris?*
(Here are the answers to your questions. Now, what were your questions?)

1. La flugo dudek-tri foriros je la naŭa.
2. Ne, ne estas alia flugo tien hodiaŭ.
3. Jes, bonvolu sidiĝi!
4. Vi devas esti sur la kajo kvin.
5. Tiu ĉi hotelo troviĝas en la strato Karlo.
6. Ĝi alvenas de Budapeŝto.

FORUMO

estas informa, interkonatiga bulteno, kun Beletra Niĉo, aperanta ses fojojn jare.

estas fronto kontraŭ kaj lingva kaj seksa diskriminacio.

estas forumo de Ligo de Sam-seksamaj Geesperantistoj, aktuale legata de lesboj kaj gejoj en 40 landoj.

Por specimena ekzemplero kaj informoj pri LSG bv. sendi i.r.k. al Peter Danning, 68 Church Rd., RICHMOND, Sy, Britio, TW10 6LN.

12.10 *Vortaraj pridemandoj* (Questions about vocabulary): *Pri kiu vorto temas en ĉiu difino?*

1. Veturilo, kiu aere vojaĝas, estas...?
2. Ejo, al kiu venas forflugontoj, estas...?
3. Aron da vagonoj oni nomigas...?
4. Tabulo sur kiu oni povas legi informojn estas...?
5. Trajno, kiu malofte haltas, estas...?
6. Vojaĝante per noktotrajno, ni deziras komforte dormi. Do, ni rezervas lokojn en...?
7. Tre rapida aviadilo, kiu ne havas helicojn, nomiĝas...? (*helico* - propeller, "heh-LEE-tsoh")
8. Dungito, kiu zorgas pri pasaĝera komforto en aviadilo, estas...?

ESPERANTO POR KOMENCANTOJ

(*dung-it-o* - employee, "doon- GHEE-toh")
9. Elektronika ilo, kiu havas ekranon kaj estas hodiaŭe ĉiea, nomiĝas...? (*ĉie-a* - ubiquitous)

La Gramatiko

12.11 To return a moment to the compound verbs with *esti*, we should mention again that, often, the simple form is preferable. *Mi estas parolanta* (I am speaking) is a much more emphatic way of saying *mi parolas*, and should be used sparingly. Look at the following example:

"*Ho, Peĉjo! Ĉu vi dormas?*"
"*Ne, mi estas nun pensanta, ne dormanta.*"

In his answer, it is clear that Peĉjo wants to emphasize his on-going activity, so he uses the compound form. He could just as easily have said "*Ne, mi ne dormas, mi pensas,*" but this would have diminished the sense of on-going action.

In the past forms, very often *-is* is preferable to a compound form. It certainly allows us to get on with the sentence instead of stumbling over long verb forms. Compare the following:

Ili estis alvenintaj, kiam mi telefonis.
Ili jam alvenis, kiam mi telefonis.

In the second example, *jam* shows us the action of *alvenis* precedes that of *telefonis*. We do not need to specify *estis alvenintaj* (were-in-the-state-of-having-arrived = had arrived).

Finally, remember that the *participle* can have a plural form just like an adjective:

Mi estas alveninta > Ni estas alvenintaj

12.12 We used the *active participles* to form the so-called "perfect" tenses (have...ed, had...ed, will have...ed). If we use the *passive participles* after the verb *esti*, we get forms of the *passive voice*. Below are the three passive participles:

present *amata* - being loved
past *amita* - having been loved
future *amota* - about to be loved

The following pairs of sentences will illustrate the difference between *active* and *passive* forms:

La knabo fermis la pordon.
The boy closed the door.
La pordo estas fermita de la knabo.
The door has been closed by the boy.

313

Marko skribos la leterojn.
Mark will write the letters.
La leteroj estas skribotaj de Marko.
The letters will be written by Mark.

You will see that, in each case, the "agent" in the passive is introduced by *de*. If we wish to specify the "instrument" used by the "agent," then we use *per*:

La letero estas skribita de Ana per krajono.
The letter will be written by Ana with a pencil.

In Esperanto, when the agent is not mentioned, it is often better to use the *-iĝ-* suffix rather than the passive forms:

La pordo fermiĝis. La leteroj skribiĝos.

These *iĝ*-forms show us that something happens to the subject, but put aside all question of "agency."

12.13 Occasionaly, the use of *de* to denote the agent of an action may cause ambiguity. If we write *la saluto de la prezidento*, it is not clear whether we mean "the greeting of the president" (we greet the president) or "the greeting by the president" (the president greets us).

To overcome this, various Esperantists have suggested different solutions over the years. One of the earliest was the use of *flanke de* in the meaning of "done/made by": *la saluto flanke de la prezidento*. Another suggestion, adopted by *SAT*, was *fare de*: *la saluto fare de la prezidento*.

From this last suggestion has developed *far* (from the verb *far-i*) in the sense of "done by." The following example will show how this helps avoid confusion:

Ni ĉeestis la dediĉon de la nova urbodomo al ekzprezidento Garsia far la urbestro.

We attended the dedication of the new city hall to former president Garcia by the mayor.

By pointing out this evolution of thought among Esperanto speakers, we hope to show you that the language was not invented once and for all by Dr. Zamenhof. It was, rather, given its initial form by the *kreinto*, and then allowed to develop through usage.

12.14 And now for two interesting word-formers: the suffix *-aĉ-* and the prefix *fi-*. When *-aĉ-* is added to a root, it brings a disparaging connotation to the new word:

domo > *domaĉo* - hovel
infano > *infanaĉo* - brat
malgranda > *malgrandaĉa* - petty

verda > *verdaĉa* - ugly green
paroli > *parolaĉi* - to babble, speak poorly
stiri > *stiraĉi* - to drive like a maniac

Fi-, on the other hand, implies a *moral judgement*. The root word is presented as shameful, disgusting, base, foul, scandalous, etc.

domo > *fidomo* - house of ill repute
viro > *fiviro* - disreputable man
komerco > *fikomerco* - shady business
pensi > *fipensi* - to think dirty thoughts
skribi > *fiskribi* - to write luridly

As an interjection, *Fi!* is used to mean "shame...!" The suffix *-aĉ-* is a subjective statement about the quality of something. *Fi-* is stronger, presenting a supposedly more objective judgement.

12.15 There is a third judgement word, the root *fuŝ-* (bungle, botch, do badly, be clumsy at). Used independently, it give us *fuŝi* (to bungle), *fuŝa* (blundering, awkward), *fuŝo* (a blunder), *fuŝulo* (an awkward person, a clumsy person, a "screw-up"), and *fuŝe* (blunderingly, clumsily).

As a prefix *fuŝ-* is mostly used with verbs: *fuŝklarigi* (to explain badly), *fuŝfari* (to do awkwardly), *fuŝuzi* (to use poorly). Compare the following forms of *prononci* (to pronounce):

prononcaĉi - to pronounce poorly
fuŝprononci - to botch up the pronounciation
misprononci - to mispronounce
fiprononci - to pronounce in such a way that a normal word sounds
    dirty

The appropriate use of these word-builders can add greatly to your vocabulary, and also give you the means to express your opinion about the words you use!

12.16 A less exciting suffix is *-ism-*, which works in much the same way as the English *-ism*. It denotes a "doctrine, theory, school of thought." The person who subscribes to the *ismo* is an *isto*: *Esperantismo* > *Esperantisto*. Be sure to pronounce *-ismo* as "EES-moh," with an "ess" not a "zee" as in English. The following words give some examples of *ismoj*:

komuna > *komunismo*
ideala > *idealismo*
kapitalo > *kapitalismo*
kubo > *kubismo*
milito > *militismo*

Of course, there are also Esperanto *roots* which seem to have the suffix *-ism-* built into them. For these words, the *-ism-* cannot be removed. Here are some examples:

egoismo, feminismo, optimismo, pesimismo, turismo

There are no Esperanto roots *ego-, femin-,* or *optim-,* so we know that *-ism-* forms part of the basic form of the word. The only help here is a good dictionary. A lot of practice in using the language also provides a better sense of the nature of compound words.

12.17 Besides the official affixes (prefixes and suffixes) in Esperanto, we also encounter *unofficial* forms. Among these, we may mention the common suffixes *-iz-,* and *-esk-.*

According to *Plena Analiza Gramatiko de Esperanto,* *-iz-* is mainly a technical suffix indicating "provide with" and "use the method of": *salizi* (to salinate), *gluizi* (to coat with glue), *pasteŭrizi* (to pasteurize), *galvanizi* (to galvanize). For the first two examples, *sali* would mean "to salt," and *glui,* "to glue."

The suffix *-esk-* means "similar to," "in the...manner." It allows a greater semantic distance between the basic word and an adjective formed from it:

viro > vira (male) *> vireska* (man-like); *italo* (an Italian) *> itala* (Italian) *> italeska* (in the Italian manner).

That we have a continuing creation of proposed affixes is another sure sign of a living, growing language. There are Esperantists currently at work to maintain and expand the technical vocabulary of the language. To do this, they often must have recourse to technical affixes which are not common in the everyday language.

12.18 Besides meaning "how," *kiel* can also be translated as "like": *Vi trinkas kiel fiŝo!* (You're drinking like a fish!). *Kiel* can also mean "as": *Ne faru, kiel mi faris!* (Don't do as I have done!).

When we wish to emphasize a *degree of difference* (or *sameness*), we can use *tiel* (in that way, so, thus) in combination with *kiel* like this:

Marko estas tiel alta, kiel Petro.

Mark is as tall as Peter.

Ana ne estas tiel idiota, kiel ŝia kuzo.

Ana is not so silly as her cousin.

Vi parolas Esperanton tiel bone kiel mi!

You speak Esperanto as well as I (do)!

Ŝi parolas la anglan tiel flue kiel la francan.

She speaks English as fluently as French.

Occasionally you will see *tiom...kiom* used in this way especially if *quantity* is foremost in the speaker's thought: *La ĉeestantoj ne estis tiom, kiom pasint-vespere* (Those present were not so many as last night). When in doubt, use *tiel...kiel*.

12.19 In order to express "the more...the more," we use *ju...des* with *pli*:

Ju pli kapablaj estas la desegnistoj, des pli belaj estas la vestoj.
The more competent the designers are, the more beautiful the clothing.

Ju pli altaj ili estas, des pli longaj estas iliaj kruroj.
The taller they are, the longer their legs.

Of course, sometimes we want to say "the less...the less." This is expressed by *ju...des* and *malpli*:

Ju malpli interesa la rakonto, des malpli da libroj vendiĝos.
The less interesting the story, the fewer books will be sold.

You will note that when *(mal)pli* comes directly before a noun, we insert *da*. *(Mal)pli* may precede a verb directly:

Ju pli ni parolas, des malpli ni komprenas.
The more we speak, the less we understand.

The *ju...des* construction may also be used with adverbs:

Ju pli rapide li kuras, des malpli bone li spiras.
The more rapidly he runs, the worse (=less well) he breathes.

12.20 In many languages (including English) there is a concept called "sequence of tenses." For example, after "he says that" we use a *future-tense* form in English: "He says that they will come." If we change "he says" to "he said," we then change the "will come": "He said that they *would come.*" In Esperanto, however, when we are quoting what someone has said, we leave the quote in the *original tense*:

"Ili alvenos malfrue."
They will arrive late. (original statement)

Ana diras, ke ili alvenos malfrue.
Ana says that they will arrive late.

Ana diris, ke ili alvenos malfrue.
Ana said that they would arrive late.
(change in English, *no change* in Esperanto)

Because of this, we always know exactly what the original statement was. The same thing occurs with *demandi ĉu* (to ask whether):

Ĉu viaj kuzoj foriros hodiaŭ?
Will your cousins leave today?

Petro demandas, ĉu viaj kuzoj foriros hodiaŭ.
Peter asks whether your cousins will leave today.

Petro demandis, ĉu viaj kuzoj foriros hodiaŭ.
Peter asked whether your cousins would leave today. (Again, a change in the English sentence)

Ekzercaro

12.21 Below you will find some one-word verb forms in italics. Using *esti*, create compound forms, such as *parolos > estos parolinta, kompletigis > estis kompletiginta.*
1. Antaŭ la sepa morgaŭ, mi *alvenos* al Parizo.
2. Kiam vi telefonis, ŝi jam *foriris.*
3. Ljuĉo ne volis diri al vi, ke li jam *vidis* la filmon.
4. Ekde ĉi tiu semajnfino ili *kompletigos* la laboron. (*Atentu!* **Ili** *estas* plural-forma!)
5. Kiam viaj gefratoj *ekdormis?*

12.22 Creating simple verb forms from compound forms by using *jam* is a useful exercise in avoiding over-long verb constructions. For each *estis...-inta* expression, use a simple past form after *jam.*
1. Ili estis manĝintaj antaŭ ol mi alvenis.
2. La trajno estis enstaciiĝinta, kiam ni surkajiĝis.
  (*en-staci-iĝ-int-a,* "having [pulled] into the station"; *sur-kaj-iĝ-i,* "to [step] onto the platform")
3. Mia kuzo estis ekssoldatiĝinta antaŭ ol mia onklino povis viziti lin. (*eks-soldat-iĝ-i,* "to become an ex-soldier, to be mustered out")
4. Petro kaj Ana estis diskutintaj la tutan aferon, kiam la laborejestro vokis ilin en sian oficejon.

12.23 Here are some sentences written in a straightforward *active* pattern. Using your knowledge of how to form the *passive* in Esperanto, rewrite each sentence. *Ekzemple: Petro aĉetis la kasedon > La kasedo estis aĉetita de Petro.*
1. La knabinoj trovis la skatolon.
2. Julo kaj Bantaki kantis tri ariojn.
3. Neniu legis la artikolon.
4. Doroteo ŝminkis la klaŭnojn.(*ŝminki* - to put on make-up; *klaŭno* - clown)
5. Dro Zamenhof kreis Esperanton.

12.24 Now try answering these questions using *de* and *per* to name the *agent* and the *instrument. Ekzemple: Kiel la domo estis konstruita? (multaj viroj/brikoj) > Ĝi estis konstruita de multaj viroj per brikoj.*

1. Kiel Esperanto estis kreita? (Dro Zamenhof/internaciaj vortoj)
2. Kiel la klaŭnoj estis ŝminkitaj? (Doroteo/mult-koloraj ŝminkaĵoj)
3. Kiel la ŝafoj estis tonditaj? (la knaboj/akraj tondiloj) (*tondi* - to cut, shear; *akra* - sharp)
4. Kiel la luno estis atingita? (usonaj astronaŭtoj/raketoj) (*raketo* - rocket)

12.25 Would you like to complain a little, show your irritation? Good! Why not show your disdain for the following items by adding *-aĉ-*? Think about the meaning of what you have said!

1. artikolo
2. mola ("soft")
3. lavi ("to wash")
4. afero
5. virino
6. granda

12.26 Now, imagine that you are a member of the *Malgranda komitato kontraŭ publikaj ofendantaĵoj* ("The Lesser Committe Against Public Outrages"), and you are delivering a self-righteous tirade against various morally-bereft activities. Use the prefix *fi-* on the italicized words to express your indignation.

1. La urbestro administras nur *aferojn*!
2. En la urbodomo sidas *konsilantaro*!
3. Lernantoj surmetas *vestojn*!
4. Tiaj *pensoj* kaj *opinioj* devas hontigi vin! (*hont-ig-i* - to cause shame)
5. Nia urba *ĵurnalaro* eldonas nur *novaĵojn*!
6. Nur *komercistoj* malfermas siajn *butikojn* dimanĉe!

12.27 Wow! What moral outrage! Now why not calm down by using the innocent *fuŝ-* to tell us that the following items were done poorly just because some people act that way. This is no call to renewed moral vigor, just a statement of how things can get botched up. Add *fuŝ-* to the word in parentheses and use it in the sentence.

1. La unuan fojon, kiam mi uzis manĝbastonetojn, mi nur.... (manĝis)
2. Bedaŭrinde, la knaboj...la ŝafojn! (tondis)
3. Eta Bekio...sin per la ŝminkaĵoj de sia patro, kiu estas klaŭno. (ŝminkis)

Noto: Unless you are very unusual, you probably found *fuŝŝminkis* not too easy to pronounce. In such cases, you can always use *fuŝe*, as in *fuŝe ŝminkis*.

4. Kiel tajloro, Sinjoro Dminko estis.... (tajloro)
5. Mi kredas, ke tiu ĉi manĝaĵo estis.... (kuirita)

12.28 Let us look now at the wonderful world of dogmatic beliefs! Using the suffix *-ismo*, name the doctrinal systems built on the following root-words.

1. *konserv-a* - conservative
2. *respublik-o* - a republic
3. *vegetar-a* - vegetarian
4. *real-a* - real ("reh-AH-lah")
5. *krist-an-a* - Christian
6. *ĵurnal-o* - newspaper
7. *kanibal-o* - cannibal

12.29 Using the suggestions below, create comparisons with *tiel...kiel*. You may decide to say "as...as" or "not so...as". *Ekzemple: Esperanto/naciaj lingvoj (esprimplena* - expressive) > *Esperanto estas tiel esprimplena kiel la naciaj lingvoj.*

1. La rozoj/la sango (ruĝaj)
2. vi/mi (inteligenta)
3. La musoj/la kato (malriĉaj)
4. Francio/Usono (granda)
5. La Esperantisoj/la Volapukistoj (stultaj)

12.30 Now create statements using *ju...des*. Remember that you can use various combinations of *pli* and *malpli*. *Ekzemple: mi legas/mi komprenas > Ju pli mi legas, des pli mi komprenas*, or *Ju pli mi legas, des malpli mi komprenas!*

1. ŝi kantas/la katoj ploras (*plori* - to cry)
2. ruĝaj estas la rozoj/mi amas ilin
3. malbelaj estas la hundoj/ili plaĉas al ni
4. ofte ni kunvenas/ni laŭte disputas
5. oni parolas Esperanton/flue oni povos paroli ĝin

Legaĵoj

12.31 *Kio estas la Kastora Klubo?*

Tiu ĉi eltiraĵo de intervjuo kun Barbara Chmielewska, klubestro de la *Kastora Klubo* estas el *Heroldo de Esperanto*, n-ro 9 (1876), kaj okazis en Varsovio, la sidejo de la klubo. Intervjuis Ireneusz Bobrzak, el 'Varsovio Vento.'

Demando: Kastora Klubo, kia klubo ĝi estas hodiaŭ?

Respondo: Porinfana kaj porjunulara ankoraŭ. Tamen ĝi pli kaj pli transformiĝas al klubo ankaŭ por plenkreskuloj. En 'Kara Amiko' nun daŭras la diskutoj pri tio. Interese, ke plimulto da instruistoj malfavoras tiun projekton, dume la infanoj tute ne vidas problemon en tio. Do, ni vidos!

KUIRRECEPTO DE L' MONATO

10 gmk vi ricevas, se vi sendas recepton pri specialaĵo de via lando al nia ĉefkuiristino:
Maria Becker-Meisberger
Alter Hangarten 2
D-6653 Blieskastel

Bulgara Barĉo kaj Itala Makarona Torto

Demando: Kiom da membroj havas la klubo?

Respondo: Malfacila demando. Mil kvin laŭ enmanigitaj legitimiloj, sed ne forgesu, ke pli ol duonon konsistigas kolektivoj kiel kluboj, rondoj aŭ aliaj grupoj.

Demando: Kaj pri malfacilaĵoj, ĉu estis iuj?

Respondo: Pri tio ne valoras paroli. Ja ĉiu esperantisto scias, kiom da ekonomiaj profitoj povas liveri Esperanto. Ne estis kaj ne estas facile agi, tamen mi klopodas plivastigi agadformon de la klubo, en tio jam nun helpas al mi IBM-komputilo.

Vortolisteto:

kastor-o	- beaver
el-tir-aĵ-o	- excerpt
Varsovi-o	- Warsaw
sid-ej-o	- headquarters ("sit-place")
por-infan-a	- for children
por-jun-ul-ar-o	- for youths
plen-kresk-ul-o	- adult
pli-mult-o	- majority
mal-favor-i	- to oppose
dum-e	- meanwhile
en-man-ig-it-a	- which have been placed in (my) hand, which (I) have on hand
legitim-il-o	- authentication document
konsist-ig-i	- to make up
kolektiv-o	- collective (group)
rond-o	- circle
mal-facil-aĵ-o	- a difficulty
valor-i	- to have a value

liver-i	- to deliver
ag-i	- to act
klopod-i	- to endeavor, take steps to
pli-vast-ig-i	- to expand
ag-ad-form-o	- the field of action
komput-il-o	- computer

Notoj: 1. Seemingly complex expressions such as *enmanigitaj legitimiloj* are easily understood by Esperantists because of the clear way in which words are built up.

2. There are three terms currently in use for "computer": *komputero, komputoro,* and *komputilo.* This last is the most "classic" in formation, adding *-ilo* to the root *komput-.* But it means something like "instrument for computing," and so does not quite do it as a word for our familiar PC. *Komputero* is probably the best word, and is given in recent dictionaries. *Komputoro* is a variant. Once again, usage will decide the fate of these three words.

12.32 *La Scienco paŝas antaŭen en la B-landoj!*

Dum mia laboro kiel tradukisto de sciencaj dokumentoj, mi tratas ĉefe revuojn de Usono kaj Rusio (la antaŭa Sovet-Unio). Inter profesianoj, ni nomigas tiujn ŝtatojn "la A-landoj". Tio estas *A* signifante "plej superan". La plejparton de la aliaj landoj, kiuj subtenas sciencan literaturon, ni konsideras la B-landoj. Tio estas *B* kun la sama signifo kiel "B-filmoj".

Ĉar mi plejofte tradukas inter la angla, la rusa, kaj la franca lingvoj, almenaŭ unu fojon ĉiumonate mi regalas min per io tute alia. Tutan tagon mi pasigas legante sciencajn artikolojn verkitajn en la internacia lingvo, Esperanto. La plej granda kvanto de ĉi tiuj artikoloj venas de la B-landoj, kaj neniam aperos en iu ajn granda lingvo.

La revuo progresas, sed serĉas ne-anglajn manuskriptojn

Mia plej ŝatata eldonaĵo en Esperanto estas *La Scienca Forumo de Negravaj Landoj.* Ĉiumonate, tiu ĉi malgranda revuo estas redaktita en Budapeŝto de iu eksterpatruja ĉina Esperantisto, presita en Belgio per Finnlandano, kaj fine ekspedita el Hispanio. Ĝi principe pritraktas la sciencajn eltrovaĵojn de malgrandaj landoj--Nederlando, Slovakio, Malto, kaj tiel plu.

Por partopreni vin en ĉi tiu scienca abundo, mi elektis tri monografojn pri interesaj naturaj fenomenoj.

MOLLUSCA BIVALVA ALPINA MINKOFFII

Dum antaŭnelonga televida intervjuo, Profesoro S. P. Minkoff de la *Schule Der Exotischer Biologie* ("lernejo pri ekzotika biologio) en Zurich ("cu-riĥ"), anoncis la trovon de nova membro de *Mollusca*. Maltrankviligite pri la malaperoj neklarigitaj de skiistoj en malproksimaj etendaĵoj de la Tirolaj Alpoj, Minkoff organizis ekspedicion por serĉi, laŭ sia suspekto, aron da rabaj hundoj aŭ lupoj. Tio, kion li eltrovis, estis la gigantan neĝo-tridaknon. Tiu ĉi membro de la familio molusko ŝajne estas adaptaĵo de la konata giganta tropika tridakno, eble forlasita kiam la Alpoj leviĝis el la pratempaj maroj. La tridakno tunelas en la neĝon kaj atendas siajn pasontajn viktimojn. Kiam iu sensuspekta skiisto pasas, la tridakno malfermas kaj--glu! Restas nur du skioj malsuprenirantaj la deklivon.

Vortolisteto:

trat-i	- to deal with
ĉef-e	- chiefly
profesi-an-o	- member of the profession
super-a	- superior
plej-part-o	- majority, greatest part
sub-ten-i	- to support
almenaŭ	- at least
regal-i	- to treat, entertain
kvant-o	- quantity
redakt-it-a	- edited
ekster-patr-uj-a	- expatriate
pres-it-a	- printed
eksped-it-a	- mailed
el-trov-aĵ-o	- discovery
parto-pren-ig-i	- to share
ne-klar-ig-it-a	- unexplained
etend-aĵ-o	- extent
rab-a	- predatory
tridakn-o	- (giant) clam
ŝajn-e	- apparently
adapt-aĵ-o	- adaptation
for-las-it-a	- having been left behind
pra-temp-a	- prehistoric
tunel-i	- to tunnel

glu!   - gulp!
dekliv-o   - slope
12.33 *Daŭrigo: La Scienco paŝas antaŭen en la B-landoj!*

LA NOMADAJ BRASIKOJ

Cele de deturni tion, kio povus esti malbela internacia okazaĵo, la profesoro Elena Andreeva Kalĉeva de la Popola Centro kaj Laborejo Agrikultura en Plovdiv, Bulgario, anoncis sian projekton por haltigi la perdon de brasikoj el farmbienoj en la regiono. Ŝajnas, ke pasintan printempon kunlaborantoj de Kalĉeva senintence distribuis al la lokaj kamparanoj semojn de nova brasiko hibrida. Ĉi tiu hibrido, nomita *brassica vagabunda*, ĝis tiam ne estis tute provita.

"Ni ĉiuj entuziasmis pri la kreskadaj karakterizoj de ĉi tiu brasiko," deklaris Kalĉeva dum prezentado antaŭ la Ŝtata Konsilantaro de Agrikulturistoj en Sofio. "Tiuj ĉi plantoj rezistas malsanojn, kreskas rapide ĝis proksimume dekoble la grandeco de komunaj brasikoj, kaj postulas maloftan atenton. Specifike, ni selektis ĉi tiujn brasikojn ĉar ili malprofunde enradikiĝas.

Aliflanke, Profesoro Kalĉeva aldonis, ke la brasikoj posedas neantaŭvideblan karakterizon malplaĉan: ili elprenas siajn radikojn de la tero kaj vagabondas for de siaj kampoj post la sunsubiro.

Por la Bulgara registaro la malplej bona flanko de tiu ĉi nomadema brasiko estas, ke ĝi emas sin direkti suden, ĝis la greka landlimo, voĉdonante per siaj radikoj, por tiel diri. Ĵus la pasintan semajnon, la Bulgara Speciala Polico ekvenis al la afero post la eltrovo de greklingvaj frazolibroj inter grupo de brasikoj, kiuj ripozis en kampo iujn ses kilometrojn de la hejma farmbieno en Ustovo. Replikante al la bulgaraj kritikoj, la Greka registaro neis ĉiun ligon kun la migrantaj plantoj, deklarante, ke ĝi neniel intencis kuraĝigi pluajn transfuĝojn de la brasikoj.

Kalĉeva sugestis, ke la landlima polico zorge kontrolu ĉiujn legitimaĵojn. "Ni devas esti certaj, ke neniu brasiko neidentigita transiru nian landlimon," ŝi diris dum intervjuo kun la *Ĉiutaga Laboranto*.

Vortolisteto:

daŭr-ig-o   - continuation
brasik-o   - cabbage
de-turn-i   - to prevent, turn away
sem-o   - seed

hibrid-a	- hybrid
prov-it-a	- tested
kresk-ad-a	- growth
dek-obl-e	- ten times
postul-i	- to demand
selekt-i	- to select (in biology)
mal-profund-e	- shallowly
en-radik-iĝ-i	- to root
ali-flank-e	- on the other hand (side)
ne-antaŭ-vid-ebl-a	- unforesceable
el-pren-i	- to withdraw
sun-sub-ir-o	- sunset
reg-ist-ar-o	- government
nomad-em-a	- tending to wander
em-i	- to tend to
land-limo	- border (land-limit)
voĉ-don-ant-e	- voting (voice-giving)
por tiel diri	- so to say
frazolibr-o	- phrase book
ne-i	- to deny, say no
lig-o	- connection, attachment
trans-fug-o	- flight
zorg-e	- carefully
legitim-aĵ-o	- official papers, documents
ne-ident-ig-it-a	- unidentified

12.34 *HIDROGENAJ KRABOJ*

Kiam venas la printempo en Malto, mirinda vidaĵo atendas la vizitanton ĉe la marbordo. Tie, etaj infanoj kuras feliĉe laŭ vojetoj, firme tenante ŝnuretojn alligitajn al krab-formaj balonetoj flugantaj supre siaj kapetoj. Se la vizitantoj ekzamenus plu proksime la balonetojn, ili vidus, ke tiuj vere estas kraboj. Ĝis antaŭnelonge, neniu estis eltrovinta kial ĉi tiuj kraboj ŝvebas, nek de kie ili venas.

La profesoro Axel Dickson ("aksel-dikson") de la Universitato de Malto ĵus publikigis siajn lastatempajn eltrovojn pri *Crustacea Decapoda Brachyura Gecarcinus Volitans Dicksonii*, la hidrogena krabo. Tiu ĉi krustaco, bone konata enlande, estas unu el pluraj ordinaraj terkraboj, kiujn oni trovas laŭlonge de la Malta marbordo.

Dickson atentigas, ke la krabo paŝetas tien-reen neremarkite sur la marbordo kaj meze de estuaroj. Kiam venas la sezono de senkarapaciĝo, la neordinara naturo de *Dicksonii* evidentiĝas. La krabo ŝate manĝas parte putrajn maralgojn, nutraĵon riĉa je hidrogeno. Kiel

325

la krabo manĝas, parto de ĉi tiu hidrogeno konserviĝas en siaj histoj. Evidente, tio helpas, ke la krabo flosu super la tajdo, tiel evitante rabobestojn.

Dum la plejparto de la jaro, la pezo de la kraba karapaco sufiĉas por eviti malekvilibron kaŭzitan de la histe konservita hidrogeno. Tamen, kiel la krabo senkarapaciĝas, tiu ĉi konservita hidrogeno ekspansias, kaj la krabo leviĝas en la arbojn super la plaĝoj. Tie, alte super la plaĝo, la kraboj sekse pariĝas, sin alkroĉante al branĉoj kaj folioj. Kiom da amaferoj estis malhelpataj de maloportuna venteto, kiu forportis la senŝancan amonton! Tendumantoj laŭlonge la marbordo dum tiu ĉi sezono rakontas pri laŭtaj ekbruoj, kiuj okazas nokton, kiam la kraboj perdas la tenon, balonetas ĉielen, kaj krevas.

Enloĝantoj de Malto jam de longe kutimiĝas al aroj da kraboj blovetiĝantaj trans marbordajn vilaĝojn. Dum la unuaj jaroj de ĉi tiu jarcento, lokaj sportulaj kluboj organizis krabajn pafĉasojn. La ĉasantoj uzis pafilojn je mallarĝa kalibro, kaj sekvis la mallaŭtan "paf!" de ĉi tiuj armiloj la laŭta "pum!" de la eksplodanta krabo.

*Ĉi tiu artikolo publikiĝis en la sekcio "**Last Word**" de la gazeto* **Omni**, majon, 1986.

Vortolisteto:

hidrogen-o	- hydrogen
mir-ind-a	- marvelous
vid-aĵ-o	- a sight
ŝnur-et-o	- string (*ŝnuro* - rope)
al-lig-it-a	- attached to
balon-et-o	- balloon
flug-ant-a	- flying
kap-et-o	- little head
estis eltrovinta	- had discovered
ŝveb-i	- to float in the air
krustac-o	- crustacean
enland-e	- within the country
ter-krab-o	- land crab
tien-reen	- back and forth
ne-remark-it-e	- unnoticed
sen-karapac-iĝ-o	- molting (losing the shell)
sat-e	- to fullness
part-e	- partially
putr-a	- decayed
mar-alg-o	- seaweed
nutr-aĵ-o	- food, nutriment

hist-o	- cell (biology)
flos-i	- to float
tajd-o	- the tide
rab-best-o	- predator
pez-o	- weight
mal-ekvilibr-o	- imbalance
kaŭz-it-a	- caused
ekspansi-i	- to expand
plaĝ-o	- beach
sekse par-iĝ-i	- to mate
al-kroĉ-ant-e	- clinging to
am-afer-o	- love affairs
tend-um-ant-o	- (tent) camper
krev-i	- to burst
blov-et-iĝ-ant-a	- to waft by
paf-ĉas-o	- gun hunting
paf-il-o	- gun
arm-il-o	- firearm

12.35 *Senavareca demando*

Foje en malnovega reĝolando okazis terura senpluveco. La plantoj en ĉiuj rizejoj mortis, kaj la popolo sentis mizeran malsategon. La maljuna reĝo konsultis kun ĉiuj siaj saĝuloj, sed ili neniel povis helpi.

Fine, la reĝo promesis grandajn riĉojn al tiu, kiu povus savi la landon. Kompreneble, multaj pretenditaj savontoj venis al la palaco, sed la reĝo malakceptis ĉiun planon.

Iun tagon, juna kamparano alvenis, dirante, ke li povus provizi la necesan akvon al la rizejoj.

"Se vi faros tion, vi ricevos tre riĉan rekompencon," promesis la reĝo.

"Reĝa Moŝto," respondis la junulo, "nur unu rekompencon simplan mi deziras: rizerojn."

"Kio?" kriis la reĝo. "Sed tio certe ne sufiĉus!"

"Jes, tio sufiĉos, ĉar mi deziras ricevi la rizerojn laŭ specifika ordo. Sur tabulo de ŝakludo estas kvadratoj. Do, sur la unuan kvadraton vi metos unu rizeron. Sur la duan, du rizerojn. Sur la trian, kvar rizerojn, kaj tiel plu, ĉiam duobligante la antaŭan sumon."

"Ha!" kriis la reĝo, "Vi ricevos rekompencon laŭ via deziro. Nun, ek! Al via laboro!"

Dum tuta monato la junulo laboris kun la aliaj kamparanoj, gvidante fosaĵojn el la fluantaj riveroj al la rizejoj. Je la trideka tago, la reĝo komprenis, ke la junulo ja savis la landon, kaj tiu alvokis tiun ĉi al la palaco.

Kiel promesite, oni komencis meti la rizerojn sur la kvadratojn de la ŝakluda tabulo laŭ la deziro de la junulo. Post nelonge, la reĝo komprenis, ke ne ekzistus sufiĉe da rizo en la tuta reĝolando por kompletigi la taskon! Do, la reĝo devis doni sian filinon al la junulo, kaj fine sian landon!

Niaj kongresoj

SAT-anoj en Finnlando. En 1982 la SAT-kongreso, la 55-a, havos lokon en Iisalmi (Finnlando) de 31.VII. ĝis 6.VIII.

BEF en Bruselo. La dua kongreso de Belga Esperanto-Federacio (tegmenta organizaĵo por flandroj kaj valonojn) okazos en Bruselo, la 3-an kaj 4-an de oktobro.

nia POŜTO

Koran dankon al la nova **Dumviva Abonanto,** T. Sormunen el Finnlando, kaj al la konstanta **Subtenanta Abonanto:** 42, 43, 44, 45, 46. P. Schroeder el FRGermanio.

Ĝustigo. En la artikolo de B. Golden «La alveno de la unuaj homoj en Ameriko» enŝteliĝis du gravaj preseraroj, pro kiuj ni petas pardonon. En 4/81, p. 3, kol. 3, + 1:1950 devas esti **1590**; en 5/81, p. 3, kol. I, —39:10 m devas esti **100 m.**

Kiel vi jam komprenis, estas sesdek-kvar kvadratoj sur la ŝakluda tabulo. Duobligante ĉiun antaŭan sumon, oni kompletigus la rekompencon nur kun x^{n-1} rizeroj (*ikso potenco no minus unu*), en tiu ĉi kazo 2^{63} rizeroj (*du potenco sesdek-tri*)!

Vortolisteto:

sen-avar-ec-a	- without greediness
foj-e	- once upon a time
reĝo-land-o	- kingdom
sen-pluv-ec-o	- drought ("without-rain-ness")

riz-ej-o	- rice field (paddy)
saĝ-ul-o	- wise man
pretend-it-a	- would-be
sav-ont-o	- one who will save
proviz-i	- to provide
rekompec-o	- reward
moŝt-o	- general honorific title
riz-er-o	- grain of rice
tabul-o	- game board
ŝak-lud-o	- chess
kvadrat-o	- square
du-obl-ig-ant-e	- doubling
gvid-ant-e	- leading, guiding
fos-aĵ-o	- a ditch
promes-it-e	- had been promised
potenc-o	- power (in mathematics)

Noto: Esperanto was created at a time when Europe was filled with complicated titles. Dr. Zamenhof simplified this situation with *moŝto*, an all-purpose honorific title. If need be, the title can be made specific by putting an adjective before it: *reĝa moŝto, ambasadora moŝto.*

12.36 Jes, en Esperanto ekzistas ankaŭ poezio, originala kaj tradukita. La poemon ĉi-sube oni trovis en *Step by Step in Esperanto* de Montagu C. Butler (p. 238), kie ĝi estis ne atribuita. Ĝi ŝajnas tre bona ekzemplo de Esperanta poezio.

Aliaj lipoj flustros vin
Pri amo kaj fidel';
Aliaj langoj nomos vin
Reĝino kaj anĝel':
Sed eble, dum aŭskultos vi,
Penseto trudos sin
Pri l' nuna hor', jam longe for--
Kaj vi memoros min!

Vortolisteto:

poezi-o	- poetry
atribu-it-a	- attributed
lip-o	- lip
flustr-i	- to whisper
fidel-o	- faithfulness
lang-o	- tongue
reĝ-in-o	- queen
pens-et-o	- a small thought

trud-i   - to impose
Noto: Ĉar temas pri poezio, oni trovas plurajn apostrofojn: *pri la
nuna horo* = *pri l' nuna hor'* ("preel-NOO-nah-HOHR").
12.37 Por la Esperantistoj, neniu kanto havas pli grandan signifon ol
La Espero, la himno de la Movado. La vortojn de tiu ĉi bela kanto
sperte verkis Doktoro Zamenhof mem, tiel montrante, ke Esperanto
taŭgas ankaŭ kiel literatura kaj poezia lingvo. La Libroservo de ELNA
stokas diskojn kaj partiturojn, se vi deziras aŭdi aŭ ludi la himnon.
Prefere, iru al internacia kunveno de Esperantistoj, kaj spertu vi mem
la sennaciecan etoson pri kiu parolas *La Espero*!

La Espero
   En la mondon venis nova sento,
   Tra la mondo iras forta voko;
   Per flugiloj de facila vento
   Nun de loko flugu ĝi al loko.
   Ne al glavo sangon soifanta
   Ĝi la homan tiras familion,
   Al la mond' eterne militanta
   Ĝi promesas sanktan harmonion.

   Sub la sankta signo de l' espero
   Kolektiĝas pacaj batalantoj,
   Kaj rapide kreskas la afero
   Per laboro de la esperantoj.
   Forte staras muroj de miljaroj
   Inter la popoloj dividitaj,
   Sed dissaltos la obstinaj baroj
   Per la sankta amo disbatitaj

   Sur neŭtrala lingva fundamento,
   Komprenante unu la alian
   La popoloj faros en konsento
   Unu grandan rondon familian.
   Nia diligenta kolegaro
   En laboro paca ne laciĝos
   Ĝis la bela sonĝo de l' Homaro
   Por eterna ben' efektiviĝos!

   Por plibone kompreni la iome kompleksan strukturon de *la Espero*,
ni traduku ĉiun strofon en konversacian prozon:

Nova sento venis en la mondon. Forto voko iras tra la mondo. Ĝi nun flugu de loko al loko per flugiloj de facila vento. Ĝi ne tiras la homan familion al glavo soifanta sangon. Ĝi promesas sanktan harmonion al la eterne militanta mondo.

Pacaj batalantoj kolektiĝas sub la sankta signo de la espero, kaj rapide la afero kreskas per laboro de la esperantoj. Muroj de miljaroj forte staras inter la dividitaj popoloj. Sed la obstinaj baroj dissaltos, disbatitaj per la sankta amo.

Komprenante unu la alian, la popoloj faros en konsento unu grandan familian rondon sur neŭtrala lingva fundamento. Nia diligenta kolegaro ne laciĝos en paca laboro ĝis la bela sonĝo de la homaro efektiviĝos por eterna beno.

Vortolisteto:

himn-o	- hymn, anthem
spert-e	- expertly
poezi-a	- poetic
stok-i	- to stock, have in stock
disk-o	- record
partitur-o	- musical score
spert-i	- to experience
sen-naci-ec-a	- without feelings of nationality
etos-o	- ambience
vok-o	- a call
flug-il-o	- a wing
facil-a	- easy, light, gentle
lok-o	- a place
flug-u ĝi	- let it fly
glav-o	- sword
sang-o	- blood
soif-ant-a	- thirsting (for)
hom-a	- human
tir-i	- to pull, draw
mond-o	- the world
etern-e	- eternally
milit-ant-a	- making war
sign-o	- sign
kolekt-iĝ-i	- to be gathered together
pac-a	- peaceful
batal-ant-o	- fighter
kresk-i	- to grow
mur-o	- a wall

mil-jar-o	- thousands of years
dis-salt-i	- to jump apart
obstin-a	- obstinate, stubborn
bar-o	- barrier
dis-bat-it-a	- having been smashed apart
neŭtral-a	- neutral, non-aligned
fundament-o	- base, foundation
konsent-o	- consent, accord
rond-o	- circle
koleg-ar-o	- collection of colleagues
lac-iĝ-i	- to become tired
sonĝ-o	- dream
Hom-ar-o	- Mankind
ben-o	- blessing
efektiv-iĝ-i	- to become fact, to become real

La Kulturo

12.38 *Belartaj Konkursoj*

The Fine Arts Competitions sponsored by UEA were created to encourage the development of the arts in and through Esperanto. Every year, during the *Universala Kongreso*, these competitions take place among an eager and attentive audience. There are several categories of competition. Among these are: original poetry, original prose, essay, drama, children's literature, and photography. By original, the UEA means written originally in Esperanto, not translated from other languages.

To receive the rules for entering the competition, write to UEA in Rotterdam. The deadline for entering is March 31st each year. Photography entries should arrive before July 1st each year.

12.39 *Kastora Klubo de Esperanto*

In section 12.31 you read part of an interview with the current director of the *Kastora Klubo*. This is an international club for children who know or who are learning Esperanto. The chief goal of the club is to get the children to use Esperanto. It also provides them with a sense of belonging to the Esperanto Movement. There is a system of levels through which members pass as they increase their knowledge of Esperanto, from *kastoreto* to *ora kastoro*.

For information on current programs, write to UEA in Rotterdam.

12.40 *La Espero:* One of the great moments at any International

Congress of Esperanto comes when the assembled participants stand to sing *La Espero*. Somehow, the idea of an international language shared by ordinary people seems less preposterous then. Dr. Zamenhof's vision of a world in which people can easily reach across language barriers seems less quixotic. Right before you are over a thousand people, from over fifty countries, all singing together, all able to understand each other.

At one Congress, a journalist from the local press asked about the arrangements for translations into the various national languages and was surprised that none were needed. Each participant had a language in common, a rich, flexible, adaptable, cleverly-crafted tongue which has served as a bridge among peoples for over one hundred years: Esperanto!

Leciona Vortolisto

administr-i	- to administer
aer-e	- in the air
ar-o	- a set, collection
ari-o	- aria
ating-i	- to reach
aŭd-i	- to hear
aventur-o	- adventure
brik-o	- brick
fin-e	- finally, at last
flug-haven-o	- airport
for-ir-i	- to go off, set off
grav-i	- to be important
ĝust-a	- right, correct
hazard-e	- by chance
ideal-a	- ideal
iu-okaz-e	- in any case
kased-o	- cassette
klar-ig-i	- to make clear, explain
komenc-i	- to begin
komerc-o	- business, commerce
komplet-ig-i	- to finish, make complete
komun-a	- common
kred-i	- to believe
kre-int-o	- creator (one who has created)

kub-o	- a cube
kuir-it-a	- cooked
labor-ej-estr-o	- boss in a workplace
mal-fru-i	- to be late
manĝ-baston-et-oj	- chopsticks
marŝ-i	- to walk ("MAHR-shee")
memor-i	- to remember
milit-o	- war
montr-i	- to show
nev-o	- nephew
parentez-e	- by the way, parenthetically
paŝ-i	- to step
pasaĝer-o	- passenger
pet-i	- to seek, ask
pont-o	- a bridge
rakont-i	- to tell a story
re-ir-i	- to go back
sen-sukces-e	- without success
serĉ-ad-i	- to go on looking for something
sid-iĝ-i	- to sit down, be seated
sol-a	- sole, single
staci-dom-o	- railroad station
stir-i	- to drive (a car, etc.)
strat-o	- street
supoz-i	- to suppose
sur-hav-i	- to contain, have on (a screen)
tabul-o	- board, plank
tajlor-o	- tailor
tem-i	- to be about, have the theme of
temp-o	- time
trans-ir-i	- to go across
trov-iĝ-i	- to be found
turist-o	- turist
turn-iĝ-i	- to turn (left or right)
voj-o	- way, road
zorg-i	- to care for

Angla-lingva traduko de la konversacioj:

12.1 Aldo and Catherine, tourists, are asking a passer-by for information.

A: "Excuse me, Sir..."

P: "Yes, how may I help you?"

K: "We are visitors in your city, and we cannot find our hotel."

A: "In fact, we have searched for it in the whole quarter, still without success."

P: "What is its name?"

K: "Hotel Magnolia."

P: "Well, let's see if I can explain the correct route. First of all, you should follow this street until the third corner."

A: "Here is our city map. Would you please show (us) the way?"

P: "With pleasure. Look, you are here, between the station and the central marketplace. According to my memory, your hotel is on Yarchik Street. So you should walk to Markovo Street-- here on the map--and afterwards go left following this street. Cross the bridge--there--and turn immediately afterwards onto Merchants Street."

K: "Is that right or left?"

P: "That I don't remember, only that your hotel is located somewhere there. In any case, when you arrive on that street, you can ask the way again."

A: "Thanks a lot, Sir."

P: "Oh, completey unnecessary. Have a good end of your trip!"

12.2 In a large railroad station, Uncle Matthew recounts for his nephew Peter his adventure while they look for the right platform.

P: "Platform six, platform six...where the devil is this platform six?"

M: "Which platform are we looking for?"

P: "Six, Uncle, six! The train for Budapest will leave from platform six."

M: "This station is too big! Look, here's platform thirty-two!"

P: "Woe is me! We are on the wrong side of the station! Hurry! Let's walk more quickly, Uncle!"

M: "I'm following you, Peter. Oh, by the way, have I ever told you about my first voyage from Paris to Rome?"

P: "No, Uncle, here's one single story that I have never heard before."

M: "Well, I arrived at the station precisely as the train was pulling out. So I jumped into the coach and your aunt threw my suitcase after me. Now this was an overnight train, and so I slept during the trip. The next morning, when the train had pulled into a huge station, I supposed that I had arrived in Rome."

P: "Platform twenty. Good, walk quickly, Uncle."

M: "Okay. Having gotten out of the coach, I asked some railroad worker where the Tiber Hotel was located. 'In Rome, Sir,' the good fellow answered. *"Obviously he's an idiot*, I thought. However, having asked the same question to three other Italians, and having received the same answer, I began to believe that all Romans were idiots!

"At last a cafe-worker asked me, 'Where do you think you are, Sir?' 'In Rome!' I shouted. Then they all broke out laughing, and the cafe-worker explained to me that I was in Florence."

P: "What? Did you catch the wrong train?"

M: "Not at all! During the night, they separated the coaches into two trains, one for Rome and one for Florence. Obviously there had been signboards on the coaches, but I had been so late that I did not have the time to read them. Therefore, by chance I had chosen the coach which was going to Florence."

P: "An interesting adventure, Uncle. Now look, here's our platform. Let's get on the train!"

M: "Okay, but first let's read the signboard!"

12.3 At an airport: Latisha arrives sufficiently early for her flight but-- where is the airplane? Seeing no one at the announced gate, she goes to speak with the person on duty for the airline.

L: "Excuse me, please."

D: "Yes, how may I be of service?"

L: "I have a ticket for flight 907, to take off at 10:50. They told me gate sixteen, and here I am, but I don't see anyone. It's only 10:30, so I know I'm not late."

D: "Please let me see your ticket, Madam. Did you confirm your reservation?"

L: "Yes, that is, I confirmed just before leaving Boston. After that, no."

D: "Hm. I'm looking at the computer screen showing our flights today, and I don't see your flight. Oh, yes! Here's the flight. It left at 7:50. There was a change in flight time. Didn't they contact you about that?"

L: "Not at all! When will there be another flight for Boston?"

D: "Let me see...not before three this afternoon. Would you like me to look for a flight with another airline?"

L: "Yes, please. It's very important that I get back to Boston as early as possible."

D: "Since that's the case, there's a flight with Pleasure-Air at eleven, landing at ten after noon. It that acceptable?"

L: "Yes! Yes! Where shall I go?"

D: "Here's your new ticket, and now I'll telephone to tell them you're coming. It's gate twenty, so not too far. In fact, here are two stewardesses who are going there. Please go with them."

L: "Thanks for your help!"

ALDONAĴO 1
Gravaj Adresoj

Se vi finstudis ĉi tiun lernolibron, vin certe profitus kontakti Esperantistajn organizojn, enlandajn kaj internaciajn. Tial ni provizas denove liston de gravaj adresoj.

(If you have worked your way through this book, it would certainly profit you to contact Esperantist organizations, both national and international. For this reason we have provided this list of important addresses.)

Esperanto-Ligo por Norda Amerika (ELNA)
Centra Oficejo
P.O. Box 1129
El Cerrito, CA 94530 (USA)

Use this address to receive information about publications, audio cassettes, and records in Esperanto, as well as information about membership in ELNA and in UEA.

Universala Esperanto-Asocio (UEA)
Nieuwe Binnenweg 176
3015 BJ Rotterdam
The Netherlands
(tel. 010-36-15-39)

If you want to contact the international Esperanto headquarters directly, remember that you should do so in Esperanto; UEA does not have a staff of translators.

ALDONAĴO 2
Prepozicioj

The meanings of Esperanto prepositions are more rigidly defined than those of many national languages. It is important to keep the basic meaning of the preposition in mind when deciding which one to use.

al	- to, toward
anstataŭ	- instead of
antaŭ	- before, in front of
apud	- near
ĉe	- at
ĉirkaŭ	- around
da	- (quantity) of
de	- of, from
dum	- during, while
ekster	- outside of
el	- out of, out from
en	- in
ĝis	- until
inter	- between, among
je	- indefinite meaning
kontraŭ	- against, opposite
krom	- besides
kun	- with (in the company of)
laŭ	- according to, along
malantaŭ	- behind, in back of
malgraŭ	- despite
per	- by means of
po	- at the rate of
por	- for, in order to
post	- after
preter	- beyond
pri	- concerning
pro	- because of, owing to
sen	- without
sub	- under, beneath
super	- above
sur	- on
tra	- through

trans   - across

ALDONAĴO 3
Afiksoj

Oficialaj Prefiksoj

bo-	- relative by marriage (in-law)
dis-	- separation
ek-	- beginning, suddenness
eks-	- former
ge-	- both sexes together
mal-	- directly opposite
mis-	- wrongly
pra-	- remoteness of relationship or time
re-	- return, repetition

Oficialaj sufiksoj

-aĉ-	-disparagement
-ad-	- prolonged, repeated, habitual action
-aĵ-	- concrete manifestation of the root word, thing
-an-	- member, inhabitant
-ar-	- collective, group
-ebl-	- possibility
-ec-	- abstract quality of root word
-eg-	- augmentative (makes bigger, more intense)
-ej-	- place for
-em-	- tendency
-end-	- obligation: what must be...ed
-er-	- small particle of a whole
-estr-	- leader
-et-	- diminutive (makes smaller, less intense)
-id-	- offspring, descendant
-ig-	- cause, make
-iĝ-	- become, get
-il-	- tool, instrument, means
-in-	- female
-ind-	- worthiness (worthy of being...ed)
-ing-	- holder for one item, socket
-ism-	- system of belief
-ist-	- person habitually associated with...
-obl-	- multiple of a number

341

-on-   - fraction
-op-   - collective numeral
-uj-   - container for, receptacle
-ul-   - person
-um-   - no fixed meaning

Gramatikaĵoj
-a   - adjective
-ant-   - present active participle: carrying
-as   - present tense verb
-at-   - present passive participle: being carried
-e   - adverb
-i   - infinitive of verb
-int-   - past active participle: having carried
-is   - past tense verb
-it-   - past passive participle: having been carried
-o   - noun
-ont-   - future active participle: about to carry
-os   - future tense verb
-ot-   - future passive participle: about to be carried
-u   - imperative verb
-us   - conditional verb

HIPPOCRENE FOREIGN LANGUAGE DICTIONARIES
Modern • Up-to-Date • Easy-to-Use • Practical

Afrikaans-English/English-Africaans Dictionary
0134   ISBN 0-7818-0052-8 $11.95 pb

Albanian-English Dictionary
0744   ISBN 0-7818-0021-8 $14.95 pb

English-Albanian Dictionary
0518   ISBN 0-7818-0021-8 $14.95 pb

Arabic-English Dictionary
0487   ISBN 0-7818-0153-2 $14.95 pb

English-Arabic Dictionary
0519   ISBN 0-7818-0152-4 $14.95 pb

Arabic-English Learner's Dictionary
0033   ISBN 0-7818-0155-9 $24.95 hc

English-Arabic Learner's Dictionary
0690   ISBN 0-87052-914-5 $14.95 pb

Armenian-English/English-Armenian Concise Dictionary
0490   ISBN 0-7818-0150-8 $11.95 pb

Armenian Dictionary in Translation (Western)
0059   ISBN 0-7818-0207-5 $9.95 pb

Bulgarian-English/English-Bulgarian Practical Dictionary
0331   ISBN 0-87052-145-4 $11.95 pb

Byelorussian-English/English-Byelorussian Concise Dictionary
1050   ISBN 0-87052-114-4 $9.95 pb

Cambodian-English/English-Cambodian Standard Dictionary
0143   ISBN 0-87052-818-1 $14.95 pb

Catalan-English/English-Catalan Dictionary
0451   ISBN 0-7818-0099-4 $8.95 pb

Classified and Illustrated Chinese-English Dictionary (Mandarin)
0027   ISBN 0-87052-714-2 $19.95 hc

An Everyday Chinese-English Dictionary (Mandarin)
0721   ISBN 0-87052-862-9 $12.95 hc

Czech-English/English-Czech Concise Dictionary
0276   ISBN 0-87052-981-1 $11.95 pb

Danish-English English-Danish Practical Dictionary
0198   ISBN 0-87052-823-8 $12.95 pb

Dutch-English/English-Dutch Concise Dictionary
0606   ISBN 0-87052-910-2 $11.95 pb

Estonian-English/English-Estonian Concise Dictionary
1010   ISBN 0-87052-081-4 $11.95 pb

Finnish-English/English-Finnish Concise Dictionary
0142   ISBN 0-87052-813-0 $9.95 pb

French-English/English-French Practical Dictionary
0199   ISBN 0-7818-0178-8 $8.95 pb

Georgian-English English-Georgian Concise Dictionary
1059   ISBN 0-87052-121-7 $8.95 pb

German-English/English-German Practical Dictionary
0200   ISBN 0-88254-813-1 $6.95 pb

English-Hebrew/Hebrew English Conversational Dictionary (Revised Edition)
0257   ISBN 0-87052-625-1 $8.95 pb

Hindi-English/English-Hindi Practical Dictionary
0442   ISBN 0-7818-0084-6 $16.95 pb

English-Hindi Practical Dictionary
0923   ISBN 0-87052-978-1 $11.95 pb

Hindi-English Practical Dictionary
0186   ISBN 0-87052-824-6 $11.95 pb

English-Hungarian/Hungarian-English Dictionary
2039   ISBN 0-88254-986-3 $9.95 hc

Hungarian-English/English-Hungarian Concise Dictionary
0254   ISBN 0-87052-891-2 $8.95 pb

Icelandic-English/English-Icelandic Concise Dictionary
0147   ISBN 0-87052-801-7 $8.95 pb

Indonesian-English/English-Indonesian Practical Dictionary
0127   ISBN 0-87052-810-6 $11.95 pb

Irish-English/English-Irish Dictionary and Phrasebook
1037   ISBN 0-87052-110-1 $7.95 pb

Italian-English/English-Italian Practical Dictionary
0201   ISBN 0-88254-816-6 $6.95 pb

Japanese-English/English-Japanese Concise Dictionary
0474   ISBN 0-7818-0162-1 $11.95 pb

Korean-English/English-Korean Dictionary
1016   ISBN 0-87052-092-X $9.95 pb

Latvian-English/English-Latvian Dictionary
0194   ISBN 0-7818-0059-5 $14.95 pb

Lithuanian-English/English-Lithuanian Concise Dictionary
0489   ISBN 0-7818-0151-6 $11.95 pb

Malay-English/English-Malay Dictionary
0428   ISBN 0-7818-0103-6 $16.95 pb

Nepali-English/English Nepali Concise Dictionary
1104   ISBN 0-87052-106-3 $8.95 pb

**Norwegian-English English-Norwegian Dictionary
(Revised Edition)**
0202   ISBN 0-7818-0199-0 $11.95 pb

Persian-English Dictionary
0350   ISBN 0-7818-0055-2 $16.95 pb

English-Persian Dictionary
0365   ISBN 0-7818-0056-0 $16.95 pb

Polish-English/English Polish Practical Dictionary
0450   ISBN 0-7818-0085-4 $11.95 pb

**Polish-English/English-Polish Concise Dictionary
(Completely Revised)**
0268   ISBN 0-7818-0133-8 $8.95 pb

Polish-English/English-Polish Standard Dictionary
0665   ISBN 0-87052-882-3 $22.50 hc

Polish-English/English-Polish Standard Dictionary
0207   ISBN 0-7818-0183-4 $16.95 pb

Portugese-English/English-Portugese Dictionary
0477   ISBN 0-87052-980-3 $14.95 pb

English-Punjabi Dictionary
0144   ISBN 0-7818-0060-9 $14.95 hc

Romanian-English/English-Romanian Dictionary
0488   ISBN 0-87052-986-2 $19.95 pb

Russian-English/English-Russian Standard Dictionary
0440   ISBN 0-7818-0083-8 $16.95 pb

English-Russian Standard Dictionary
1025   ISBN 0-87052-100-4 $11.95 pb

Russian-English Standard Dictionary
0578   ISBN 0-87052-964-1 $11.95 pb

Russian-English/English-Russian Concise Dictionary
0262   ISBN 0-7818-0132-X $11.95 pb

Concise Sanskrit-English Dictiontary
0164   ISBN 0-7818-0203-2 $14.95 pb

English-Sinhalese/Sinhalese-English Dictionary
0319   ISBN 0-7818-0219-9 $24.95 hc

Slovak-English/English-Slovak Concise Dictionary
1052   ISBN 0-87052-115-2 $9.95 pb

Spanish-English/English-Spanish Practical Dictionary
0211   ISBN 0-7818-0179-6 $8.95 pb

Swedish-English/English-Swedish Dictionary
0761   ISBN 0-87052-871-8 $19.95 hc

English-Tigrigna Dictionary
0330   ISBN 0-7818-0220-2 $34.95 hc

English-Turkish/Turkish-English Concise Dictionary
0338   ISBN 0-7818-0161-3 $8.95 pb

English-Turkish/Turkish-English Pocket Dictionary
0148   ISBN 0-87052-812-2 $14.95 pb

Ukrainian-English/English Ukrainian Practical Dictionary
1055   ISBN 0-87052-116-0 $8.95 pb

Ukrainian-English/English-Ukrainian Standard Dictionary
0006   ISBN 0-7818-0189-3 $16.95 pb

Urdu-English Gem Pocket Dictionary
0289   ISBN 0-87052-911-0 $6.95 pb

English-Urdu Gem Pocket Dictionary
0880   ISBN 0-87052-912-9 $6.95 hc

English-Urdu Dictionary
0368   ISBN 0-7818-0222-9 $24.95 hc

Urdu-English Dictionary
0368   ISBN 0-7818-0222-9 $24.95 hc

Uzbek-English/English-Uzbek
0004   ISBN 0-7818-0165-6 $11.95 pb

Vietnamese-English/English-Vietnamese Standard Dictionary
0529   ISBN 0-87052-924-2 $19.95 pb

Welsh-English/English-Welsh Dictionary
0116   ISBN 0-7818-0136-2 $19.95 pb

English-Yiddish/Yiddish-English Conversational Dictionary (Romanized)
1019   ISBN 0-87052-969-2 $7.95 pb

(Prices subject to change)
TO PURCHASE HIPPOCRENE BOOKS contact your local bookstore, or write to: HIPPOCRENE BOOKS, 171 Madison Avenue, New York, NY 10016. Please enclose check or money order, adding $4.00 shipping (UPS) for the first book and .50 for each additional book.

LANGUAGE AND TRAVEL GUIDES
FROM HIPPOCRENE

LANGUAGE AND TRAVEL GUIDE TO AUSTRALIA, by Helen Jonsen
Travel with or without your family through the land of "OZ" on your own terms; this guide describes climates, seasons, different cities, coasts, countrysides, rainforests, and the Outback with a special consideration to culture and language.
250 pages • $14.95 • 0-7818-0166-4

LANGUAGE AND TRAVEL GUIDE TO FRANCE, by Elaine Klein
Specifically tailored to the language and travel needs of Americans visiting France, this book also serves as an introduction to the culture. Learn the etiquette of ordering in a restaurant, going through customs, and asking for directions.
320 pages • $14.95 • 0-7818-0080-3

LANGUAGE AND TRAVEL GUIDE TO MEXICO, by Ila Warner
Explaining exactly what to expect of hotels, transportation, shopping, and food, this guide provides the essential Spanish phrases, as well as describing appropriate gestures, and offering cultural comments.
224 pages • $14.95 • 0-87052-622-7

LANGUAGE AND TRAVEL GUIDE TO RUSSIA, by Victorya Andreyeva and Margarita Zubkus
Allow Russian natives to introduce you to the system they know so well. You'll be properly advised on such topics as food, transportation, the infamous Russian bath house, socializing, and sightseeing. Then, use the guide's handy language sections to be both independent and knowledgeable.
250 pages • $14.95 • 0-7818-0047-1

LANGUAGE AND TRAVEL GUIDE TO UKRAINE, by Linda Hodges and George Chumak
Written jointly by a native Ukrainian and an American journalist, this guide details the culture, the people, and the highlights of the Ukrainian experience, with a convenient (romanized) guide to the essentials of Ukrainian.
266 pages • $14.95 • 0-7818-0135-4

A Collection of Love Poetry & Prose in Bilingual Gift Editions

Treasury of Roman Love Poems, Quotations & Proverbs
Richard A. Branyon, editor
Many of the greatest writers of Classical antiquity are also the greatest writers of love and romantic lore. Major Latin love poets included are: Ovid, Horace, Catallus, Propetius, Tibullus, Cicero, Julius Caesar, and others.
0-7818-0309-8

Treasury of French Love Poems, Quotations & Proverbs
Richard A. Branyon, editor
France is renowned for its decidedly romantic air, and has captivated many a great writer with its enticing spell. Works are included by Baudelaire, Mallarme, Victor Hugo, Arthur Rimbaud, Paul Valery, Jean de la Fontaine, and many others.
0-7818-0307-1

Treasury of German Love Poems, Quotations & Proverbs
Marlen Wolfram, editor
Though Germans may be better known for their critical thinking and wisdom, their romantic tendencies will delight the reader of this collection. Representing many different periods, it includes Friedrich von Schiller, Johann Wolfgang Goethe, Friedrich Holderlin, Novalis, Rainer Maria Rilke, Adelber von Chamisso, and Paul Celan.
0-7818-0296-2

Treasury of Jewish Love Poems, Quotations & Proverbs
David C. Gross, editor
Amorous imagery abounds througout this collection of works in Hebrew, Yiddish, and Ladino, offering a rich cross-section of expressions of Jewish love. Evocative words of romance are gleaned from the Bible, Rabbinical sources, Medieval scholars and poets, spanning over 1,000 years. Modern Jewish bards included are Bialik, Halevi, Ibn-Gabirol, and many others.
0-7818-308-X

Treasury of Polish Love Poems, Quotations & Proverbs
Miroslaw Lipinski, editor
Endearing quotes and enlightening wisdom from Poland's greatest thinkers and writers: Adam Mickiewicz, Gabryella, Zygmunt Krasinski, Julian Tuwim, Boleslaw Prus, and Henryk Sienkiewicz express their thoughts of love and wit for readers to ponder and share.
0-7818-0297-0

*Each book: 128 pages *$9.00 cloth*

THE HIPPOCRENE MASTERING SERIES

MASTERING ARABIC
Jane Wightwick and Mahmoud Gaafar
320 pages, 5 1/2 x 8 1/2
0-87052-922-6	USA	$14.95 pb
2 Cassettes		
0-87052-984-6	USA	$12.95
Book and Cassettes Package		
0-87052-140-3	USA	$27.90

MASTERING FRENCH
E.J. Neather
288 pages, 5 1/2 x 8 1/2
0-87052-055-5	USA	$11.95 pb
2 Cassettes		
0-87052-060-1	USA	$12.95
Book and Cassettes Package		
0-87052-136-5	USA	$24.90

MASTERING GERMAN
A.J. Peck
340 pages, 5 1/2 x 8 1/2
0-87052-056-3	USA	$11.95 pb
2 Cassettes		
0-87052-061-X	USA	$12.95
Book and Cassettes Package		
0-87052-137-3	USA	$24.90

MASTERING ITALIAN
N. Messora
360 pages, 5 1/2 x 8 1/2
0-87052-057-1	USA	$11.95 pb
2 Cassettes		
0-87052-066-0	USA	$12.95
Book and Cassettes Package		
0-87052-138-1	USA	$24.90

MASTERING JAPANESE
Harry Guest
368 pages, 5 1/2 x 8 1/2
0-87052-923-4	USA	$14.95 pb
2 Cassettes		
0-87052-938-8	USA	$12.95
Book and Cassettes Package		
0-87052-141-1	USA	$27.90

MASTERING POLISH
Albert Juszczak
288 pages, 5 1/2 x 8 1/2
0-7818-0015-3	W	$14.95 pb
2 Cassettes		
0-7818-0016-3	W	$12.95
Book and Cassettes package		
0-7818-0017-X	W	$27.90

MASTERING SPANISH
Robert Clarke
338 pages, 5 1/2 x 8 1/2
0-87052-059-8	USA	$11.95 pb
2 Cassettes		
0-87052-067-9	USA	$12.95
Book and Cassettes Package		
0-87052-139-X	USA	$24.90

MASTERING ADVANCED SPANISH
Robert Clarke
300 pages, 5 1/2 x 8 1/2
30 b/w photos
0-7818-0081-1	USA	11.95 pb
2 Cassettes		
0-7818-0089-7	USA	$12.95
Book and Cassettes Package		
0-7818-0090-0	USA	$24.90

In praise of the Mastering Series:
- "Truly the best book of its kind."

- "Your book is truly remarkable, and you are to be congratulated."
—a field editor for college textbooks.
All prices subject to change.
Ask for these and other Hippocrene titles at your local booksellers!

HIPPOCRENE INSIDER'S GUIDES

Hippocrene Insider's Guides provide you with tips on traveling to not-too-familiar lands. You'll be guided to the most interesting sights, learn about culture and be assured of an eventful stay when you visit with the Insider's Guide.

INSIDER'S GUIDE TO THE DOMINICAN REPUBLIC, by Jack Tucker and Ursula Eberhard
212 pages • b/w photos, maps • 0-7818-0075-7 • $14.95

INSIDER'S GUIDE TO HUNGARY, by Nicholas Parsons
366 pages • b/w photos, 20 maps • 0-87052-976-5 • $16.95

INSIDER'S GUIDE TO JAVA AND BALI, by Jerry LeBlanc
222 pages • b/w photos, maps • 0-7818-0037-4 • $14.95

INSIDER'S GUIDE TO NEPAL, by Prakash Raj
136 pages • illustrated, maps • 0-87052-026-1 • $9.95

INSIDER'S GUIDE TO PARIS, by Elaine Klein
224 pages • illustrated, maps • 0-87052-876-9 • $14.95

INSIDER'S GUIDE TO THE WORLD'S MOST EXCITING CRUISES, by Shirley Linde and Lea Lane
230 pages • illustrated, maps • 0-7818-0258-X

INSIDER'S GUIDE TO POLAND, 2nd revised edition, by Alexander Jordan
233 pages • 0-87052-880-7 • $9.95

INSIDER'S GUIDE TO ROME, by Frances D'Emilio
376 pages • b/w photos, map • 0-7818-0036-6 • $14.95

(Prices subject to change.)

TO PURCHASE HIPPOCRENE BOOKS contact your local bookstore, or write to: HIPPOCRENE BOOKS, 171 Madison Avenue, New York, NY 10016. Please enclose check or money order, adding $4.00 shipping (UPS) for the first book and .50 for each additional book.